直线电机系列丛书

江西理工大学清江学术文库

轨道交通直线感应电机与控制

吕刚 著

机械工业出版社

在现代轨道交通的背景下,本书从直线电机的类型、拓扑结构、供电、驱动方式以及应用车辆的特征等方面,详细阐述了轨道交通直线电机的相关理论与应用。以轨道交通直线感应电机为描述对象,阐述了其工作原理、拓扑结构以及特殊的电磁现象。从"路"和"场"的角度,分别给出了以初级等效长度、复电磁功率和磁通密度模型等三种思路获取直线感应电机等效电路的方法,以及直线感应电机的一维、二维和三维电磁场理论。深入分析了直线感应电机的参数辨识,阐述了该电机的一维、二维和三维控制策略。最后,介绍了直线电机城市轨道交通系统,重点分析了初级横向偏移、次级断续等复杂工况下电机的特性和暂态过程。

本书可供高等院校电机、电气传动专业的教师和研究生,以及电机工程、载运工具运用工程等相关行业的科技人员参考。

图书在版编目(CIP)数据

轨道交通直线感应电机与控制/吕刚著. —北京:机械工业出版社,2021.2

(直线电机系列丛书)

ISBN 978-7-111-67500-6

Ⅰ.①轨… Ⅱ.①吕… Ⅲ.①城市铁路–铁路车辆–电机–控制系统 Ⅳ.①U239.5

中国版本图书馆 CIP 数据核字(2021)第 025334 号

机械工业出版社(北京市百万庄大街22号　邮政编码100037)
策划编辑:李小平　　责任编辑:李小平
责任校对:刘雅娜　　封面设计:鞠　杨
责任印制:常天培
固安县铭成印刷有限公司印刷
2021年6月第1版第1次印刷
184mm×260mm・14 印张・337 千字
0001—1800 册
标准书号:ISBN 978-7-111-67500-6
定价:89.00 元

电话服务　　　　　　　　　　网络服务
客服电话:010-88361066　　机 工 官 网:www.cmpbook.com
　　　　　010-88379833　　机 工 官 博:weibo.com/cmp1952
　　　　　010-68326294　　金 书 网:www.golden-book.com
封底无防伪标均为盗版　　　机工教育服务网:www.cmpedu.com

序
Preface

电机作为重要的机电能量转换装置，广泛运用在国民经济各个领域中。牵引电机是现代载运工具的核心动力设备，其类型的选择主要取决于牵引特性和线路条件。现代城市轨道交通发展呈现的"地下—地面—高架相结合、城区—城郊联运"新特点要求轨道交通车辆需有更强的爬坡能力、更小的转弯半径以及全天候的运行特性。直线电机驱动的轮轨车辆和中低速磁悬浮列车在应对大坡道和小转弯半径的线路状况，具有非常强的优势，满足了大中型城市交通发展的新要求和新形势。

轨道交通直线感应电机是直线电机轮轨车辆和中低速磁悬浮列车的核心装备和关键技术，决定了该载运工具的实际应用和发展趋势，是国家城市轨道交通发展的重大需求。因此，全面和深入研究轨道交通直线感应电机，建立系统、完整和先进的理论与应用体系，对于响应"内循环"和"交通强国"战略，适应中国轨道交通大发展的需求，促进对前沿关键技术的自主研发，具有重要的理论和工程意义。

本书作者长期从事轨道交通直线电机系统领域的研究，在所主持的国家重大科技成果转化、国家自然科学基金和中国中车集团重点研发等多个科研项目支持下，取得了丰硕的理论研究成果。与中国中车集团、中国航天科工集团、北京地铁、广州地铁等单位合作，积累了大量的工程实践经验。在上述基础上，作者首次对轨道交通直线电机理论和应用进行凝练和提升，形成了本书从基础理论到工程实践的完整体系，代表了作者在该领域的最新科研成果，反映了轨道交通直线感应电机系统理论的科学创新和工程实践的深刻凝练，具有非常重要的学术理论和工程应用价值。

本书作者以服务当前中国轨道交通事业大发展为目的和动力，将上述直线电机的研究成果和进展介绍给读者。希望这本专著能够为祖国新型城市轨道交通载运工具的核心关键技术掌握有所贡献和提供支撑，衷心祝愿祖国的电机事业蓬勃发展！

英国皇家工程院院士

IEEE Fellow、IET Fellow

诸自强

2020 年 12 月 8 日

前言
Preface

随着我国城市化进程不断加快，新型城市轨道交通车辆迅速发展。以直线感应电机为核心装备的载运工具具有爬坡能力强、转弯半径小、牵引能力强、噪声低、污染小、安全性能好等诸多优点，符合城市轨道交通发展的新要求。因此，深入研究轨道交通直线感应电机的数学建模、特性分析、参数辨识、解耦控制以及工程应用，建立全面、系统和先进的理论与应用体系，具有必要性和紧迫性。

作者以国家自然科学基金项目（No：51777009、No：51377009 和 No：50807004）的理论成果为基础，以与中国中车集团、中国航天科工集团、北京地铁、广州地铁等合作项目的应用成果为支撑，以服务当前我国中低速磁悬浮和直线电机轮轨系统的发展为目的和动力，形成了本书从基础理论到工程实践的完整体系，具有理论意义和工程应用价值。

本书第 1 章从直线电机的应用背景出发，综述了直线电机在城市轨道交通和干线轨道交通的研究和应用现状，分析了在不同轨道交通运输要求下，直线电机的应用特点和关键技术。第 2 章扼要叙述了直线感应电机的拓扑结构和运行特点，明确其特殊电磁现象和产生机理，介绍了电机设计的若干准则和端部效应的补偿方法以及实验室模拟端部效应的手段，为实验室测试电机性能提供了思路。第 3~6 章，全面叙述了基于初级等效长度、复电磁功率和磁通密度模型的直线感应电机等效电路，直线感应电机的一维、二维和三维电磁场理论，电机参数辨识和控制策略，构建了直线感应电机的完整理论体系。第 7 章根据直线感应电机在城市轨道交通系统的应用特点，分别阐述了电机类型、冷却方式、供电、控制算法、制动、悬挂技术等关键技术。第 8 章则分析了复杂线路条件对直线感应电机运行的影响，重点阐述了初级横向偏移和次级断续等特殊工况下，直线感应电机的特性和暂态过程。

本书可供高等院校电机、电气传动专业的教师和研究生，以及电机工程、载运工具运用工程等相关行业的科技人员参考。

本书难免存在问题和不足，欢迎广大专家、同仁和读者批评指正。

吕 刚
2021 年 1 月

目录 Contents

序
前言

第1章　综述 ········· 1
1.1　直线电机在轨道交通中应用的综述 ········· 2
1.2　直线感应电机在城市轨道交通中的应用 ········· 2
 1.2.1　短初级直线感应电机 ········· 2
 1.2.2　长初级直线感应电机 ········· 8
1.3　电励磁式直线同步电机在轨道交通中的应用 ········· 9
 1.3.1　常导型直线同步电机 ········· 10
 1.3.2　无铁心超导直线电机 ········· 12
1.4　永磁直线同步电机在城市轨道交通中的应用 ········· 15
 1.4.1　"半悬浮" M-Bahn 列车 ········· 15
 1.4.2　M3 磁悬浮列车 ········· 16
 1.4.3　Inductrack 永磁磁悬浮系统 ········· 17
1.5　参考文献 ········· 18

第2章　直线感应电机 ········· 20
2.1　直线感应电机的拓扑结构 ········· 21
2.2　直线感应电机的四象限运行 ········· 21
 2.2.1　电动运行状态 ········· 21
 2.2.2　制动运行状态 ········· 22
2.3　短初级直线感应电机的电磁特殊现象 ········· 25

2.3.1　端部效应 ········· 25
2.3.2　边缘效应 ········· 26
2.3.3　趋肤效应和气隙漏磁通 ········· 27
2.3.4　绕组特性 ········· 27
2.4　具有半填充槽的初级绕组 ········· 28
2.5　设计依据与端部效应补偿 ········· 30
 2.5.1　最佳品质因数 ········· 30
 2.5.2　端部效应的补偿 ········· 31
2.6　端部效应的实验室模拟方法 ········· 31
 2.6.1　等值条件 ········· 31
 2.6.2　初级保持不变时的模拟 ········· 32
 2.6.3　采用带有盘式次级的弧形电动机的模拟 ········· 32
2.7　参考文献 ········· 33

第3章　基于"路"的直线感应电机特性分析 ········· 35
3.1　直线感应电机等效电路综述 ········· 36
3.2　基于初级等效长度的等效电路 ········· 36
 3.2.1　考虑端部效应的励磁电感 ········· 36
 3.2.2　考虑端部效应的励磁电阻 ········· 39
 3.2.3　推力的计算 ········· 40
 3.2.4　法向力的计算 ········· 41
 3.2.5　法向转矩的计算 ········· 43
3.3　基于复电磁功率的等效电路 ········· 44

3.3.1 直线感应电机内部电磁功率的计算 ········ 44
3.3.2 虚拟的初级对称相电动势的计算 ········ 44
3.3.3 端部效应的数学分析 ········ 45
3.3.4 边缘效应的数学分析 ········ 48
3.3.5 等效电路参数的计算公式 ········ 50
3.3.6 电机特性计算 ········ 51
3.4 基于磁通密度模型的等效电路 ········ 52
3.4.1 转差率对纵向磁通密度的影响 ········ 52
3.4.2 考虑转差率对纵向磁通密度分布影响的模型 ······ 53
3.4.3 空间二维力的推导与表达 ········ 54
3.4.4 空间三维力的推导与表达 ········ 57
3.4.5 计算与实验结果比较 ········ 63
3.5 参考文献 ········ 64

第4章 基于"场"的直线感应电机特性分析 ········ 66

4.1 基于"场"的直线感应电机分析方法综述 ········ 67
4.2 直线感应电机的一维电磁模型与特性分析 ········ 67
4.2.1 电磁场分析模型 ········ 67
4.2.2 端部效应 ········ 68
4.2.3 边缘效应 ········ 69
4.3 直线感应电机的二维电磁模型与特性分析 ········ 70
4.3.1 纵向磁动势分布的建模 ········ 70
4.3.2 基于空间高次谐波的二维电磁模型 ········ 73
4.4 直线感应电机的三维电磁模型与特性分析 ········ 75
4.4.1 横向磁动势分布的建模 ········ 75
4.4.2 基于空间高次谐波的三维电磁模型 ········ 78
4.4.3 次级趋肤效应及铁轭饱和 ········ 81
4.4.4 不同次级拓扑结构 ········ 82
4.4.5 直线感应电机三维力特性与转矩分析 ········ 83
4.5 直线感应电机有限元法建模与特性计算 ········ 86
4.5.1 二维涡流场通用模型 ········ 86
4.5.2 二维涡流场离散电磁模型与电机特性计算 ········ 88
4.5.3 三维涡流场通用模型 ········ 89
4.5.4 三维涡流场离散电磁模型与电机特性计算 ········ 90
4.6 参考文献 ········ 91

第5章 直线感应电机的初始参数辨识 ········ 94

5.1 引言 ········ 95
5.2 直线感应电机初级与次级的漏感 ········ 95
5.3 考虑PWM逆变器的直线感应电机模型 ········ 96
5.4 直线感应电机的参数确定 ········ 97
5.4.1 初级电阻和电感的估计 ········ 97
5.4.2 等效电阻与等效电感 ········ 98
5.4.3 励磁电感、次级电阻和次级电感 ········ 100

5.4.4 互感多项式的数值
　　　　解法 ············ 101
5.5 多个直线感应电机的仿真
　　分析 ················ 102
　　5.5.1 β选择对计算误差的
　　　　影响 ············ 103
　　5.5.2 与传统测试方法的
　　　　性能对比 ········ 103
　　5.5.3 初级电阻和电感精度的
　　　　影响因素及分析 ··· 104
　　5.5.4 误差统计与分析 ··· 105
5.6 实验测定的次级电阻 ···· 106
5.7 参考文献 ·············· 107

第6章 直线感应电机的控制策略 ········ **108**

6.1 直线感应电机控制策略的
　　综述 ················ 109
　　6.1.1 恒转差频率控制 ··· 109
　　6.1.2 矢量控制 ········ 109
6.2 直线感应电机的推力控制 ··· 110
　　6.2.1 数学模型及其坐标
　　　　变换 ············ 110
　　6.2.2 端部效应对有功功率
　　　　和推力的影响 ····· 113
　　6.2.3 磁链控制器与推力
　　　　控制器设计 ······ 114
　　6.2.4 电流控制器设计 ··· 115
　　6.2.5 端部效应对励磁支路
　　　　和推力的影响分析 ··· 116
　　6.2.6 典型电机及其控制的
　　　　仿真结果分析 ····· 118
6.3 直线感应电机的二维力解耦
　　控制 ················ 130
　　6.3.1 直线感应电机推力与
　　　　法向力的简要表达 ··· 130
　　6.3.2 推力与法向力的关系
　　　　与特点 ·········· 133

　　6.3.3 电流指令和频率指令
　　　　的重构 ·········· 135
6.4 直线感应电机的准三维力
　　解耦控制 ············ 138
　　6.4.1 推力与法向力、侧向力
　　　　之间的关系和特点 ··· 138
　　6.4.2 准三维力解耦控制
　　　　系统 ············ 142
6.5 直线感应电机最优控制 ····· 146
　　6.5.1 引言 ············ 146
　　6.5.2 水平力和法向力的
　　　　表达 ············ 146
　　6.5.3 直线感应电机吸收功率
　　　　与车辆运行阻力 ··· 149
　　6.5.4 考虑法向力的最优
　　　　控制 ············ 150
　　6.5.5 与恒定磁通控制系统
　　　　的对比和结果分析 ··· 152
6.6 参考文献 ·············· 157

第7章 直线电机城市轨道交通系统 ········ **158**

7.1 概况 ·················· 159
7.2 直线电机城市轨道交通系统
　　的特点 ·············· 161
　　7.2.1 直线感应牵引电机
　　　　运载系统的优点 ··· 161
　　7.2.2 直线感应牵引电机
　　　　驱动的缺点 ······ 164
7.3 直线感应牵引电机 ········ 164
　　7.3.1 直线感应牵引电机
　　　　原理 ············ 164
　　7.3.2 直线感应牵引电机
　　　　特点、结构与参数 ··· 165
　　7.3.3 直线感应牵引电机
　　　　冷却方式 ········ 168
　　7.3.4 感应板 ·········· 169
　　7.3.5 直线感应牵引电机

　　　　　　　驱动特点 …………… 172
7.4　直线电机车辆供电 ………… 173
7.5　直线电机车辆牵引与制动 … 173
　　7.5.1　牵引传动系统 ……… 174
　　7.5.2　直线感应牵引电机
　　　　　控制策略 …………… 176
　　7.5.3　直线电机车辆制动 … 176
7.6　直线感应牵引电机悬挂
　　　技术 …………………… 177
　　7.6.1　MK系列转向架直线
　　　　　电机定子悬挂技术 … 178
　　7.6.2　日本直线电机转向架
　　　　　定子悬挂技术 ……… 179
7.7　直线电机车辆 ……………… 180
　　7.7.1　车辆系统 …………… 180
　　7.7.2　加拿大UTDC的轻轨
　　　　　车辆 ………………… 181
　　7.7.3　日本福冈机场线
　　　　　车辆 ………………… 183
7.8　参考文献 …………………… 187

第8章　轨道交通直线感应电机的特殊性 …………… **188**

8.1　复杂线路对直线感应电机
　　　的影响 ………………… 189
8.2　初级横向偏移时直线感应
　　　电机的特性 …………… 191
　　8.2.1　初级横向偏移的直线
　　　　　感应有限元模型 …… 191
　　8.2.2　气隙磁场和次级涡流
　　　　　的畸变 ……………… 192
　　8.2.3　推力、法向力和侧向力
　　　　　密度分布 …………… 196
　　8.2.4　四象限运行时三维力特性
　　　　　及其对行车的影响 … 198
8.3　次级断续时直线感应电机的
　　　特性 …………………… 201
　　8.3.1　次级断续时电机的
　　　　　分段式等效电路 …… 201
　　8.3.2　等效电路参数在次级
　　　　　断续时的不同变化 … 202
　　8.3.3　次级断续时直线感应
　　　　　电机的特性分析 …… 207
　　8.3.4　次级断续时电机的
　　　　　有限元模型 ………… 210
　　8.3.5　次级断续时电机的气隙
　　　　　磁场和涡流分布 …… 211
　　8.3.6　次级断续时直线感应电
　　　　　机的暂态特性分析 … 213
8.4　参考文献 …………………… 215

Chapter 1
第 1 章 综述

内容提要

本章综述了直线电机在城市轨道交通和干线轨道交通中的研究和应用现状。从直线电机的类型、拓扑结构、供电方式以及应用车辆的特征等方面，详细论述了不同直线电机在轮轨车辆、中低速磁悬浮列车、单轨列车、高速磁悬浮列车等载运工具中的应用，详实分析了在不同轨道交通运输要求下，适用电机类型的选择依据以及运用特点。

难点重点

1. 直线电机在城市轨道交通应用中的特点。
2. 不同轨道交通运输要求下适用电机类型的选择依据。

1.1　直线电机在轨道交通中应用的综述

随着我国对轨道交通的大力支持，干线轨道交通和城市轨道交通都取得了迅猛的发展。在干线轨道交通和城市轨道交通领域，分别具有如下不同的新要求：

(1) 干线轨道交通领域中，由于轮轨式高速列车始终受到黏着与弓网关系的约束，速度等级较难进一步提升。因此，在更高的运行速度、更短的旅行时间以及更舒适的乘坐环境等要求下，高速磁悬浮列车被列为重点研发对象。

(2) 城市轨道交通领域中，由于城市化的进一步发展（尤其是大中型城市），"地下—地面—高架相结合、城区—城郊联运"新需求表现更加突出[1]。因此，现代城市轨道交通车辆要求有更强的爬坡能力、更小的转弯半径以及全天候的运行性能。

直线电机由于具有非黏着驱动、结构简单与性能可靠等特点，是高速磁悬浮列车和新型非黏着城轨车辆的核心装备。其中，对于磁悬浮列车而言，由于取消了车轮，直线电机的选择具有唯一性和不可替代性；对于新型非黏着型城轨车辆，直线电机的运用则提升了车辆的爬坡和过曲线能力[2,3,7]。

本章在轨道交通的背景下，以直线电机为对象，阐述直线感应电机、常导直线同步电机、超导无铁心直线同步电机、永磁直线同步电机等类型电机的具体运用和特点。

1.2　直线感应电机在城市轨道交通中的应用

直线感应电机主要运用于城市轨道交通中，电机类型常采用单边型，次级为铝板（或铜板）与钢板制成的复合次级。按初级放置在车上还是铺设于轨道，可分为短初级和长初级两种型式。

1.2.1　短初级直线感应电机

采用短初级直线感应电机的车型有：直线电机轮轨车辆和中低速磁悬浮列车（见图1-1）。其特点如下：

(1) 初级放置于车辆，车载牵引变流器由受电弓或受流靴通过接触网或接触轨进行供电。

(2) 次级为复合型，铺设于轨道上，结构简单、经济。

(3) 采用接触轨供电时运行速度受到限制。

1. 直线电机轮轨车辆

在直线电机轮轨车辆中，直线电机的初级悬挂于转向架上，一辆车安装两台电机，由一个变压变频型（Variable Voltage and Variable Frequency，VVVF）逆变器供电，形成"车控"的形式，如图1-1b所示。相对于传统的旋转电机+齿轮箱的传动形式，直线电机轮轨车辆采用直线电机驱动后，具有以下突出的优势[1]：

(1) 牵引力的传递不再受车轮与钢轨之间的黏着限制，车辆性能得到大幅度的提升，爬坡能力由传统车辆的30‰提升至80‰。

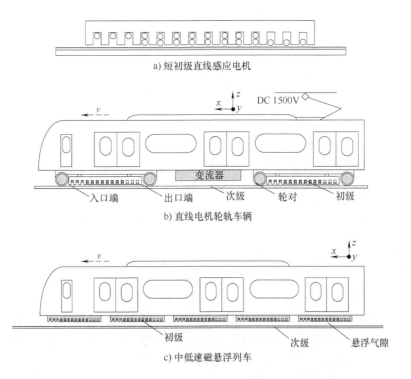

图 1-1 短初级直线感应电机在城市轨道交通车辆中的运用

（2）由于轴箱定位结构可大幅简化实现柔性定位，车辆转弯半径由 250m 减至 80m，使得选路规划更加容易。

（3）由于直线电机无需齿轮箱等传动装置，车辆下部限界对结构约束放宽，可实施各种小型化方案，因此隧道断面仅为传统车辆的 60%，可较大程度降低土建工程造价。

另外，由于车辆的支撑和导向仍然采用传统轮轨系统，仅牵引采用直线电机驱动，实现的难度较小。同时，最大程度利用了直线电机的直驱非黏着特点提升了车辆的性能[2]。因此，直线电机轮轨车辆整体是一个较为经济和实用的方案，运用的线路也较多，见表 1-1[3-6]。

表 1-1 直线电机轮轨车辆运用的线路

线路名称	开通年份	里程/km	开通国家	技术来源
多伦多 ALRT 线	1985	6.4	加拿大	庞巴迪
温哥华 ALRT 线	1986	51	加拿大	庞巴迪
底特律 DPM 系统	1987	4.8	美国	庞巴迪
吉隆坡 PUTRA 系统	1998	29.4	马来西亚	庞巴迪
肯尼迪国际机场快线 JFK	2003	13	美国	庞巴迪
龙仁 EverLine	2013	18.1	韩国	庞巴迪
大阪市营 7 号线	1990	15	日本	川崎重工/近畿车辆
东京大江户线	1991	38.7	日本	日本车辆/日立
神户地铁海岸线	2002	7.9	日本	川崎重工
福冈 3 号线	2005	12.7	日本	日立

(续)

线 路 名 称	开通年份	里程/km	开通国家	技 术 来 源
大阪 8 号线	2006	12.1	日本	川崎重工/近畿车辆
横滨 4 号线	2008	13.1	日本	川崎重工
东京地铁 7 线/8 线	2015	59.7	日本	川崎重工
仙台东西线	2015	13.9	日本	近畿车辆
广州地铁 4 号线	2005	43.6	中国	中车四方/川崎重工
北京地铁机场线	2008	27.3	中国	中车长客/庞巴迪
广州地铁 5 号线	2009	40.5	中国	中车四方/川崎重工
广州地铁 6 号线	2013	24.5	中国	中车四方

轮轨车辆所采用的直线电机初级结构如图 1-2a 所示。次级拓扑结构与变化规律如图 1-2b[7,8]所示，其设计关键在于减少次级损耗以及边缘效应，提升直线电机的效率。同时，因次级沿线路铺设，需求量较大，造价也是重要的参考因素。

在目前的工程实践中，图 1-2b 中的①和④两种次级型式较为常用，即分别为平板型和叠片帽型次级。其中，平板型次级造价较低、安装方便，但是电机性能略差；叠片帽型次级，次级损耗较低、性能略好，但是造价稍高[9-11]。

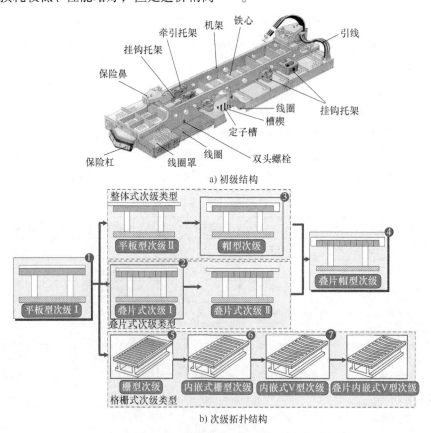

图 1-2　直线轮轨车辆用直线电机的初级和次级[8-11]

根据冷却方式，该类型车辆所用的直线电机分为自然风冷和强迫风冷两种形式。典型的直线电机参数见表1-2。

表1-2 典型直线电机参数

参　　数	数　　值		
	加拿大MKII车辆	东京地铁12号线	广州地铁4、5号线
相数	3	3	3
极数	6	8	8
额定电压/V	570	1100	1100
最大电流/A	550	170	162
功率/kW	200	120	120
最大推力/kN	20	13.2	25
法向力/kN	25	26	29
总重/kg	700	1400	1480
冷却方式	强迫风冷	自然风冷	自然风冷

强迫风冷类型的直线感应电机，采用"低电压、大电流"的方式驱动，质量和体积较小，具有较大的功率密度；但是需要另加风机和风道，以及辅助变流器提供电源。自然冷风类型的直线感应电机，采用"高电压、小电流"的方式驱动，质量和体积较大，因此功率密度略小；但是整个系统简单、维护方便。

上述两种类型电机的外观以及相应的典型车辆如图1-3所示。

a) 广州地铁4号线(自然风冷)

b) 吉隆坡PUTRA系统(强迫风冷)

c) 自然风冷的电机

d) 强迫风冷的电机

图1-3 典型直线电机轮轨车辆以及配备的电机

直线轮轨车辆的特点也很明显,即较低的效率。该电机效率在70%~80%之间,牵引能耗比同等水平的旋转感应电机高10%~20%。这主要是由于此类直线电机气隙较大,根据线路状况通常设置在9~12mm之间;加之纵向端部效应的影响,使得电机效率较低。

控制策略方面,此类型轮轨车辆牵引控制方式通常为矢量控制。其特点在于增加了前馈和补偿算法,包括感应板阻抗变化的补偿、气隙变化的补偿、感应板缺失时的过电流保护及能量反馈控制等。

2. 中低速磁悬浮列车

中低速磁悬浮列车采用直线电机驱动并且取消了轮轨关系约束,具有爬坡能力强、转弯半径小和振动噪声低等特点和优势,特别适合深入城市中心[12]。目前中低速磁悬浮开通的运营线路见表1-3,运用的直线电机参数见表1-4。

表1-3 中低速磁悬浮运营的线路

线 路 名 称	开 通 年 份	里程/km	开通国家/技术来源
长沙磁浮快线	2016	18.7	中国
北京地铁S1线	2017	10.2	中国
东部丘陵线	2001	8.9	日本
仁川机场磁浮线	2016	6.1	韩国

表1-4 典型中低速磁悬浮运用的直线电机参数

参　　数	数　　值	
	HSST03	长沙磁悬浮
气隙/mm	11	13
电压/V	275	220
电流/A	400	250
最大容量/(kVA)	330	130
最大推力/kN	1.86	3.1
总重/kg	155	200
铁心长度/m	2.831	1.82
铁心宽度/m	0.49	0.22
国家	日本	中国

注:HSST03为试验车辆。

与前述直线电机轮轨车辆不同,由于中低速磁悬浮列车悬浮于轨道上方8~10mm,无法使用传统的旋转电机驱动,采用直线电机驱动是唯一选择。考虑到中低速磁悬浮列车通常最高速度在100km/h左右,因此采用短初级的方案(见图1-1c)。

图1-4中直线电机初级安装于转向架上,通常采用自然冷却方式,占用空间少、容易安装和维护。次级(反应板)安装于F型轨道背部,表面附铝以提供涡流路径。

F轨和U型悬浮磁铁构成闭合磁路,通过气隙传感器和悬浮控制器保证稳定悬浮,满足垂直方向的约束。同时,F轨和U型悬浮磁铁构成的闭合磁路遵循磁通总要沿着磁阻最小路径闭合的规律,保证了车辆侧向的稳定性。

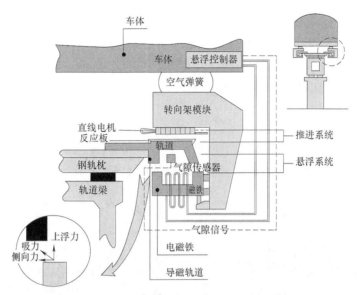

图1-4 中低速磁悬浮列车用直线电机

具体动力配置如图1-5a所示。单辆车配置10台直线电机进行驱动,于车体下方转向架两侧各布置5台,采用"5串2并"的连接方式。典型运用HSST的外观与直线电机磁悬浮转向架如图1-5b、c所示。

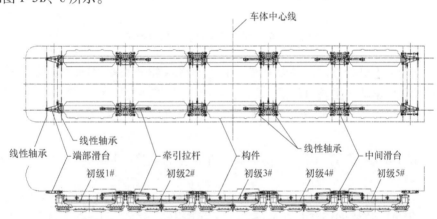

a) 直线电机在车体的配置

b) HSST(Linimo)

c) 直线电机磁悬浮转向架

图1-5 直线电机在中低速磁悬浮的布置与运用

控制策略方面,与前述直线电机轮轨车辆不同。考虑到转差频率的变化会引起电机法向力大幅波动,同时该法向力会叠加在悬浮磁铁上成为该装置的扰动负载(安装结构见图1-4),影响悬浮稳定性。因此,直线电机在中低速磁悬浮环境下,采用的矢量控制要求转差频率恒定,为转子磁场定向的恒转差频率控制。

3. 直线电机单轨车辆

直线感应电机在单轨车辆中也有运用,典型代表为莫斯科高架单轨线路。该线路于2004年底开始投入运营,采用六辆编组形式,里程为10.7km。牵引系统采用短初级直线电机,如图1-6a所示;次级为平板型,沿线铺设,如图1-6b所示。

a) 直线电机单轨列车　　　　　　　　b) 次级、轨道和道岔

图1-6　莫斯科直线电机驱动单轨列车

莫斯科直线电机单轨列车的特点兼具单轨列车橡胶轮和直线电机驱动的双重优点。其中,采用直线电机驱动的主要目的是

(1) 发挥直线电机的非黏着驱动优势,避免莫斯科冬季大雪对轮轨关系的影响,实现全天候运行。

(2) 利用直线电机初级的扁平结构,减少车下垂直高度,增强转向架灵活性和过曲线能力。

1.2.2　长初级直线感应电机

在一些特殊要求的场合,不希望车辆装备驱动系统,同时周边安全性对接触轨或者接触网供电约束较大。在此情况下,长初级(长定子)直线感应电机得到运用。长初级直线感应电机的拓扑结构如图1-7所示。采用该类型电机的车辆特点为

(1) 长初级铺设于轨道,由地面牵引变流器直接供电,无需接触网或者接触轨,但是初级沿线铺设成本较高。

(2) 短次级悬挂于车下,结构简单,车体轻且无源。

(3) 对于要求不高的场合,出于节省材料和简化供电,长初级可以间隔分段设置,采用分段、分时供电的方式进行长初级之间的切换。

长初级直线感应电机运用线路见表1-5。休斯顿机场客运系统和美国国会地铁客运系统(见图1-8),都属于分段长定子直线感应电机驱动的小型地铁载客系统。

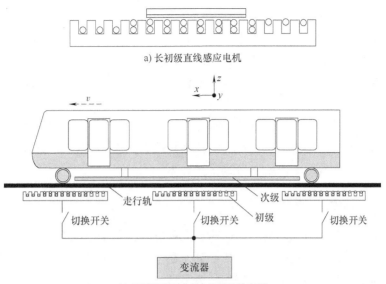

a) 长初级直线感应电机

b) 长初级直线感应电机的轮轨车辆

图 1-7　长初级直线感应电机的拓扑结构

表 1-5　长初级直线感应电机运用线路

线路名称	开通年份	里程/km	国　　家	技术来源
休斯顿机场客运系统	1999	1.1	美国	庞巴迪
美国国会地铁客运系统	1993	0.945	美国	—

a) 休斯顿机场客运系统　　　　b) 美国国会地铁客运系统

图 1-8　长初级直线感应电机典型运用

其中，后者采用四辆编组的全动车，连接美国国会大厦、美国众议院和美国参议院，仅限议员、议会相关人员与职员使用。为了节省材料和简化供电，采用分段长定子直线感应电机，线路共计分布 506 台直线电机初级，间隔 1.5~3m，采用隐蔽供电，保障安全。车辆底部悬挂无源的平板型次级。

1.3　电励磁式直线同步电机在轨道交通中的应用

相较于直线感应电机，直线同步电机由于双边励磁，因此具有较高的效率和功率因数，通常用在高速场合。

考虑到次级励磁功率较小，同时高速磁悬浮列车的速度等级为500km/h左右，接触式供电方式不再适用。因此，在高速磁悬浮列车方案中，通常采用长初级的形式，即初级沿线路安装于地面，通过地面大功率变流器供电并调速；次级安装在车上，通过直线谐波发电机无接触励磁。本质上，高速磁悬浮列车就是一台长初级短次级的大型直线同步电机，且调速的控制权由车辆移交于地面承担。

根据初级是否有铁心以及次级励磁导体类型，高速磁悬浮列车用直线同步电机可分为"有铁心初级+常导励磁次级"与"无铁心初级+超导励磁次级"两种类型，分别对应常导直线同步电机与超导直线同步电机，分别论述如下。

1.3.1 常导型直线同步电机

在传统列车中，车与轨之间的约束由轮轨关系决定：车轮完成支承，轮缘完成导向，牵引由旋转电机+齿轮箱+轮对完成。即传统列车的支承、导向和牵引均是"机械"实现的，而对于磁悬浮列车而言，均采用"电磁"方式完成。

如图1-9所示，长初级安装于T型轨两侧下方，列车与轨道为"车抱轨"的形式，增强了安全系数。次级的磁极安装于悬浮臂底部，导向磁铁安装于悬浮臂中部，悬浮臂与车体相连。

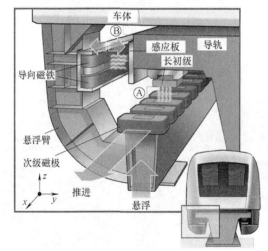

a) 牵引、悬浮与导向示意

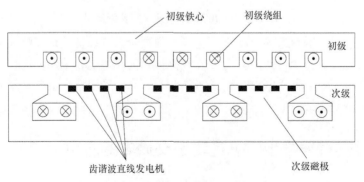

b) 直线同步电机与齿谐波直线发电机

图1-9 常导型磁悬浮列车的牵引、悬浮与导向系统

该列车完成在三维空间约束的电磁方式如下：

（1）轨道上的长初级与悬浮臂上的次级之间产生电磁推力，完成牵引功能，即 x 轴方向的约束。

（2）同时，初级和次级之间的法向力将列车向上吸起，通过负反馈调节磁极励磁电流，保证悬浮气隙稳定，从而完成悬浮或支承功能，即 z 轴方向的约束。

（3）导向磁铁与轨道感应板相互作用，使得磁悬浮列车与轨道保持一定距离，完成导向功能，即 y 轴方向的约束。

其中，①次级磁极上设计有齿谐波直线发电机，为列车提供电能。因此，直线同步电机完成牵引、悬浮和发电三项功能，如图1-9b所示；②通过分数槽的方法削弱齿槽效应，设置初级极距比次级极距小，数值为0.1倍的初级槽距；③采用磁场定向的解耦控制，分别控制牵引力和悬浮力，通过设定初级电流 $i_d=0$，满足气隙磁场和无功功率都由次级磁极的励磁磁场产生，通过调节初级电流 i_q 和次级磁极的励磁电流分别控制牵引力和悬浮力。

常导直线同步电机在TR系列高速磁悬浮列车中具有典型应用。该列车由德国西门子和蒂森克虏伯联合制造，代表性商业运用为上海龙阳路—浦东国际机场约30km的机场线[13-15]。

上海磁悬浮列车为五辆编组，2个头车，3个中间车，头车悬浮架布置如图1-10所示。次级磁极分布如下：

（1）头车中间悬浮架按照"10主磁极+2末磁极"布置，头车端部悬浮架按照"12主磁极+2末磁极"布置。

（2）中间车每个悬浮臂次级磁极均按照"10主磁极+2末磁极"布置。

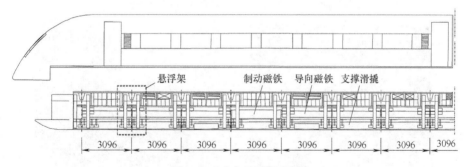

图1-10 头车悬浮架布置

典型常导高速磁悬浮列车德国TR06和上海磁悬浮列车TR08如图1-11a、b所示，其相关参数见表1-6，其中悬浮架与轨道长初级如图1-11c、d所示。

表1-6 TR06和TR08型磁悬浮列车电机参数

参　　数	TR06	TR08
车体总长度/m	79.7	125
编组数量	2	3
端车长度/m	26.99	26.99
中车长度/m	24.77	24.77
车辆重量/载客（t）	122	188.5
最大设计速度/（km/h）	412.6	500
整车载客量	196	245

(续)

参数	TR06	TR08
电机相电流峰值/A	1200	1200
电机相电压峰值/V	4250	4000
电机供电频率/Hz	0~215	0~240
初级极距/mm	258	258
初级铁心宽度/mm	184	184
次级极距/mm	244	266.5
次级铁心宽度/mm	212	168
主磁极长度/mm	140	170
末磁极长度/mm	110	85
机械气隙/mm	10	10

a) 德国TR06

b) 上海磁悬浮列车(TR08)

c) 次级磁极和导向磁铁

d) T型轨的初级

图 1-11　典型常导高速磁悬浮列车与关键部件

1.3.2　无铁心超导直线电机

对于超导高速磁悬浮列车来讲，主要是采用了无铁心超导直线同步电机，如图 1-12 所示。由于轨道为 U 型，因此车与轨道为"轨抱车"的形式。无铁心超导直线同步电机的次级超导磁体安装于车体的两侧，初级安装于 U 型轨道的两侧墙。同时，用于悬浮的 8 字线圈覆盖于初级绕组外侧。

该列车完成在三维空间约束的电磁方式如下：

(1) 轨道上的无铁心初级与车体两侧的超导次级磁极之间产生牵引力，完成推力的功

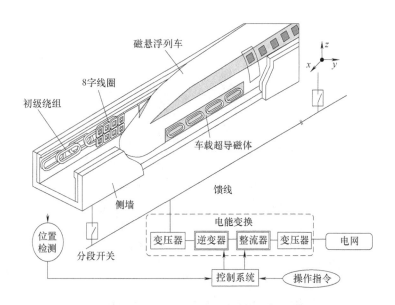

图 1-12 超导高速磁悬浮列车系统示意图

能,即 x 轴方向的约束。

(2) 列车上超导磁体经过导轨两侧的 8 字线圈时,感应的涡流使得 8 字线圈励磁为磁体,分别对列车产生上吸引力和下排斥力,使得列车悬浮,从而完成悬浮或支承功能,即 z 轴方向的约束。

(3) 在行驶过程中如果列车出现偏离,超导磁体就会在远离侧和接近侧的 8 字线圈分别产生吸引力和排斥力,把列车拉回到中央位置,使列车平稳行驶,完成导向,即 y 轴方向的约束。

由上述可见,超导磁悬浮列车与常导磁悬浮列车的技术路线完全不同,主要表现如下:

(1) 采用无铁心长初级,安装于 U 型轨的两侧墙,分为内侧和外侧推进线圈,即双层分布式绕组(后续研究亦有集中式绕组)。

(2) 次级采用超导体电励磁,同样为无铁心设计,能够产生强励磁磁场,提升电机的效率。

(3) 不能实现静止悬浮,需要使用橡胶轮支撑。将列车加速到较高的起升速度(100km/h 左右)后才进入悬浮状态。因此超导高速磁悬浮列车具有两种状态,即轮轨运行和悬浮运行,如图 1-13 所示。

(4) 悬浮力由超导磁极磁场强度和车速决定,即使长初级停止供电,悬浮力也不会突然消失,列车会逐渐落地而停车。

(5) 推进功能由无铁心超导直线同步电机完成,悬浮和导向功能由 8 字线圈和次级超导磁极完成。

(6) 初级绕组通常采用较大的极距,从而降低变流器的供电频率。

超导无铁心直线同步电机在高速磁悬浮列车运用的典型代表是日本山梨试验线以及已经开始建设的中央新干线。列车头型、初级铺设、U 型轨道以及超导磁体如图 1-14 所示。

根据车载超导体材料特性的不同,可以分为低温超导和高温超导两大类。低温超导线圈和高温超导线圈的结构示意图如图 1-15[20-23]所示。典型的低温超导磁体以及初级绕组参数见表 1-7。

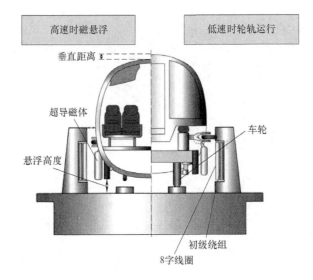

图1-13 超导高速磁悬浮列车的两种状态

a) 列车头型

b) 初级铺设

c) U型轨道

d) 超导磁体

图1-14 日本超导高速磁悬浮列车头型、初级铺设、U型轨道以及超导磁体

表1-7 典型低温超导磁体以及初级绕组参数

类 型	参 数	数 值
低温超导磁铁	极距/m	1.35
	长度/m	1.07
	宽度/m	0.5
	极数	4

(续)

类　　型	参　　数	数　　值
初级绕组	长度/m	1.42
	宽度/m	0.6
	极距/m	0.9
	线圈间距/mm	257
	导线截面积/mm²	1800

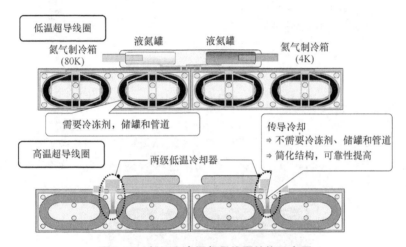

图 1-15　低温和高温超导线圈结构示意图

1.4　永磁直线同步电机在城市轨道交通中的应用

由于直线电机初级和次级分离导致磁场开放，加之轨道交通具有行程长、环境复杂等因素，永磁类型的直线电机目前在轨道交通运用得较少，其成功的应用有：德国的 M-Bahn，以及处于研究的 M3 和 Indutrack 等。

1.4.1　"半悬浮" M-Bahn 列车

20 世纪 80 年代，德国最先探索将永磁直线同步电机应用于城市轨道交通，研发的 M-Bahn 成功应用于轨道交通，该车辆设计速度为 80km/h，实际运行速度为 50km/h。线路全长 1.6km，沿途共设置三站。由于历史原因，实际商业运行约 2 年的 M-Bahn 于 1991 年关停。

M-Bahn 车辆外形和轨道如图 1-16a 所示，永磁直线同步电机如图 1-16b 所示。

M-Bahn 采用长初级沿轨道铺设，车载永磁体次级，利用永磁直线同步电机初级和永磁体次级之间的法向吸引力抵消列车的重量（约 85%），因此车辆对轨道的压力很小。车底部存在行走轮和导向轮等部件用于支承和导向，在严格意义上其不属于磁悬浮列车。但是，其技术特性，比如长初级永磁直线同步电机推力实施牵引、法向力提供车辆部分悬浮力等又与普通轮轨列车不同，因此可归类为"半悬浮"列车。

a) M-Bahn车辆外形与轨道　　　　b) 永磁直线同步电机

图1-16　M-Bahn车辆与永磁直线同步电机

1.4.2　M3磁悬浮列车

MagneMotion Maglev，简称M3，是美国FTA（联邦运输管理局）支持的5个城市磁悬浮项目之一，由美国MagneMotion公司设计，采用永磁混合磁浮技术。M3实验室样机及轨道和悬浮架如图1-17所示。

a) M3与轨道

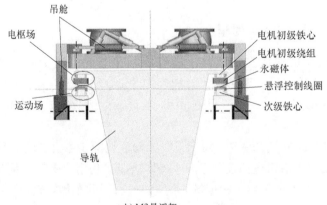

b) M3悬浮架

图1-17　M3实验室样机及轨道和悬浮架

由图 1-17 可见，M3 的设计方案与德国 TR 类似，其不同在于用混合励磁方式替代单纯的电励磁绕组产生励磁磁场，目的在于提供更大的悬浮力和提升电机效率。但永磁体励磁不可调，不能根据悬浮重量变化实时调节励磁磁场的大小。因此，其设计方案为

（1）利用永磁体提供气隙磁通的主要部分，功能在于抵消主要部分车辆重量。

（2）使用电励磁绕组提供气隙磁通的可调部分，实现对悬浮重量变化实时响应的功能[29,30]。

M3 磁悬浮无专设导向系统，降低了系统复杂性，减轻了重量。但是，单靠永磁直线同步电机的侧向力导向能力不足，需要安装侧向导向轮进行辅助。

1.4.3 Inductrack 永磁磁悬浮系统

Inductrack 是由美国 Lawrence Livermore 国家实验室提出的应用永磁材料和不同拓扑结构来提升浮阻比的磁悬浮方案。其中，Inductrack Ⅰ方案用于火箭发射，Inductrack Ⅱ方案用于城市轨道交通场合。

后者方案的结构如图 1-18 所示，长初级于轨道沿线铺设，次级推进磁铁安装于车辆的悬浮臂上，与初级构成永磁直线同步电机，实施 x 方向的牵引。轨道采用短路线圈或者梯形感应板，与 C 型悬浮臂安装的双 Halbach 永磁体阵列耦合，当车辆运行时，即可提供 z 方向的悬浮力。

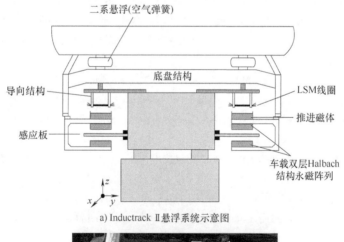

a) Inductrack Ⅱ悬浮系统示意图

b) Inductrack Ⅱ车辆悬浮臂

图 1-18　Inductrack Ⅱ悬浮系统的结构

1—上层 Halbach 阵列　2—下层 Halbach 阵列　3—感应板　4—长初级　5—永磁次级

综上，该系统的优点如下：

（1）位于轨道的长初级和车载永磁次级之间存在较大的法向吸引力，该法向力与悬浮方向一致，提供了大部分悬浮力。

（2）通过调节双 Halbach 永磁体阵列的相对位置、永磁单体的长度和厚度，可以获得较大的浮阻比。

（3）综上所述，该悬浮属于电磁+电动的混合悬浮，起浮速度小、悬浮间隙较大。

该系统的缺点如下：

（1）利用永磁直线电机的侧向力导向，导向力较小。

（2）若要达到较高的悬浮高度，需要较多的永磁体，将增加磁体成本和车重。

（3）永磁体的不可控性，以及电动悬浮的欠阻尼特性，需额外措施抑制振动。

1.5 参考文献

[1] 刘友梅，杨颖. 城轨交通的一种新模式——直线电机驱动地铁车辆［J］. 电力机车与城轨车辆，2003，26：4-7.

[2] 日本地铁协会. 直线电机牵引地铁车辆主要装置标准规格讨论委员会报告书［R］. 东京，1996.

[3] 吕刚. 城市轨道交通车辆概论［M］. 北京：北京交通大学出版社，2011.

[4] 庞绍煌，高伟. 广州地铁4号线直线电机车辆［J］. 都市快轨交通，2006，19（1）：77-79.

[5] 朱玲，洪海峰，郑财辉. 北京机场快轨——直线电机车辆研发与应用［C］. 城市轨道交通技术和管理创新论坛论文集，深圳，2013：92-101.

[6] 范瑜. 国外直线电机轮轨交通［M］. 北京：中国科学技术出版社，2010.

[7] LV G, ZENG D, ZHOU T, et al. Investigation of forces and secondary losses in linear induction motor with the solid and laminated back iron secondary for metro［J］. IEEE Transactions on Industrial Electronics，2017，64（6）：4382-4390.

[8] 吕刚. 轨道交通大功率直线感应电机及其关键技术［R］. 全国直线电机学术交流会（大会报告），武汉，2018.

[9] LV G, ZHOU T, ZENG D, et al. Design of Ladder-slit secondaries and performance improvement of linear induction motors for urban rail transit［J］. IEEE Transactions on Industrial Electronics，2017，65（2）：1187-1195.

[10] LV G, ZENG D, ZHOU T. Influence of the ladder-slit secondary on reducing the edge effect and transverse forces in the linear induction motor［J］. IEEE Transactions on Industrial Electronics，2018，65（9）：7516-7525.

[11] LV G, ZENG D, ZHOU T. An advanced equivalent circuit model for linear induction motors［J］. IEEE Transactions on Industrial Electronics，2018，65（9）：7495-7503.

[12] 钱清泉. 磁浮交通技术及产业发展战略研究［R］. 北京交通大学120周年校庆-轨道交通学术论坛，2016.

[13] Yan L. Progress of the maglev transportation in China［J］. IEEE Transactions on Applied Superconductivity，2006，16（2）：1138-1141.

[14] HOLMER P. Faster than a speeding bullet train［J］. IEEE Spectrum，2003，40（8）：30-34.

[15] CASSAT A, JUFER M. MAGLEV projects technology aspects and choices［J］. IEEE Transactions on Ap-

plied Superconductivity, 2002, 12 (1): 915-925.

[16] BOHN G. Calculation of frequency responses of electro-magnetic levitation magnets [J]. IEEE Transactions on Magnetics, 1977, 13 (5): 1412-1414.

[17] BOHN G, STEINMETZ G. The electromagnetic levitation and guidance technology of the 'transrapid' test facility Emsland [J]. IEEE Transactions on Magnetics, 1984, 20 (5): 1666-1671.

[18] LEE H W, KIM K C, LEE J. Review of maglev train technologies [J]. IEEE Transactions on Magnetics, 2006, 42 (7): 1917-1925.

[19] YASUKOCHI K. Superconducting magnet development in Japan [J]. IEEE Transactions on Magnetics, 1983, 19 (3): 179-188.

[20] KOTANI Y. Recent progress by JNR on maglev [J]. IEEE Transactions on Magnetics, 1988, 24 (2): 804-807.

[21] ONO M, KOGA S, OHTSUKI H. Japan's superconducting maglev train [J]. IEEE Instrumentation and Measurement Magazine, 2002, 5 (1): 1-15.

[22] SAWADA K. Outlook of the superconducting maglev [J]. Proceedings of the IEEE, 2009, 97 (11): 1881-1885.

[23] KUSADA S, IGARASHI M, NEMOTO K, et al. The project overview of the HTS magnet for superconducting maglev [J]. IEEE Transactions on Applied Superconductivity, 2007, 17 (2): 2111-2116.

[24] KUWANO K, IGARASHI M, KUSADA S, et al. The running tests of the superconducting maglev using the HTS magnet [J]. IEEE Transactions on Applied Superconductivity, 2007, 17 (2): 2125-2128.

[25] TASAKI K, MARUKAWA K, HANAI S, et al. HTS magnet for maglev applications (1)——coil characteristics [J]. IEEE Transactions on Applied Superconductivity, 2006, 16 (2): 1100-1103.

[26] NEMOTO K, TERAI M, IGARASHI M, et al. HTS magnet for maglev applications (2)——magnet structure and performance [J]. IEEE Transactions on Applied Superconductivity, 2006, 16 (2): 1104-1107.

[27] HE J, COFFEY H. Magnetic damping forces in figure-eight-shaped null-flux coil suspension systems [J]. IEEE Transactions on Magnetics, 1997, 33 (5): 4230-4232.

[28] SHIBATA M, MAKI N, SAITOH T, et al. On-board power supply system of a magnetically levitated vehicle [J]. IEEE Transactions on Magnetics, 1992, 28 (1): 474-477.

[29] 李云钢, 常云森, 闫宇壮. 美国新型结构磁悬浮交通技术分析与比较 [J]. 机车电传动, 2006, 3: 6-9.

[30] R HOOPENGARDNER, M THOMPSON. FTA low-speed urban maglev research program: updated lessons learned [R]. Federal Transit Administration, 2012.

[31] 吕刚. 直线电机在轨道交通的应用与关键技术综述 [J]. 中国电机工程学报, 2020, 40 (17): 5665-5674.

第 2 章 直线感应电机

内容提要

本章主要介绍了轨道交通用直线感应电机的拓扑结构和运行特点,明确电机的特殊电磁现象,分析了边缘效应和端部效应产生的机理,给出了适合直线感应电机设计的若干准则和端部效应的补偿方法,以及实验室模拟端部效应的手段。

难点重点

1. 直线感应牵引电机特殊电磁现象的产生机理。
2. 直线感应牵引电机端部效应补偿方法。

2.1 直线感应电机的拓扑结构

以直线感应电机初级为描述对象，常见的拓扑类型有四种，如图 2-1 所示。

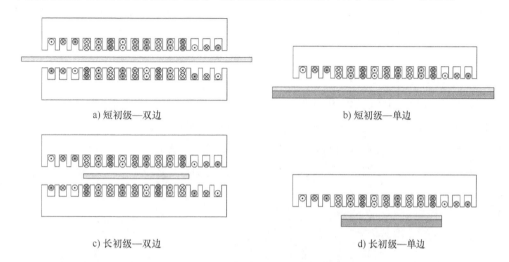

图 2-1 直线感应电机常见的四种拓扑类型

其中，从运行耗能角度考虑，短初级直线感应电机占优。反之，若考虑功率吸收的话，长初级直线感应电机则略好。总的来说，对于城市轨道交通运输，短初级直线感应电机较为合适和常用。

2.2 直线感应电机的四象限运行

与普通旋转交流感应电机相同，直线感应电机也可运行在两种不同的工作状态，即电动运行状态和制动运行状态[1]。

2.2.1 电动运行状态

电动运行状态的特点是电动机推力的方向与电机的运动方向相同。在图 2-2 的第一象限和第三象限内表示的是在电动状态下电动机的机械特性。在第一象限的是电动机运行在正向

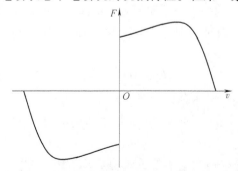

图 2-2 电动状态下直线感应电动机的机械特性

电动状态,而在第三象限的是电动机运行在逆向的电动状态。在电动状态运行时,电动机由电网吸收电能,并把电能变换成机械能来驱动负载。

2.2.2 制动运行状态

直线感应电机可运行于回馈制动、反接制动和直流能耗制动三种制动状态,其共同的特点是电动机的推力与电动机的运动方向相反。此时,电动机吸收机械能,并把它转换为电能。

1. 回馈制动状态

图2-3是直线感应电机等效电路图。其中,$\dot{E}_2'$是次级感应电动势;$\dot{I}_1$、$\dot{I}_2'$分别为初级电流和次级电流;r_1、r_2'、jx_1、jx_2'分别为初级电阻、次级电阻、初级漏抗和次级漏抗。当直线感应电机由于某种原因,如位能负载的作用,使其运行速度v高于同步速度v_s时,则转差率$s = (v_s - v)/v_s < 0$。这时,在直线感应电机次级的感应电动势sE_2将改变方向。

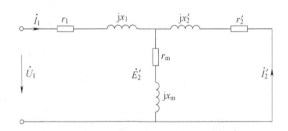

图2-3 直线感应电机等效电路图

而次级电流的有功分量可表示为

$$I_{2e}' = \dot{I}_2'\cos\varphi_2 = \frac{\dot{E}_2'\frac{r_2'}{s}}{\left(\frac{r_2'}{s}\right)^2 + x_2'^2} \tag{2-1}$$

次级电流的无功分量为

$$I_{2i}' = \dot{I}_2'\sin\varphi_2 = \frac{\dot{E}_2'x_2'}{\left(\frac{r_2'}{s}\right)^2 + x_2'^2} \tag{2-2}$$

式(2-1)和式(2-2)说明,当转差率s由正变为负时,次级电流的有功分量I_{2e}'将改变方向,其无功分量I_{2i}'的方向则不变。其中在$\dot{U}_1$和$\dot{I}_1$之间的相位差角$\varphi_1 > 90°$,因此初级的电功率

$$P_1 = 3\dot{U}_1\dot{I}_1\cos\varphi_1 \tag{2-3}$$

为负,即初级绕组将向电网回馈电能。另外,$\dot{I}_2'\cos\varphi_2$为负,$F \propto \dot{I}_2'\cos\varphi_2$也变为负,即推力$F$的方向与电机运动的方向相反。所以这时直线电机向电网回馈电能,电磁力表现为机械制动力,即在制动状态下运行。

在回馈制动时,直线感应电机输出的机械功率P_2为

$$P_2 = Fv \tag{2-4}$$

因为 F 与 v 的方向相反，所以 P_2 是负值，表示直线感应电机吸收了机械功率。因为在回馈制动时 F 为负、v 为正，并且 $v>v_s$。所以，回馈制动时直线感应电机的机械特性将如图 2-4 中第四象限所示。当电机的制动力与负载阻力相等时，电机将稳定运行。例如，电机以 $v_1>v_s$ 的速度稳定运行于图 2-4 所示的点 A。

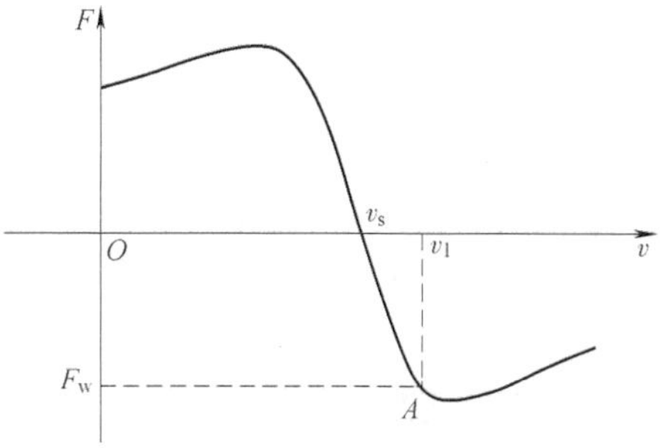

2. 反接制动状态

实现直线感应电机反接制动有两种方法：一种是电机速度反向的反接制动；另一种是初级两相反接的反接制动。现分别讨论如下：

（1）电机速度反向的反接制动

直线感应电机速度反向的反接制动可用图 2-5 来说明，电机起动推力 F_{st} 的方向与负载阻力 F_L 的方向相反，并且 $F_{st}<F_L$。在负载阻力的作用下，使直线电机运动的方向与起动推力所产生的运动方向相反，并在阻力方向加速。此时转差率 s 为

$$s=\frac{v_s-(-v)}{v_s}=\frac{v_s+v}{v_s}>1 \quad (2\text{-}5)$$

在图 2-6 中，第二象限的实线表示速度反向的反接制动机械特性。由图 2-6 可以看出，随着 $|-v|$ 的增加，s 和 F 都增大，直至电机的制动力 F 与负载力 F_L 相等时（图中的点 A），电机才稳定运行，其稳定运行速度为 $-v_1$。

（2）初级两相反接的反制动

假设直线感应电机在电动状态下稳定运行，如稳定运行在图 2-7 的点 A，现在要停机或反向，可以将初级任意两相反接。由于初级相序的改变，行波磁场的移动方向也随之改变，从而得到与原运行方向相反的机械特性，运行点由 A 转移到 B，这时，次级导体切割磁场的方向与电动状态运行时切割的方向相反。于是，转差率为

$$s=\frac{-v_s-v}{-v_s}=\frac{v_s+v}{v_s}>1 \quad (2\text{-}6)$$

图 2-4　回馈制动时的直线感应电机机械特性

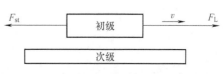

图 2-5　直线感应电机速度反向的反接制动

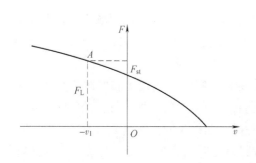

图 2-6　速度反向的反接制动的机械特性

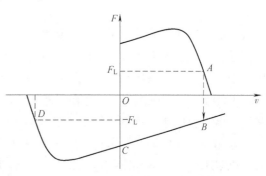

图 2-7　初级两相反接的反制动机械特性

由此可见，$s>1$ 是速度反向制动和两相反接制动的共同特点。在两相反接时，E_2、sE_2、I_2 和 F 都与电动状态时的相应量方向相反。于是，电机的速度在 $-F$ 和负载力的共同作用下，将迅速下降，这相当于图 2-7 机械特性的 BC 段。在速度为零（点 C）时，如果切断电源，电动机将停止不动，这样就达到了制动的目的。如果电源不切断，电机将反向加速，进入反向的电动运行状态（相当于机械特性的 CD 段），加速到点 D 时，反向推力与负载力相等，电动机将稳定运行在点 D。这时电动机就变成逆向运行了。

3. 直流能耗制动状态

假设直线感应电机原来运行在图 2-8b 所示的点 A，即相应于图 2-8a 电路图中的触点 K1 闭合、K2 断开。为了迅速停机，应将触点进行换接，即当触点 K1 断开，电动机脱离电网时，立即将触点 K2 接通，并给初级两相绕组输入直流电流。这样，在电机气隙中将产生相对于初级不动的静止磁场。然而，初级由于惯性的原因仍在运动，所以这时直线感应电机相当于一台次级短路的同步发电机，它把初级（运动体）的机械惯性能转换为电能，最后以热的形式消耗在次级中，从而使电机得到制动。

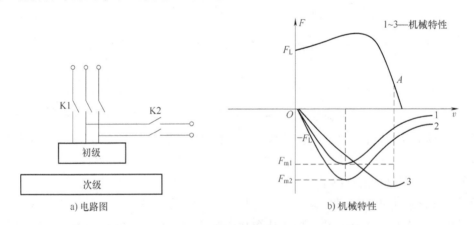

图 2-8 直线感应电机能耗制动

直线感应电机的初级相当于同步发电机的转子，次级相当于同步发电机被短路的电枢，由于初级和次级之间有相对运动，所以在次级的导体中感应出电动势并产生电流，次级电流与气隙磁场相互作用产生制动力。因此，这种制动又称为动力制动或直流能耗制动。

直流能耗制动比较适合于要求把运动体可靠地制动到速度为零的应用场所，它不像两相反接制动那样，如果不及时切断电源（当运动体的速度已被制动为零时），就会产生反向加速的问题。另外，它消耗功率比较小，制动力的大小可以调节（改变直流电流的大小）。图 2-8b 中第四象限的曲线 1~3 是直流能耗制动时的机械特性。曲线 1 和曲线 2 是在次级电阻相同，但直流电流大小不一样（曲线 2 的大于曲线 1 的）时的机械特性。曲线 3 是保持直流电流与曲线 1 的相等，但是它们的次级电阻不一样（曲线 3 的比曲线 1 的大）。由此看出，当次级电阻不变，只增大直流电流时，产生最大制动力时的速度不变，但最大制动力将增大，如图 2-8b 中曲线 1 和曲线 2 所示；当直流电流不变，增大次级电阻时，产生最大制动力时的速度将增加，但最大制动力却保持不变。

2.3 短初级直线感应电机的电磁特殊现象

本节以城市轨道交通常用的短初级直线感应电机为研究对象,介绍了直线感应电机特殊的电磁现象,强调说明旋转感应电机与直线感应电机之间的主要差别。

2.3.1 端部效应

直线感应电机初级铁心不像旋转电机铁心具有闭合结构,而是表现为具有两端的直线形状。由于铁心的断开,导致绕组布置在初级铁心的前后两个端部不连续,从而使得三相绕组之间的互感不相等。即使在初级绕组上供给三相对称的交流电压,在各项绕组中也将产生不对称的三相电流,不对称三相电流会产生反向行波磁场和零序脉冲振动磁场。这两类磁场在次级运行过程中产生阻力和附加损耗。因此,把由于铁心在运行方向开断造成端部,从而在气隙中出现脉冲振动磁场和反向行波磁场的效应称为静态端部效应。

另外,当短初级直线感应电机的初级快速地相对于次级运动时,根据楞次定理,在初级的入口端和出口端还会产生磁场畸变,这是由于次级导体板中的涡流使入口端的磁场削弱、出口端的磁场加强所致,如图 2-9 所示。因此,把这种由于初级运动后造成的磁场畸变称为动态端部效应,该效应会减小电机的推力、效率和功率因数。

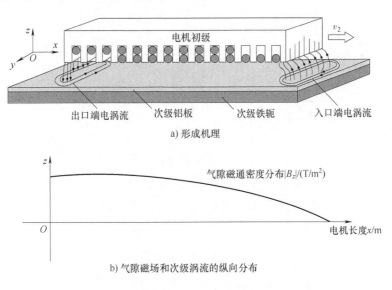

图 2-9 动态端部效应

静态和动态端部效应统称为端部效应。当电机极数≥6 时,可以忽略静态端部效应。

为了分析直线电机的端部效应,首先也是最重要的一步就是建立一个纵向磁动势的分布模型。一般来说,磁动势分布模型可分为两类,即基于基波的模型和基于高次谐波的模型:

(1) 基于基波的磁动势分布模型把纵向磁动势理想化为严格正弦分布,由端部效应、初级开槽及非正弦电压激励带来的影响可由经验公式或者额外的修正系数来对其计算结果进行补偿。该模型由于计算简单、物理意义明确，在早期的直线电机分析相关文献中[2]得到了大量的使用。

（2）基于高次谐波的磁动势分布模型把纵向假设为一种呈阶梯波状的分布，该分布可考虑由于电机初级开槽、非正弦电压激励及磁动势端部效应带来的一系列影响。相较于基于基波模型的分析结果，该方法显著提高了解析结果精度。但是，这种方法计算量大且结果表达式冗长，其计算时间与高次谐波的阶数直接相关。

2.3.2 边缘效应

次级导电层在行波磁场的作用下，会产生感应电动势和涡流。由于直线感应电机次级导体板通常由一整块导体构成且导体板的电导率均匀分布，次级涡流在初、次级的耦合区域（有效宽度范围内）不仅有 y 轴方向（横向）的分量，而且还有 x 轴方向（运动方向）的分量。因此，次级涡流的退磁作用会造成气隙磁通密度的横向分布呈马鞍形，如图 2-10 所示。该现象将减小电机的推力、效率和功率因数。因此，把由于整块导体板次级造成的横向磁通密度分布不均匀现象称为边缘效应。

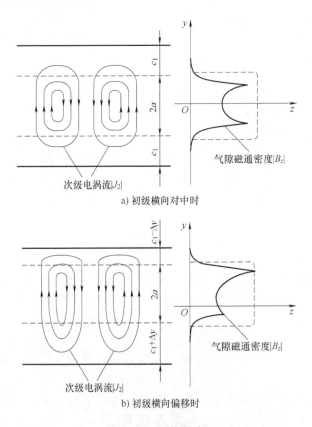

图 2-10　边缘效应

分析电机的边缘效应，类似于分析端部效应的方法，关键在于建立横向磁动势分布模型。在较早对直线电机边缘效应开展研究的文献中[5,6]只考虑了在初、次级耦合部分的横向磁动势分布，忽略了在初级绕组端部（非耦合部分）的磁动势分布。在后续的研究文献中[1,10,18]，为了提高受边缘效应影响的计算精度，分别用不同类型的函数模型来等效电机端部的磁动势分布，从而来表达实际绕组端部的磁通密度。本书第 4 章将系统性地讨论不同类型的横向磁动势分布模型及用于实际电机分析的计算精度问题。

2.3.3 趋肤效应和气隙漏磁通

趋肤效应是指当导体通以交流电流时，导体断面上出现的电流分布不均匀，电流密度由导体中心向表面逐渐增加，大部分电流仅沿导体表层流动的一种物理现象。在直线感应电机中，由于趋肤效应的存在，次级上产生的感应电流在垂直方向上分布不均匀，使得次级的电导率下降。用修正系数来考虑直线感应电机的趋肤效应，可表示为

$$K_s = \xi \frac{\sinh(2\xi) + \sin(2\xi)}{\cosh(2\xi) - \cos(2\xi)}, \xi = d/d_s \tag{2-7}$$

式中，d 和 d_s 分别为次级厚度和渗透深度，$d_s = \sqrt{2/(\mu s \omega \sigma)}$。

高速直线感应电机的有效气隙比较大，存在气隙漏磁通，使得直线电机的等效气隙增大。用修正系数来考虑直线感应电机的气隙漏磁通，可表示为

$$K_l = \frac{\sinh(\pi g_e/\tau)}{\pi g_e/\tau} \tag{2-8}$$

式中，g_e 为电磁气隙；τ 是极距。

2.3.4 绕组特性

直线感应电机可由旋转感应电机经过"剖开"和"拉直"的过程而得到，然而初级绕组要做某些改变，一般有两种结构，如图 2-11 所示。图 2-11a 的结构具有偶数 4 极，类似水轮发电机电枢的单层集中绕组；图 2-11b 是端部线圈没有任何变更的双层整距绕组。这种绕组实际上有 5 个极，两个端部极的气隙磁通密度较低。可见，由于纵向铁心的开断，原来旋转感应电机的连续绕组也变成不连续的，那么采用双层绕组时在铁心纵向两端将存在只有一层绕组的"半填槽"。铁心两端"半填槽"的纵向区域各为一个极距 τ，从而形成奇数极，此时双层绕组区域为 $(2p-1)\tau$，铁心总长为 $(2p+1)\tau$。奇数极这一特点是直线感应电机所特有的，这种奇数极直线感应电机比偶数极在现实中存在的数量要多，对电机参数和特性均有一定的影响，特别是极数比较少的时候。

图 2-11 直线感应电机绕组与极数

2.4 具有半填充槽的初级绕组

具有半填充槽初级绕组的直线感应电机，在考虑边缘效应、次级趋肤效应（用相应的系数 K_t 和 K_s 来考虑）和端部效应时，假设分析的模型被划分为不同的区域，如图 2-12 所示，而初级电流层的基波以 A/m 作单位表示如下：

$$J_1 = J_m \mathrm{e}^{\mathrm{j}(\omega t - \beta x)}, \quad J_m = \frac{\sqrt{2}mWK_w I_1}{p\tau} \tag{2-9}$$

式中，I_1 为初级相电流；W 为每相匝数；K_w 为绕组系数；τ 为极距；p 为极对数。

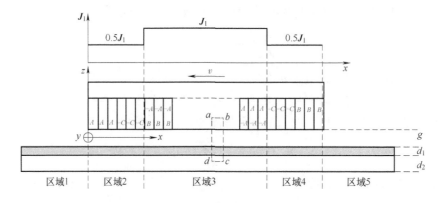

图 2-12 具有半填充槽的直线感应电机绕组

假设初级电流层是对称的，则电机的极数是 $(2p+1)$。

由安培定理得

$$g_e \frac{\partial H}{\partial x} = J_1 + J_2 d_1 \tag{2-10}$$

式中，J_2 为次级电流密度；d_1 为次级厚度。

由欧姆定理得

$$\frac{\partial J_2}{\partial x} = \mathrm{j}\omega\mu_0 \sigma H + \mu_0 v\sigma \frac{\partial H}{\partial x} \tag{2-11}$$

式中，v 为初、次级之间的相对速度。

因此，在区域 2 和区域 4 的气隙中，由式（2-10）和式（2-11）得

$$\frac{\partial^2 H}{\partial x^2} - \mu_0 \sigma_e v \frac{\partial H}{\partial x} - \mathrm{j}\omega\mu_0 \sigma_e H = -\frac{\mathrm{j}\beta}{2g_e} J_m \mathrm{e}^{-\mathrm{j}\beta x} \tag{2-12}$$

区域 2 和区域 4 中，$0 \leq x < \tau\left(1 - \dfrac{\varepsilon}{mq}\right)$ 和 $2p\tau < x \leq \tau\left(2p + 1 - \dfrac{\varepsilon}{mq}\right)$。

在区域 3，有

$$\frac{\partial^2 H}{\partial x^2} - \mu_0 \sigma_e v \frac{\partial H}{\partial x} - \mathrm{j}\omega\mu_0 \sigma_e H = -\frac{\mathrm{j}\beta}{g_e} J_m \mathrm{e}^{-\mathrm{j}\beta x} \tag{2-13}$$

区域 3 中，$\tau\left(1 - \dfrac{\varepsilon}{mq}\right) \leq x \leq 2p\tau$。$\gamma_1$ 和 γ_2 是式（2-13）的特征根。

在区域 1 和区域 5 中，式（2-12）和式（2-13）的右边为 0。其中，σ_e 是次级的等效电导率，并表示为

$$\sigma_e = \frac{\sigma d}{K_t K_s g_e} \tag{2-14}$$

在区域 1～区域 5 中，H 沿 x 的分布为

$$\begin{cases} H_0 = M_0 \mathrm{e}^{\gamma_1 x} \\ H_1 = M_1 \mathrm{e}^{\gamma_1 x} + M_1' \mathrm{e}^{\gamma_2 x} + \dfrac{\mathrm{j}\beta J_m \mathrm{e}^{-\mathrm{j}\beta x}}{2g_e(\beta^2 + \mathrm{j} s w \mu_0 \sigma_e)} \\ H_2 = M_2 \mathrm{e}^{\gamma_1 x} + M_2' \mathrm{e}^{\gamma_2 x} + \dfrac{\mathrm{j}\beta J_m \mathrm{e}^{-\mathrm{j}\beta x}}{g_e(\beta^2 + \mathrm{j} s w \mu_0 \sigma_e)} \\ H_3 = M_3 \mathrm{e}^{\gamma_1 x} + M_3' \mathrm{e}^{\gamma_2 x} + \dfrac{\mathrm{j}\beta J_m \mathrm{e}^{-\mathrm{j}\beta x}}{2g_e(\beta^2 + \mathrm{j} s w \mu_0 \sigma_e)} \\ H_4 = M_4 \mathrm{e}^{\gamma_2 x} \end{cases} \tag{2-15}$$

式中，M 是由边界条件决定的。

在 $x=0$，$x=\tau\left(1-\dfrac{\varepsilon}{mq}\right)$，$x=2p\tau$，$x=\tau\left(2p+1-\dfrac{\varepsilon}{mq}\right)$ 处，由 H_x 和次级电流密度连续的边界条件，可得 8 个方程式

$$\begin{cases} M_1' = \dfrac{\mathrm{j}J_m(\beta\gamma_1 + s\omega\mu_0\sigma_e)}{2g_e(\gamma_2 - \gamma_1)(\beta^2 + \mathrm{j}s\omega\mu_0\sigma_e)} \\ M_2' = M_1'\{1 + \mathrm{e}^{[-(\gamma_2 + \mathrm{j}\beta)x_1]}\} \\ M_3' = M_1'\{1 + \mathrm{e}^{[-(\gamma_2 + \mathrm{j}\beta)x_1]} - \mathrm{e}^{[-(\gamma_2 + \mathrm{j}\beta)x_2]}\} \\ M_1 = N(\mathrm{e}^{-\gamma_1 x_3} - \mathrm{e}^{-\gamma_1 x_2} - \mathrm{e}^{-\gamma_1 x_1}) \\ M_2 = N(\mathrm{e}^{-\gamma_1 x_3} - \mathrm{e}^{-\gamma_1 x_2}) \\ M_3 = N\mathrm{e}^{-\gamma_1 x_3} \\ M_4 = M_1'\{1 + \mathrm{e}^{[-(\gamma_2 + \mathrm{j}\beta)x_1]} - \mathrm{e}^{[-(\gamma_2 + \mathrm{j}\beta)x_2]} - \mathrm{e}^{[-(\gamma_2 + \mathrm{j}\beta)x_3]}\} \\ M_0 = M_1 + M_1' + \dfrac{\mathrm{j}\beta J_m}{2g_e(\beta^2 + \mathrm{j}s\omega\mu_0\sigma_e)} \\ N = \dfrac{-\mathrm{j}J_m(\beta\gamma_2 + s\omega\mu_0\sigma_e)\mathrm{e}^{-\mathrm{j}\beta x_2}}{2g_e(\gamma_2 - \gamma_1)(\beta^2 + \mathrm{j}s\omega\mu_0\sigma_e)} \end{cases} \tag{2-16}$$

对于全填充槽偶数极的初级绕组，与前面的分析相同时，则各个区域的磁场强度可表示为

$$\begin{cases} H_0 = M_{0e}\mathrm{e}^{\gamma_1 x} & x < 0 \\ H_{1e} = M_{1e}\mathrm{e}^{\gamma_1 x} + M_{1e}'\mathrm{e}^{\gamma_2 x} + \dfrac{\mathrm{j}\beta J_m \mathrm{e}^{-\mathrm{j}\beta x}}{g_e(\beta^2 + \mathrm{j}s\omega\mu_0\sigma_e)} & 0 < x < 2p\tau \\ H_{2e} = M_{2e}\mathrm{e}^{\gamma_1 x} & x > 2p\tau \end{cases} \tag{2-17}$$

式中

$$\begin{cases} M_{1e} = \dfrac{-jJ_m(\beta\gamma_2 + s\omega\mu_0\sigma_e) e^{-j2p\tau\gamma_1}}{g_e(\gamma_2 - \gamma_1)(\beta^2 + js\omega\mu_0\sigma_e)} \\ M'_{1e} = \dfrac{jJ_m(\beta\gamma_1 + s\omega\mu_0\sigma_e)}{g_e(\gamma_2 - \gamma_1)(\beta^2 + js\omega\mu_0\sigma_e)} \\ M_{0e} = M_{1e} + M'_{1e} + \dfrac{j\beta J_m}{g_e(\beta^2 + js\omega\mu_0\sigma_e)} \end{cases}$$

其中，γ_2 对应前进行波，在电机运行高速的端部效应中起主要作用。由式（2-16）和式（2-17）可以看出，决定端部效应影响的系数 M'_2 和 M'_{1e}，具有如下的比例：

$$\frac{M'_{1e}}{M'_2} = \frac{2}{1 + e^{[-(\gamma_2 + j\beta)x_1]}} \tag{2-18}$$

基于式（2-18）的分析可以得出如下结论：

（1）直线感应电机在低速运行时，端部效应对两种电机的影响均较小。但是，就影响程度而言，全填充槽直线感应电机受其影响较大。

（2）直线感应电机在高速运行时，端部效应对两种电机均具有较大的影响。并且，对二者的影响程度相差不大。

2.5　设计依据与端部效应补偿

端部效应使直线感应电机的特性在高速时显著恶化。因此，旋转感应电机的设计准则不适用于直线感应电机。本节考虑边缘效应、端部效应、机械与成本方面的限制，提出适用于高速直线感应电机设计的若干准则。

2.5.1　最佳品质因数

由 Laithwaite 提出的直线电机品质因数 G 是用来衡量直线电机性能的重要指标，可以定义为

$$G = \frac{2f\mu_0\sigma\tau^2}{\pi g} \tag{2-19}$$

式中，f 是电源频率；μ_0 是空气磁导率；σ 为次级电导率；g 是机械气隙。

假设直线感应电机的特性是由常规理想感应电机特性和端部效应特性组合而成。虽然理想特性随着实际品质因数的增大而改善，但是在高速直线感应电机中，当值较大时端部效应的作用也将更加突出。由此可知，实际品质因数的取值有一定的适合范围。

最佳品质因数 G_0 的定义为：在品质因数为 G_0 的直线感应电机中，运行速度为同步速度时的直线感应电机推力为零。这意味着在同步速度时，表示端部效应的附加电磁力 F_{xe} 必须为零[19]，F_{xe} 为

$$F_{xe} = \frac{a\mu_0 J_m^2}{g_e \beta} \mathrm{Re}\left\{ \frac{-j\left(\dfrac{\gamma_1^*}{\beta} + sG_R\right)\exp\left[2p\tau\left(\dfrac{\gamma_2^*}{\beta} - j\right) - 1\right]}{(1 - jsG_R)\left(\dfrac{\gamma_2^*}{\beta} - \dfrac{\gamma_1^*}{\beta}\right)\left(\dfrac{\gamma_2^*}{\beta} - j\right)} \right\} \tag{2-20}$$

2.5.2 端部效应的补偿

端部效应补偿的方法通常是除直线感应电机的主绕组外再增加一个绕组,如图 2-13 所示。

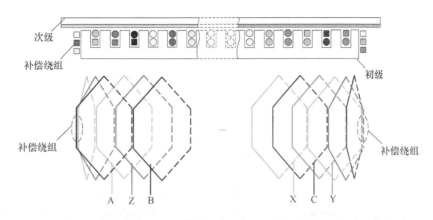

图 2-13 直线感应电机补偿绕组示意图

2.6 端部效应的实验室模拟方法

因为直线感应电机在高速(大于 450km/h)时进行试验确定端部效应的影响是非常困难的。本节阐述在哪些条件满足的情况下,在低速直线感应电机得出的试验结果,与高速直线感应电机的特性一致,以致有可能在低速条件下通过试验确定高速直线感应电机的特性。等价的基础是模拟直线感应电机中的磁通密度分布与实际电机的一样,这样实际直线感应电机特性,可以由模拟直线感应电机在试验中求得。

有两种模拟端部效应的方法:

(1)模拟直线电机的初级和气隙与原型机一样,但是供给模拟直线电机的电源是低频的,次级需要加以修改。用这种模拟形式,可以在 2km 长的轨道上以 40m/s 的速度进行试验。

(2)采用弧形电动机或盘式电动机来进行。在这种情况下,极数是不变的,而通过减小气隙和极距,同时适当增加模拟直线电机的频率,使等值条件得到满足。

2.6.1 等值条件

由上述讨论可以表明,如果在两种直线感应电机中,其有效区域、入口和出口区域的磁通密度分布以及初级的电流层都是相同的话,则认为它们产生相同的磁场和力。这个准则由参考文献[23]的等值条件来确定,而在推导等值条件时,没有复杂的边界值问题。因为等值条件导致主要方程式相同,所以在两种直线感应电机中两个比值即端部效应力与常规推力之比、合成推力之比,均为常数。亦即

$$\frac{F_{xe}}{F_{xc}} = \frac{F_{xe0}}{F_{xc0}} \tag{2-21}$$

和

$$\frac{F_x}{F_{x0}} = \frac{F_{xe} + F_{xc}}{F_{xe0} + F_{xc0}} = \frac{F_{xe}}{F_{xe0}} = \frac{F_{xc}}{F_{xc0}} = \frac{a_e/\beta}{a_{e0}/\beta_0} \tag{2-22}$$

概括起来，等值条件是

$$\begin{cases} p = p_0 \\ \beta a_e = \beta_0 a_{e0} \\ \beta(b - a_e) = \beta_0(b_0 - a_{e0}) \\ K_1 = K_{10} \\ \dfrac{G_L}{K_s} = \dfrac{G_{L0}}{K_{s0}} \\ s = s_0 \\ \beta K_c g = \beta_0 K_{c0} g_0 \end{cases} \tag{2-23}$$

式（2-21）~式（2-23）中，F_{xe}、F_{xc}、F_x 分别为端部效应力、常规推力及推力合力；a_e、b 分别为初级等效宽度和次级宽度的一半；$\beta = \pi/\tau$；K_c 为卡式系数；s 为转差率；g 为机械气隙；下标"0"对应于模拟直线感应电机。

当满足这些条件时，两种直线感应电机的端部效应及边缘效应都是相同的。下面进一步说明这点。

2.6.2 初级保持不变时的模拟

如果模拟直线电机的初级与原型机相同，则 $a = a_{e0}$，$\beta = \beta_0$，$K_c = K_{c0}$，$K_1 = K_{10}$，$p = p_0$。如式（2-23）所示，$G_L/K_s = G_{L0}/K_{s0}$ 和 $g = g_0$，此时可以取次级宽度相等（即 $b = b_0$）。如果两种直线感应电机以相同的转差频率运行，则唯一需要满足的条件是式（2-23）。由实际品质因数的定义和式（2-23）得到

$$\frac{\sigma d v_s^2}{\omega K_s} = \frac{\sigma_0 d_0 v_{s0}^2}{\omega_0 K_{s0}} \tag{2-24}$$

举例，对于某高速直线感应电机，有 $v_s = 111\text{m/s}$，$\omega = 2\pi \times 173\text{rad}$，$g = 3.75\text{cm}$，$2a_e = 0.25\text{m}$，$2b = 0.5\text{m}$，$d = 0.625\text{cm}$，$2p = 10$，$\sigma = 2.4 \times 10^{-7}\Omega/\text{m}$，$K_s \approx K_{s0} = 1.06$。对于模拟直线感应电机，设 $v_{s0} = 40\text{m/s}$ 和 $\omega_0 = 2\pi \times 60\text{rad}$，则式（2-24）要求

$$2.77\sigma d = \sigma_0 d_0 \tag{2-25}$$

为了满足式（2-25），设 $\sigma_0 = 5.5 \times 10^7 \Omega/\text{m}$，则 $d_0 = 0.775\text{cm}$。应当注意，在两种直线感应电机中，与乘积 $\sigma\omega$ 有关的渗透深度大约是相同的。因此说明，相应于速度为 111m/s 的试验可以在约 40m/s 的速度下进行，但是需要保持直线感应电机的初级不变，且需用略厚一些的铜板做次级，同时供给初级以较低频率的电源。那么，此时两个直线电机将产生同样的推力。

2.6.3 采用带有盘式次级的弧形电动机的模拟

模拟端部效应的第二种方法是采用弧形电动机，由于在保持极数不变的条件下，通过减小

气隙和极距、增加模拟直线电机的频率的方法进行等效,因此弧形电动机体积较小。在此类模拟中,磁通密度对 βx 的分布最重要。为了叙述简单起见,模拟高速直线感应电机时,设 $2p_0 = 10$ 和 $\beta_0 = 27.3/\text{m}$ (相当于极距为 0.15m,初级总长为 1.5m)。在式 (2-21) 中, $K_c = K_{c0}$ 容易实现,且 $g_0 = \beta g/\beta_0 = 1.6\text{cm}$;次级厚度保持相等,即 $d = d_0 = 0.625\text{cm}$;此外, $a_{e0} = \beta a_e/\beta_0 = 5.35\text{cm}$。为了满足式 (2-21) 的条件,有 $b_0 = 10.7\text{cm}$。最后,由式 (2-21) 得

$$\frac{f\tau\sigma}{K_s} = \frac{f_0\tau_0\sigma_0}{K_{s0}} \tag{2-26}$$

假设 $K_s = K_{s0}$,这个假定在低转差率时是合理的。并选取 $\sigma_0 = 5.5 \times 10^7 \Omega/\text{m}$ (铜),则由式 (2-26) 可知 $f_0 = 180\text{Hz}$。

模拟直线感应电机的推力明显地小于原型电机的推力,这两种直线感应电机的推力之比为

$$\frac{F_x}{F_{x0}} = \frac{a_e\tau}{a_{e0}\tau_0} = \left(\frac{\tau}{\tau_0}\right)^2 = 5.44 \tag{2-27}$$

实际上 $K_{s0} > K_s$,为了考虑这一点,可按一标准关系进行校正。将此校正公式代入式 (2-27) 时,则可得到一个新的频率 f_0 (与前面得出的 180Hz 略有不同)。

因此,可以用低速 (40m/s) 的等值直线感应电机试验来估算高速 (110～140m/s) 直线感应电机的端部效应和推力。等值条件已经求得,而实现这些条件的可能性也已加以说明,利用提出的等值条件,可以在相对短的轨道上(约 2km 长)或者在弧形电动机上进行试验。

2.7 参考文献

[1] 龙遐令. 直线感应电机的理论和电磁设计方法 [M]. 北京:科学出版社, 2006.

[2] LAITHWAITE E R. Induction machines for special purposes [M]. London:Newnes, 1966.

[3] POLOUJADOFF M. Linear induction machines [J]. IEEE Spectrum, 1971, 8:72-86.

[4] YAMAMURA S. Theory of linear induction motors [M]. New Jersey:John Wiley & Sons, 1972.

[5] POLOUJADOIF M. The theory of linear induction machinery [M]. Oxford:Clarendon, 1980.

[6] BOLDEA I, NASER S A. Linear motion electromagnetic systems [M]. New Jersey:John Wiley & Sons, 1985.

[7] DUKOWICZ J K. Analysis of linear induction machines with discrete windings and finite iron length [J]. IEEE Transactions on Power Apparatus & Systems, 1977, 96 (96):66-73.

[8] BOLDEA I, NASAR S A. Quasi-1-dimensional theory of linear induction motors with half-filled primary end slots [J]. Proceedings of the Institution of Electrical Engineers, 2010, 122 (1):61-66.

[9] PRESTON T W, REECE A B J. Transverse edge effects in linear induction motors [J]. Proceedings of the Institution of Electrical Engineers, 1969, 116 (6):973-979.

[10] WOOD A J, CONCORDIA C. An analysis of solid rotor machines, Part II:the effects of curvature [J]. Transactions of the American Institute of Electrical Engineers:Part III:Power Apparatus and Systems, 1959, 78 (4):1666-1672.

[11] BOLTON H. Transverse edge effect in sheet-rotor induction motors [J]. Proceedings of the Institution of Electrical Engineers, 1969, 116 (5):725-731.

[12] NASAR S A, DEL CID L. Certain approaches to the analysis of single-sided linear induction motors [J]. Proceedings of the Institution of Electrical Engineers, 1973, 120 (4): 477.

[13] NASAR S A, DEL CID L. Propulsion and levitation forces in a single-sided linear induction motor for high-speed ground transportation [J]. Proceedings of the IEEE, 1973, 61 (5): 638-644.

[14] DEL CID L. Methods of analysis of linear induction motors [D]. Lexington: University of Kentucky, 1973.

[15] OBERRETL K. A three-dimensional analysis of linear motors, taking into account the end effect and primary winding distribution [J]. Arch. Elektrofeck, 1973, 55: 181-190.

[16] ELIOTT D G. Numerical analysis method for linear induction machines [J]. Magnetohydrodynamics, 1973, Ⅳ.3.1-Ⅳ.3.9.

[17] Nasar S A, Boldea I. Linear motion electric machines [M]. Hoboken, New Jersey: John Wiley & Sons, 1976.

[18] LAITHWAITE E R. Transport without wheels [M]. London: Elek Science, 1977.

[19] BOLDEA I, NASER S A. Linear motion electromagnetic systems [M]. Hoboken, New Jersey: John Wiley & Sons, 1985.

[20] JAMIESON R A, PILLAI K P P. Fundamental-frequency eddy-current loss due to rotating magnetic field, Part 1: eddy-current loss in solid rotors [J]. Proceedings of the Institution of Electrical Engineers, 1969, 116 (3): 407-410.

[21] STOLL R L. Solution of linear steady-state eddy-current problems by complex successive overrelaxation [J]. Proceedings of the Institution of Electrical Engineers, 1970, 117 (7): 1317-1323.

[22] AMES W F. Numerical methods of partial differential equations [J]. Mathematics of Computation, 1992, 62 (205): xiv.

[23] BOLDEA I, NASAR S A. Simulation of high-speed linear-induction-motor end effects in low-speed tests [J]. Proceedings of the Institution of Electrical Engineers, 1974, 121 (9): 961.

[24] UMEZU N, NONAKA S. Analysis of linear induction machines considering the distribution of magnetomotive force along the coil end of the primary winding [J]. Electrical Engineering in Japan, 1979, 99 (6): 38-47.

[25] NONAKA S, FUJII N. Three-dimensional analysis of high-speed linear induction motor with primary iron core of finite dimension [J]. Electrical Engineering in Japan, 1980, 100 (4): 42-50.

[26] BOLDEA I, NASER S A. Linear motion electromagnetic systems [M]. Hoboken, New Jersey: John Wiley & Sons, 1985.

第 3 章 基于"路"的直线感应电机特性分析

内容提要

本章分别从初级等效长度、复电磁功率和磁通密度模型三种思路对直线感应电机的等效电路进行推导,并揭示了三者之间的关系。同时为后续控制策略章节打下基础。

难点重点

1. 直线感应电机端部效应对等效参数的影响。
2. 电磁场理论与等效电路理论的内在联系与转化计算。

3.1 直线感应电机等效电路综述

直线感应电机因为有端部效应、边缘效应和半填槽等特殊问题，其电磁理论分析和特性计算比旋转感应电机更复杂。通常使用电磁场分析求解其气隙磁场的解析式，然后才能计算电机的牵引特性。上述的分析计算方法常假设初级电流为已知条件，但在实际应用时，电机经常是恒压驱动（常见的恒压型变流器），换句话说，已知的条件不是电流而是电压值。解决这一问题的有效方法是求出电机等效电路，这是因为等效电路不仅适用于恒压驱动，还适用于恒流驱动[1]。最重要的一点是，等效电路用集中参数的方法有效地分析了电机内部的电磁能到机械能的传递关系和电压、电流之间的空间相位关系。因此，等效电路方法通过坐标变换等手段，便于创建各种有利于电机高性能控制的数学模型。

本节通过考虑直线感应电机的特殊问题，给出等效电路并获取电磁推力、功率因数和效率等参量。更进一步地，通过等效近似变换方法来计算法向[2]和侧向电磁力。一般来说，直线感应电机等效电路的推导方法主要有两种：①基于电磁场理论推导等效电路；②基于气隙磁通密度分布模型推导的等效电路。

1. 基于电磁场理论推导等效电路

基于电磁场理论推导等效电路的方法主要是根据电机内各场量（磁场和涡流）的电磁关系，建立基于实际电机的一维、二维或三维电磁分析模型。结合物理模型的边界条件，解出物理模型中各个区域场量解析表达式；然后，再计算出由初级行波电流层分别传递到气隙和次级的复功率及总复功率；通过将复功率中的实部和虚部分离，可得到不同层中的有功功率和无功功率，最后求取对应支路中的元件参数。

目前，推导等效电路的电磁场理论主要为一维、二维理论，只考虑直线感应电机初级、次级对中情况下的电机参数变化，通过电磁场分析导出考虑端部效应和边缘效应的修正系数，进而通过修正系数来修正等效电路中的各支路元件参数[3-9]。当初、次级发生偏移时，同时考虑端部效应和边缘效应，需要基于三维电磁场分析理论推导等效电路。

2. 基于气隙磁通密度分布模型推导等效电路

基于气隙磁通密度分布模型推导等效电路的方法主要是利用数学函数来模拟电机的纵向气隙磁动势，从而导出一种计及端部效应的等效电路[2,10]。

虽然有大量的文献通过上述两个方法来推导出不同类型的等效电路，但是计及直线电机初、次级间横向偏移，同时计算出空间三维力（推力、法向力和侧向力）的等效电路鲜有提及。本章分别从电磁场理论和气隙磁通密度分布模型推导方法出发，导出计及端部效应、"半填槽"、空间三维力的等效电路，并通过实验验证推导出等效电路性能。

3.2 基于初级等效长度的等效电路

3.2.1 考虑端部效应的励磁电感

当三相对称电流注入初级绕组时，单位长度上的磁动势和磁通密度都是沿初级正弦分布并随时间改变位置的。如果没有半填槽,那么沿初级运行方向单位长度上,磁动势和磁通密度有效值曲线均为规则矩形。当电机初级单位长度绕线匝数确定后,励磁电流就可以代表电机初级单位长度上的磁动势。不考虑饱和,励磁电流就可以代表磁通密度[11-13]。

在 $x=0$ 的进端处,当初级以速度 v 运动时,次级会迅速感应出与初级电流大小相同、相位相反的次级涡流,使得气隙磁动势几乎为零。此时的次级涡流上升速度由漏感时间常数 $T_{lr}=L_{lr}/R_r$ 决定,但是由于其比互感时间常数要小很多(大约5%),所以可以将其忽略,即认为上述涡流是在瞬间产生并且幅值等于初级励磁电流 I_m 的幅值。建立进端的次级涡流之后,此电流会随着时间的推移衰减,衰减由次级时间常数决定

$$T_r = (L_m + L_{lr})/R_r \tag{3-1}$$

式中,L_{lr} 为次级漏感;L_m 为互感;R_r 为次级电阻。

这个由于初级运动引起的进端涡流 I_{2e} 在进端 $x=0$ 处与初级励磁电流大小相等,相位相差 π,此处令 I_{2r} 为由于总的次级涡流除去端部效应引起的涡流 I_{2e} 的次级涡流净值。

在 $x=L$ 的出端处,对次级而言,初级磁动势突然消失,反映在次级上就是要产生出端涡流来阻止初级磁动势的消失以维持气隙磁通恒定。此时的出端次级涡流瞬间达到励磁电流的幅值,然后以指数形式衰减,$T_{lr}=L_{lr}/R_r$ 为时间常数,可见衰减时间很短。

图 3-1 和图 3-2 分别表示考虑进端和出端效应的单位长度气隙磁动势分布和次级进端与出端的单位长度磁动势分布。此处用励磁电流代表电机单位长度上的磁动势,所以图中纵坐标表示为励磁电流,横坐标表示以次级时间常数为基准的初级等效长度。

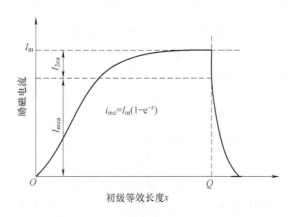

图 3-1 考虑进端和出端效应的单位长度气隙磁动势分布

由图 3-1 知,气隙磁通畸变程度的大小依赖于次级速度的高低。在次级时间常数内,初级移动过的距离为 vT_r。这样对于给定的初级速度 v,移动过的距离可以用次级时间常数来表示[14]。那么,初级长度这个距离也可以使用次级时间常数来表示。以速度 v 通过初级长度的时间可以表示如下:

$$T_v = L/v \tag{3-2}$$

将此时间使用次级时间常数正则化为

$$Q = T_v/T_r = LR_r/[(L_m + L_{lr})v] \tag{3-3}$$

所以 Q 表示电机的初级在时间刻度 T_r 下的相对长度,这样初级长度就明显依赖于运行速度 v,即当速度为零时,初级相对长度为无穷大,可以理解成旋转感应电机定子;当速度

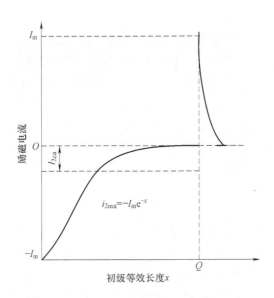

图 3-2 次级进端与出端的单位长度磁动势分布

不断增加时,初级相对长度会不断减少,表示端部效应对直线感应电机的影响不断加剧。

在 $x=0$ 到 $x=Q$ 之间,励磁电流 I_m 表示电机初级单位长度上的磁动势。利用这个概念就可以描述在任何运动速度下沿初级长度的磁动势分布。如果没有饱和,磁动势分布就可以对应磁通密度的分布。那么可以明显看到,如果运动速度很高,则由于端部效应的磁通损失会很大;如果运动速度为零,磁通损失将为零。因此,端部效应的减少对应着很大的 Q 值,即 Q 值表征着电机抵御由于端部效应带来输出损失的能力,Q 越大,端部效应对电机影响越小。由式(3-3)可知,亦即要求低速度、大次级电阻和小励磁电感,但是这就意味着电机的应用遇到很大的困难。上述结论与分析直线电机常用的品质因数表达的结论一致,从而也从侧面解释了直线电机性能差的原因,即端部效应。

注意到 Qv 是个常数,此常数依赖于基本的电机几何尺寸和次级材料

$$Qv = LR_r/(L_m + L_{1r}) \tag{3-4}$$

如同将励磁电流 I_m 表示电机初级单位长度上的磁动势一样,次级涡流表现为与初级励磁电流相位相反或者单位长度的负磁动势。如图 3-2 所示,Q 点左边为次级进端涡流沿次级长度的衰减变化;Q 点右边为次级出端涡流的衰减变化情况。次级涡流 I_{2e} 的值沿次级变化,其与初级绕组磁动势相互作用后形成的气隙磁动势如图 3-1 所示。

由于出端的涡流衰减非常快,影响的范围也很小,所以计算时可以忽略。那么次级由于端部效应引起的涡流均值为

$$I_{2ea} = \frac{I_m}{Q} \int_0^Q e^{-x} dx = I_m \frac{1-e^{-Q}}{Q} \tag{3-5}$$

那么有效励磁电流为

$$I_m = I_{mea} + I_{2ea} \tag{3-6}$$

端部效应产生的次级涡流对气隙磁场的影响可以通过与互感 L_m 并联的电感来引入,如图 3-3a 所示。这个并联电感将励磁电流从互感 L_m 分流,表示对励磁的影响,其大小等

效于端部效应涡流 I_{2e}（忽略了出端的涡流）沿电机初级长度引起的励磁变化，且由下式确定

$$\frac{L_m I_{mea}}{I_{2ea}} = L_m \left(\frac{Q}{1-e^{-Q}} - 1 \right) \tag{3-7}$$

将并联的支路等效为一个励磁支路，那么包含端部效应的总励磁电感如图3-3所示，且为

$$L_m \left[1 - \frac{1-e^{-Q}}{Q} \right] \tag{3-8}$$

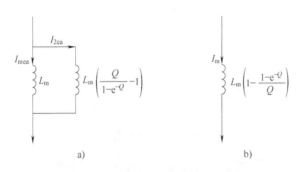

图 3-3 考虑端部效应的总励磁电感

总的励磁电流为

$$I_m = I_{mea} + I_{2ea} \tag{3-9}$$

由以上注意到，当速度为零时，初级相对长度 Q 为无穷大，励磁电感为 L_m，直线感应电机等效成为旋转感应电机。

3.2.2 考虑端部效应的励磁电阻

由于端部效应引起对励磁电阻的影响也同样需要计入，假设次级端部涡流 I_{2e} 与由于转差引起的次级涡流 I_{2r} 有着同样的路径，其造成的励磁损耗可以通过 I_{2e} 沿初级长度的有效值来决定。次级端部涡流 I_{2e} 的方均根值为

$$I_{2er} = \left(\frac{I_m^2}{Q} \int_0^Q e^{-2x} dx \right)^{0.5} = I_m \left(\frac{1-e^{-2Q}}{2Q} \right)^{0.5} \tag{3-10}$$

造成的附加损耗为

$$I_{2er}^2 R_r = I_m^2 R_r \frac{1-e^{-2Q}}{2Q} \tag{3-11}$$

当初级离开次级出端点时，初级励磁电动势突然消失并且在次级产生反应电动势和出端涡流来阻止磁通的变化。此能量损耗在出端点上，用损耗功率单位时间内出端点的储能变化来表示。

出端点处单位气隙储能可以用下式表示

$$P_{loss} = \frac{1}{2} \frac{(L_m + L_{lr})[I_m(1-e^{-Q})^2]}{L} \tag{3-12}$$

式中，$I_m(1-e^{-Q})$ 为出端点处的等效励磁电流。

此时,能量损耗可以用单位气隙储能乘以运动来得到

$$W_{\text{loss}} = P_{\text{loss}} v = \frac{1}{2} \frac{(L_{\text{m}} + L_{\text{lr}})[I_{\text{m}}(1-\mathrm{e}^{-Q})]^2}{L} v$$

$$= I_{\text{m}}^2 R_{\text{r}} \frac{(1-\mathrm{e}^{-2Q})^2}{2Q} \tag{3-13}$$

由式(3-11)和式(3-13)可以得到由于端部效应引起的总损耗为

$$W_{\text{total}} = I_{\text{m}}^2 R_{\text{r}} \frac{(1-\mathrm{e}^{-2Q})^2}{2Q} + I_{\text{m}}^2 R_{\text{r}} \frac{1-\mathrm{e}^{-2Q}}{2Q}$$

$$= I_{\text{m}}^2 R_{\text{r}} \frac{1-\mathrm{e}^{-Q}}{Q} \tag{3-14}$$

为方便起见,令

$$f(Q) = \frac{1-\mathrm{e}^{-Q}}{Q}$$

那么总的励磁电阻为

$$R_{\text{r}} \frac{1-\mathrm{e}^{-Q}}{Q} + R_{\text{m}} \tag{3-15}$$

为了将由于端部效应引起的损耗考虑进等效电路中,需要按照式(3-15)修正励磁电阻。由于直线感应电机的铁心磁通密度通常较低,铁耗很小,所以通常忽略 R_{m},如图 3-4 所示。

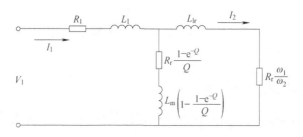

图 3-4 考虑端部效应的等效电路图

如果感性元件占励磁支路的主地位,那么这种修正是正确的。但是,如果供电频率接近零时,模型系统将崩溃。这一点与旋转笼型电机直流动态制动的情况类似。在旋转电机中,等效电路不能提供直流制动的模型[15]。

3.2.3 推力的计算

推力分为由进端涡流 I_{2e} 产生的反方向制动力和总的次级涡流除去端部效应涡流 I_{2e} 剩余部分 I_{2r} 产生的前向推进力[16,17]。

对应端部效应的推力可以通过其总损耗除以速度 v 得到,这个推力总是与运行方向相反的,称之为反向制动力,由式(3-14)可以得到

$$F_{\text{e}}^+ = 3I_{\text{m}}^2 R_{\text{r}} \frac{1-\mathrm{e}^{-Q}}{Qv} \tag{3-16}$$

注意到,当初级长度 L 趋于无穷大时其相对长度 Q 也会趋于无穷大,那么 e^{-Q} 将趋于

零,则修正励磁电阻 $R_r(1-\mathrm{e}^{-Q})/Q$ 将趋于零,同时反向制动力趋于零,此时情况就与旋转电机一样,直线感应电机的模型就会退化为旋转感应电机模型。在速度为无穷大时,反向制动力达到最大值,其导出如下:

由式(3-13)可以得到

$$\frac{(L_m+L_{lr})[I_m(1-\mathrm{e}^{-Q})^2]}{L}v = I_m^2 R_r\frac{(1-\mathrm{e}^{-2Q})^2}{Q}$$

将上式代入式(3-16)可得

$$F_{eMax}^+ = 3I_m^2\frac{L_m+L_{lr}}{L} \tag{3-17}$$

当速度过零时,反向制动力的方向就与摩擦力等相同,所以这里的反向制动力可以看作是电磁摩擦力。

前向推进力很容易从等效电路计算出

$$F_s = 3I_{2r}^2 R_r\frac{\pi}{\omega_2\tau}$$

那么对电机整体表现出的水平推力为

$$F_x = F_s - F_e^+ = 3\left[I_{2r}^2 R_r\frac{\pi}{\omega_2\tau} - I_m^2 R_r\frac{1-\mathrm{e}^{-Q}}{Qv}\right] \tag{3-18}$$

3.2.4 法向力的计算

旋转电机中其实也存在有法向力,由于旋转电机的几何结构是对称的,所以其法向力对外没有表现。但是,当旋转电机的对称几何结构被破坏后,法向力就对外表现出来。这一点在单边直线电机上表现得尤为明显,数值通常为水平推力的数倍。所以,法向力是直线电机的设计与驱动要着重考虑的方面,同时这也是直线电机与旋转电机的主要区别之一。

直线感应电机的法向力分为法向吸引力和法向排斥力两个分量,对外表现为法向合力和法向转矩。本节阐述法向力的两个分量,具体如下:

法向力中最大的分量是吸引力,其产生于初级和次级铁轭之间,产生的原因是穿过气隙的主磁通,其大小与有效励磁电流的二次方以及励磁电感成正比,即决定于气隙中存储的能量。

励磁电流 I_{me} 沿初级长度的有效值为

$$I_{mer} = \left[\frac{I_m^2}{Q}\int_0^Q(1-\mathrm{e}^{-x})^2\mathrm{d}x\right]^{0.5}$$

$$= I_m\left[1 - \frac{(1-\mathrm{e}^{-Q})(3-\mathrm{e}^{-Q})}{2Q}\right]^{0.5} \tag{3-19}$$

那么法向吸引力为

$$F_{va} = K_a L_m I_m^2\left[1 - \frac{(1-\mathrm{e}^{-Q})(3-\mathrm{e}^{-Q})}{2Q}\right] \tag{3-20}$$

式中,K_a 为法向引力常数,其推导如下:

当没有次级且速度为零时,气隙中存储的能量为

$$S = \frac{3}{2}L_m I_m^2 \tag{3-21}$$

此能量与有效的电磁气隙成正比。定义有效的电磁气隙为

$$g'_t = (g+d)k_c k_{sat} = g_t k_c k_{sat} \tag{3-22}$$

如果有效的电磁气隙由于法向力 F_{va} 而改变了 $\Delta g'_t$，那么输出能量等于存储能量的变化量。因此有

$$F_{va}\Delta g'_t = \frac{3}{2g'_t}L_m I_m^2 \Delta g'_t$$

即

$$F_{va} = \frac{3}{2g'_t}L_m I_m^2 \tag{3-23}$$

令

$$K_a = \frac{3}{2g'} \tag{3-24}$$

由式（3-24）可知，K_a 由等效电磁气隙单独决定，这要求已知机械气隙和齿槽效应。其中包含的卡氏系数、饱和系数 k_{sat} 可以参照旋转电机。

直线感应电机法向斥力主要是由于次级涡流 I_{2r} 与其在初级电流之间相互作用产生的。两个平行的闭合线路之间作用力的计算较简单，其中，两个闭合回路电流方向相反，两个线圈之间的斥力为

$$F = \frac{\mu_0 i_1 i_2 l}{2\pi d_0} \tag{3-25}$$

式中，i_1、i_2 为两个线圈中的电流；l 为闭合回路的长度；d_0 为线圈之间的距离。

对于直线感应电机而言，则为

$$F_{vr} = \frac{\mu_0 I_{2r}^2 l}{2\pi g'} = K_r \frac{I_{2r}^2}{g'} \tag{3-26}$$

其中

$$g' = gk_c k_{sat} \tag{3-27}$$

$$K_r = \frac{\mu_0 l}{2\pi} \tag{3-28}$$

式中，l 为初级绕组串联总长度；K_r 为斥力常数。

上述计算引力和斥力的方法需要知道直线感应电机的详细设计参数，但是在实际使用以及驱动中，这一点常常不可能做到。较为实际可行的方法是实验测量法向引力的常数 K_a 和斥力常数 K_r。

当运动速度为零时，式（3-20）简化为

$$F_{va} = K_a L_m I_m^2 \tag{3-29}$$

那么对外表现的合引力为

$$F_z = F_{va} - F_{vr}$$

$$= K_a L_m I_m^2 - K_r \frac{I_{2r}^2}{g'} \tag{3-30}$$

主要进行堵转实验，使用变频器对直线感应电机供电并且用拉压传感器对其法向力 F_z 进行测量，堵转时的等效电路由图 3-5 所示。

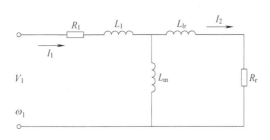

图 3-5　堵转时的直线感应电机等效电路

由于电机的速度为零，则动态纵向端部效应此时不存在，那么就有 $I_{2e}=0$，从而可得 $I_2=I_r$。分别使用两种不同的供电频率对电机供电，根据等效电路图 3-5 得到两组不同的 I_m、I_2，同时测量不同的法向力 F_z 代入式（3-30）解方程组即可得到法向引力的常数 K_a 和斥力常数 K_r。

3.2.5　法向转矩的计算

法向力是沿着初级长度分布的，其大小与磁通密度的二次方成正比，则法向旋转力矩沿初级分布如图 3-6 所示。若没有饱和，则可以用磁通密度或者励磁电流的二次方来表示法向力。

根据图 3-6 可知，沿初级长度分布的法向力不是均匀的。从初级入端到出端法向力按照 $(1-e^{-x})^2$ 函数增加，分布呈现"拱形波"。这样，势必造成初级在 xOz 平面的旋转力矩，其结果为初级入端"翘起"、出端"后压"，造成受力不均，并且此不均衡随速度提高而加剧。

当法向力可以由式（3-20）和式（3-26）确定时，法向力分布的重心就能得出。由图 3-6 可知，这归结为一个几何问题，即计算 i_{me}^2 曲线面积下的重心。因为重心的计算与励磁电流的实际大小无关，所以方便起见令 $I_m=1$。计算方法与传统方法一致，首先计算曲线下单位力矩的积分，然后除以曲线下的面积。

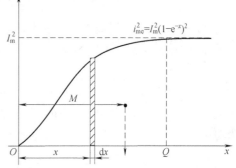

图 3-6　沿初级纵向长的法向力分布示意图

曲线下的面积为

$$S_1 = \int_0^Q (1-e^{-x})^2 dx$$
$$= Q + 2e^{-Q} - \frac{1}{2}e^{-2Q} - \frac{3}{2} \tag{3-31}$$

曲线下关于原点的力矩为

$$T_1 = \int_0^Q x(1-e^{-x})^2 dx$$
$$= \frac{1}{2}Q^2 + 2(Q+1)e^{-Q} - \left(\frac{1}{2}Q + \frac{1}{4}\right)e^{-2Q} - \frac{7}{4} \tag{3-32}$$

那么，距离原点的有效重心为

$$M = \frac{T_1}{S_1} = \frac{\int_0^Q x(1-e^{-x})^2 dx}{\int_0^Q (1-e^{-x})^2 dx}$$

$$= \frac{\frac{1}{2}Q^2 + 2(Q+1)e^{-Q} - \left(\frac{1}{2}Q + \frac{1}{4}\right)e^{-2Q} - \frac{7}{4}}{Q + 2e^{-Q} - \frac{1}{2}e^{-2Q} - \frac{3}{2}} \tag{3-33}$$

此时的距离 M 是以次级时间常数 T_2 为基准下正则化的无量纲量，需要乘以 D/Q 将其转换为长度单位 m。

那么对于初级中点的旋转力矩 T 为

$$T = \left(\frac{MD}{Q} - \frac{1}{2}D\right)F_{va} = \left(\frac{M}{Q} - \frac{1}{2}\right)DF_{va} \tag{3-34}$$

3.3 基于复电磁功率的等效电路

3.3.1 直线感应电机内部电磁功率的计算

如图 3-7 所示，区域 1～区域 3 分别为初级、次级和气隙，那么由初级行波电流层传到次级和气隙的复功率 S_2 和 S_3 分别为

$$S_2 = P_2 + jQ_2 \tag{3-35}$$
$$S_3 = P_3 + jQ_3 = jQ_3 \tag{3-36}$$

式中，P_2、P_3 为次级和气隙中的有功功率（一般 $P_3 = 0$）；Q_2、Q_3 为次级和气隙中的无功功率。

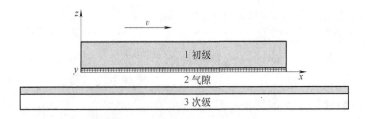

图 3-7 直线感应电机物理模型

则初级行波电流层传送到次级和气隙的总复功率 S_{23} 为

$$S_{23} = \int_{-a}^{a} \int_0^{2p\tau} \frac{1}{2}\left[(-j_1^*)(E_y|_{z=0})\right] dxdy \tag{3-37}$$

式中，j_1 为初级行波电流层，j_1^* 为 j_1 的共轭值；$E_y|_{z=0}$ 为初级铁心表面电场强度的 y 分量；a 为初级铁心叠片厚度。

3.3.2 虚拟的初级对称相电动势的计算

为了推导出直线感应电机的等效电路，可假设在初级绕组中各相的电动势是对称的

(当极对数 $p \geq 3$，可以认为近似对称），它的有效值为 E_1，根据"场路"复功率相等的关系，可得出式（3-38），即

$$m_1 I_1(-E_1) = P_2 + j(Q_2 + Q_3) \tag{3-38}$$

初级相电流有效值 I_1 与初级行波电流层的幅值 J_1 有下列关系

$$I_1 = \frac{p\tau J_1}{\sqrt{2} m_1 W_1 k_{w1}} \tag{3-39}$$

由式（3-37）~式（3-39）可求出虚拟的初级对称相电动势的计算公式为

$$-E_1 = \frac{\sqrt{2} W_1 k_{w1}}{p\tau J_1} [P_2 + j(Q_2 + Q_3)] \tag{3-40}$$

3.3.3 端部效应的数学分析

直线感应电机的纵向和横向分析模型如图 3-8 所示。为了简化推导分析等效电路的过程，在此模型上做如下假设：

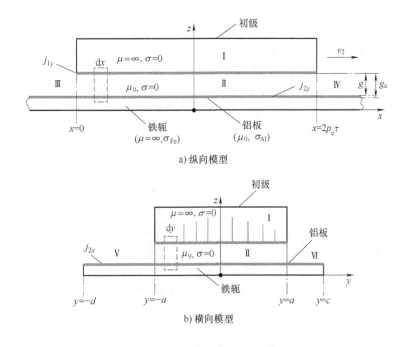

图 3-8 直线感应电机分析模型

（1）初级铁心叠片材料具有无穷大的磁导率，且电阻率为零。由于横向磁场（y 轴方向）作用，在初级叠片产生的涡流效应会使在分析边缘效应时的等效气隙变为 rg_e，r 为横向磁阻修正系数，后文会有详细分析。

（2）忽略因初级铁心开槽引起的气隙磁场高次谐波，齿槽和绕组间的漏磁。

（3）初级和次级的电流密度均分布在其自身表面的薄电流层上。

（4）该模型只能独立计算纵向端部或者边缘效应。

（5）由于电磁气隙一般比较大，因此穿出初级铁心表面的气隙磁通并不完全到达导体

板的底部。有一小部分气隙磁通从某一磁极出来后,横向地穿过空气气隙和部分导体板,返回到初级相邻的磁极。这部分气隙磁通基本上是初级绕组的一种漏磁通,它所对应的漏电抗称为气隙磁场基波漏电抗,其定义为

$$x_\delta = \left(\cosh \frac{\pi g_e}{\tau_1} \Big/ \cosh \frac{\pi g_e}{2\tau_1} - 1 \right) x_m \tag{3-41}$$

(6) 考虑次级导电层的趋肤效应,次级等效电阻 σ_{2e} 在修正后为

$$\sigma_{2e} = \frac{\sigma_2}{k_s} \tag{3-42}$$

式中,k_s 在 2.3.3 节中已定义。

(7) 由于初级端部绕组的半填槽,为了保证计算精度,电机的等效极数 p_e 为

$$p_e = \frac{(p-1)^2}{2p - 3 + \beta/(mq)} \tag{3-43}$$

在图 3-8a 中,根据以上假设,在分析端部效应的模型中的磁通密度 $\boldsymbol{B}$ 只有 z 分量;磁位矢量 $\boldsymbol{A}$、初级绕组电场强度 $\boldsymbol{E}_1$、初级电流密度 $\boldsymbol{j}_1$ 只有 y 分量,且 $\boldsymbol{j}_1$ 的定义如下:

$$\boldsymbol{j}_1 = J_1 e^{j\varphi_1} e^{-jkx} \boldsymbol{e}_y = J_1 e^{-jkx} \boldsymbol{e}_y \tag{3-44}$$

式中,$k = \pi/\tau$;初始相位 φ_1 为了方便后文推导,默认为 0。

由气隙磁场基本方程有

$$g_e \nabla^2 \boldsymbol{A} - j\mu_0 \sigma_{2e} \omega_1 \boldsymbol{A} - \mu_0 \sigma_{2e} (\boldsymbol{v} \times \nabla \boldsymbol{A}) = -\mu_0 \boldsymbol{j}_1$$

将一维模型的条件 $A_x = A_z = 0$ 和 $v_y = v_z = 0$,代入上式可得

$$\begin{cases} g_e \dfrac{d^2 A_{y2}}{dx^2} - j\mu_0 \sigma_{2e} \omega_1 A_{y2} - \mu_0 \sigma_{2e} v_2 \dfrac{dA_{y2}}{dx} = -\mu_0 J_1 e^{-jkx} & (\text{II}) \\[6pt] g_e \dfrac{d^2 A_{y3}}{dx^2} - j\mu_0 \sigma_{2e} \omega_1 A_{y3} - \mu_0 \sigma_{2e} v_2 \dfrac{dA_{y3}}{dx} = 0 & (\text{III}) \\[6pt] g_e \dfrac{d^2 A_{y4}}{dx^2} - j\mu_0 \sigma_{2e} \omega_1 A_{y4} - \mu_0 \sigma_{2e} v_2 \dfrac{dA_{y4}}{dx} = 0 & (\text{IV}) \end{cases} \tag{3-45}$$

对于 A_y 在上式中区域 II、III、IV 的通解为

$$\begin{cases} A_{y2} = C_A e^{-jkx} + C_{21} e^{(\lambda_2 + \eta_2)kx} + C_{22} e^{-(\lambda_2 - \eta_2)kx} & (\text{II}) \\ A_{y3} = C_{31} e^{(\lambda_2 + \eta_2)kx} + C_{32} e^{-(\lambda_2 - \eta_2)kx} & (\text{III}) \\ A_{y4} = C_{41} e^{(\lambda_2 + \eta_2)kx} + C_{42} e^{-(\lambda_2 - \eta_2)kx} & (\text{IV}) \end{cases} \tag{3-46}$$

式中

$$\eta_2 = \frac{G}{2}(1-s) \qquad \lambda_2 = \sqrt{\eta_2^2 + jG} \qquad G = \frac{\mu_0 \sigma_{2e} \omega_1}{g_e k^2}$$

式 (3-46) 中的待定系数 $\widetilde{C}_A$,$\widetilde{C}_{21,22}$,$\widetilde{C}_{31,32}$ 和 $\widetilde{C}_{41,42}$ 可通过下列边界条件解出:

(1) 出口端横截面(区域 II 与 III 的接合处)$x = 0$:

$$\begin{cases} H_{z3} \big|_{x=0} = H_{z2} \big|_{x=0} \\ E_{y3} \big|_{x=0} = E_{y2} \big|_{x=0} \end{cases} \tag{3-47}$$

(2) 入口端横截面(区域 II 与 IV 的接合处)$x = L$:

$$\begin{cases} H_{z4} \mid_{x=L} = H_{z2} \mid_{x=L} \\ E_{y4} \mid_{x=L} = E_{y2} \mid_{x=L} \end{cases} \tag{3-48}$$

（3）出入口的无穷远处（区域Ⅲ与Ⅳ的无穷远处）$x = \pm \infty$：

$$\begin{cases} A_{y3} \mid_{x=-\infty} = 0 \\ A_{y4} \mid_{x=+\infty} = 0 \end{cases} \tag{3-49}$$

从式（3-47）~式（3-49）可求出式（3-46）中的全部待定系数，具体值如下所示：

$$\begin{cases} C_{32} = C_{41} = 0 \\ C_A = \dfrac{\mu_0 J_1}{k^2(1+jsG)} \\ C_{21} = \dfrac{(j+\eta_2-\lambda_2)}{2\lambda_2} C_A \mathrm{e}^{-(\lambda_2+\eta_2)kL} \mathrm{e}^{-jkL} \\ C_{22} = -\dfrac{1}{2\lambda_2} C_A(j+\lambda_2+\eta_2) \\ C_{31} = -\dfrac{1}{2\lambda_2}(j+\eta_2-\lambda_2) C_A(1-\mathrm{e}^{-(\lambda_2+\eta_2)kL} \mathrm{e}^{-jkL}) \\ C_{42} = -\dfrac{1}{2\lambda_2}(j+\eta_2+\lambda_2) C_A(1-\mathrm{e}^{(\lambda_2-\eta_2)kL} \mathrm{e}^{-jkL}) \end{cases} \tag{3-50}$$

复电磁功率可视作初级中的能量经过气隙传递到次级中能量多少的一个度量，通过坡印廷定理 $\boldsymbol{S} = \boldsymbol{E} \times \boldsymbol{H}$，可求出计及端部效应的复电磁功率 S_{e1}

$$\begin{cases} S_{e1} = \int_0^L \int_0^{2a} \dfrac{1}{2}(-E_{y2}) J_{1y}^* \mathrm{d}x \mathrm{d}y = S_{e0} + S_{ee} \\ S_{e0} = m_1 I_1^2 Z_{e0} \\ S_{ee} = m_1 I_1^2 Z_{e0} \left\{ \dfrac{\lambda_2-\eta_2-j}{2kL\lambda_2(\lambda_2+\eta_2+j)} [\mathrm{e}^{-(\lambda_2+\eta_2+j)kL}-1] + \dfrac{\lambda_2+\eta_2+j}{2kL\lambda_2(\lambda_2-\eta_2-j)} [\mathrm{e}^{-(\lambda_2-\eta_2-j)kL}-1] \right\} \\ \quad = m_1 I_1^2 Z_{e0} \{D_1+D_2\} = m_1 I_1^2 Z_{ee} \end{cases} \tag{3-51}$$

式中

$$E_{y2} = -j\omega A_{y2} = -j\omega [C_A \mathrm{e}^{-jkx} + C_{21} \mathrm{e}^{(\lambda_2+\eta_2)kx} + C_{22} \mathrm{e}^{-(\lambda_2-\eta_2)kx}]$$

$$D_1 = \dfrac{\lambda_2-\eta_2-j}{2kL\lambda_2(\lambda_2+\eta_2+j)} [\mathrm{e}^{-(\lambda_2+\eta_2+j)kL}-1]$$

$$D_2 = \dfrac{\lambda_2+\eta_2+j}{2kL\lambda_2(\lambda_2-\eta_2-j)} [\mathrm{e}^{-(\lambda_2-\eta_2-j)kL}-1]$$

$$Z_{e0} = R_{e0} + j\omega L_{e0}$$

$$Z_{ee} = R_{ee} + j\omega L_{ee} = Z_{e0}\{D_1+D_2\}$$

S_{e0} 是忽略端部效应的复功率；S_{ee} 因为端部效应而损失的复功率；J_{1y} 是 j_{1y} 的幅值；D_1 和 D_2 是复功率 S_{ee} 修正系数。在图 3-9 中，R_e 为励磁阻抗和次级阻抗等效后电磁阻抗；Z_{e0} 是忽略端部效应的阻抗；Z_{ee} 是表示端部效应引入的阻抗。

然后，复功率 S_{e1} 可转换为

$$\begin{cases} S_{e1} = S_{e0}(1 + D_a + jD_j) = m_1 I_1^2 Z_{e0}(1 + D_a + jD_j) \\ D_a = \text{Re}\{D_1 + D_2\} \\ D_j = \text{Im}\{D_1 + D_2\} \end{cases} \quad (3\text{-}52)$$

式中，D_a 和 D_j 是计及端部效应的复电磁功率的修正系数。

电磁功率可以表示为

$$P_e = \text{Re}[S_{e1}] = m_1 I_1^2 (Z_{e0} + Z_{ee}) \quad (3\text{-}53)$$
$$= \text{Re}[S_{e0} + S_{ee}] = P_{e0} + P_{ee}$$

式中，P_{e0} 是忽略端部效应的电磁功率；P_{ee} 是因为端部效应带来的损耗。

故可得因为端部效应引起机械功率损耗的功率为

$$P_{mxe} = P_{mx0} - P_{mx} = (P_{e0} - P_e)(1-s) = \frac{\omega_1}{k}(1-s)(F_{xe0} - F_{xe}) \quad (3\text{-}54)$$

式中，P_{mx0} 是计及端部效应的机械功率；P_{mx} 是忽略端部效应的机械功率；F_{xe0} 是计及端部效应的推力；F_{xe} 是忽略端部效应的推力。

根据式 (3-51) ~ 式 (3-54)，端部效应的损耗 P_{mxe} 可转换为

$$\begin{cases} P_{mxe} = (1-s)m_1 I_1^2 \text{Re}\{Z_{e0}(D_{Fa} + jD_{Fj})\} \\ D_{Fa} = \text{Re}\{j(\lambda_2 + \eta_2)D_1 - j(\lambda_2 - \eta_2)D_2\} \\ D_{Fj} = \text{Im}\{j(\lambda_2 + \eta_2)D_1 - j(\lambda_2 - \eta_2)D_2\} \end{cases} \quad (3\text{-}55)$$

式中，D_{Fa} 和 D_{Fj} 是计算端部效应的损耗 P_{mxe} 的修正系数。

3.3.4 边缘效应的数学分析

在图 3-8b 中，在虚线所示的磁路中，根据安培环路定理可得

$$\begin{cases} \dfrac{rg_e}{\mu_0} \dfrac{\partial b_{z2}}{\partial y} = j_{2x} \\ -\dfrac{g_e}{\mu_0} \dfrac{\partial b_{z2}}{\partial x} = j_{2y} + j_{1y} \end{cases} \quad (3\text{-}56)$$

在图 3-8b 虚线所示的磁路中，根据法拉第定律可得

$$\frac{1}{\sigma_{2e}}\left(\frac{\partial j_{2y}}{\partial x} - \frac{\partial j_{2x}}{\partial y}\right) = -\frac{\partial b_{z2}}{\partial t} \quad (3\text{-}57)$$

因此，合并式 (3-56) 和式 (3-57) 可得气隙磁场方程为

$$\frac{1}{r}\frac{\partial^2 b_{z2}}{\partial x^2} + \frac{\partial^2 b_{z2}}{\partial y^2} - \frac{\sigma_{2e}\mu_0}{rg_e}\frac{\partial b_{z2}}{\partial t} = -\frac{\mu_0}{rg_e}\frac{\partial j_{1y}}{\partial x} \quad (3\text{-}58)$$

式中，r 为横向磁阻系数，后文会对其有详细论述。

然后，令 $b_{z2} = B_{z2}e^{j(s\omega_1 t - kx)}$，$j_{1y} = J_1 e^{j(s\omega_1 t - kx)}$，式 (3-58) 气隙磁场方程可变换为

$$\frac{d^2 B_{z2}}{dy^2} - \frac{k^2}{r\gamma^2}B_{z2} = j\frac{\mu_0 k}{rg_e}J_1 \quad (3\text{-}59)$$

故通过非齐次二阶微分方程的通解公式得

$$B_{z2} = B_1 \cosh\alpha y + B_2 \sinh\alpha y - j\frac{\mu_0 \gamma^2}{g_e k} J_1 \qquad (3\text{-}60)$$

式中，$\gamma^2 = 1/1 + jsG$。

在式（3-60）中，待定系数 B_1 和 B_2 可应用次级横向端部区域的连续条件求得，在文献[16]附录中有详细的推导，故在本文不详细赘述。上述两个待定系数的解为

$$\begin{cases} B_1 = -jJ_1(1-\gamma^2)\{2k\sinh\alpha a\coth k(d-a)\coth k(c-a) + r\alpha\cosh\alpha a[\coth k(d-a) + \coth k(c-a)]\}/\Delta \\ B_2 = jJ_1(1-\gamma^2)r\alpha\sinh\alpha a[\coth k(d-a) - \coth k(c-a)]/\Delta \end{cases} \qquad (3\text{-}61)$$

式中

$$\Delta = \frac{g_e}{\mu_0}\{rk\alpha\cosh 2\alpha a\{\coth k(d-a) + \coth k(c-a)\} + \sinh 2\alpha a[r^2\alpha^2 + k^2\coth k(d-a)\coth k(c-a)]\}$$

式中，$\alpha^2 = k^2/r\gamma^2$。

通过气隙磁场的解可求出初级绕组的感应电动势，从而求出初级横向偏移时计及边缘效应的等效次级阻抗 Z_e 为

$$Z_e = Z_{e0}\left\{1 + \frac{\sqrt{r}}{\gamma}(1-\gamma^2)C\sinh\alpha a\right\} \qquad (3\text{-}62)$$

式中

$$C = \frac{2\gamma^2\sinh\alpha a\coth k(d-a)\coth k(c-a) + \sqrt{r}\gamma\cosh\alpha a\{\coth k(d-a) + \coth k(c-a)\}}{ak\sin 2\alpha a\{r + \gamma^2\coth k(d-a)\coth k(c-a)\} + ak\gamma\sqrt{r}\cosh 2\alpha a\{\coth k(d-a) + \coth k(c-a)\}}$$

因此，计及边缘效应的电磁复功率 S_{e2} 为

$$\begin{aligned} S_{e2} &= (P_{e0} + jQ_{e0})\left\{1 + \frac{\sqrt{r}}{\gamma}(1-\gamma^2)C\sinh\alpha a\right\} \\ &= P_{e0}\left(M - \frac{N}{sG}\right) + jQ_{e0}(M + sGN) = K_P P_{e0} + jK_Q Q_{e0} \end{aligned} \qquad (3\text{-}63)$$

式中

$$M = \text{Re}\left\{1 + \frac{\sqrt{r}}{\gamma}(1-\gamma^2)C\sinh\alpha a\right\}; \quad N = \text{Im}\left\{1 + \frac{\sqrt{r}}{\gamma}(1-\gamma^2)C\sinh\alpha a\right\}$$

式中，K_P 和 K_Q 为边缘效应的复功率修正系数。

当初级发生横向偏移时，气隙磁场在横向（y 轴方向）上分布不对称，从而导致侧向力的产生和推力的变化，因此，可用修正系数 r 来修正电磁气隙，r 定义为

$$r \approx \frac{a_1}{e^{\sin(\Delta y/c_1)} s^2 f_1^2} \qquad (3\text{-}64)$$

式中，a_1 是一个功率系数，它取决于具体电机的功率大小，实际应用中，该系数可通过实验测量获得。

在气隙磁场作用下，初级每导体中产生的感生电动势的有效值 E_c 可由下式求得

$$E_c = \frac{\omega_1}{\sqrt{2}k}\int_{-a}^{a} B_{z2}\mathrm{d}y = \sqrt{2}\frac{\omega_1}{k}\left(\frac{B_1}{\alpha}\sinh\alpha a - \frac{j\mu_0}{g_e k}J_{1y}\gamma^2 a\right) \qquad (3\text{-}65)$$

从上式可得每相的感生电动势的有效值为

$$E = p\int_0^{\pi/k} E_c n\text{Re}[e^{-jkx}]\mathrm{d}x \qquad (3\text{-}66)$$

式中

$$n = 2z_c q \frac{k_w}{\tau} \cos kx$$

其中，z_c 为每槽导体数。

根据 $Z_e = E/I_1$，可求出计及边缘效应的等效次级阻抗 Z_e 为

$$Z_e = Z_{e0}\left\{1 + \frac{\sqrt{r}}{\gamma}(1-\gamma^2)C\sinh\alpha a\right\} \tag{3-67}$$

式中

$$C = \frac{2[\gamma^2 \sinh\alpha a \coth^2 k(c_2-a) + \sqrt{r}\gamma \cosh\alpha a \coth k(c_2-a)]}{ak[\sin 2\alpha a\{r+\gamma^2\coth^2 k(c_2-a)\} + 2\gamma\sqrt{r}\cosh 2\alpha a \coth k(c_2-a)]}$$

式中，c_2 为次级伸出缘长度；a 为初级铁心叠片厚度。

因此，计及边缘效应的电磁复功率 S_{e2} 为

$$\begin{aligned}S_{e2} &= (P_{e0} + jQ_{e0})\left\{1 + \frac{\sqrt{r}}{\gamma}(1-\gamma^2)C\sinh\alpha a\right\} \\ &= P_{e0}\left(M - \frac{N}{sG}\right) + jQ_{e0}(M + sGN) = K_P P_{e0} + jK_Q Q_{e0}\end{aligned} \tag{3-68}$$

式中

$$M = \text{Re}\left\{1 + \frac{\sqrt{r}}{\gamma}(1-\gamma^2)C\sinh\alpha a\right\}; \quad N = \text{Im}\left\{1 + \frac{\sqrt{r}}{\gamma}(1-\gamma^2)C\sinh\alpha a\right\};$$

K_P 和 K_Q 为边缘效应的复功率修正系数，且分别为

$$K_P = \left(M - \frac{N}{sG}\right), \quad K_Q = (M + sGN) \tag{3-69}$$

3.3.5 等效电路参数的计算公式

图 3-9 分别是感应电机经典的 T 型等效电路和简化等效电路模型。在图 3-9a 中，R_r 为的次级等效电阻；L_m 为励磁电感；R_1 和 L_1 分别为初级绕组电阻和漏感；在图 3-9b 中，R_e 和 L_e 分别为气隙及次级的等效总电阻和电感。由于简化电路中的各元件参数可从电磁场分析结果直接导出，本文首先导出简化等效电路参数。然后，利用简化电路参数与 T 型电路参数的相互转换关系，导出 T 型等效电路参数。

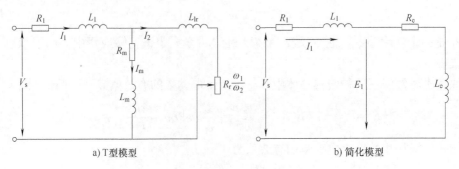

图 3-9 感应电机的等效电路

在式（3-55）和式（3-69）中，端部效应和边缘效应的修正系数已经导出，那么可得计及两种效应的电磁复功率 S_e 为

$$S_e = m_1 I_1^2 [R_{e0} K_P (1+D_a) - X_{e0} K_Q D_j] + j [R_{e0} K_P D_j + X_{e0} K_Q (1+D_a)] \quad (3\text{-}70)$$

由 $R_{e0} = X_{e0} s \dfrac{X_m}{R_{21}} = X_{e0} sG$，式（3-70）可转换为

$$S_e = m_1 I_1^2 \left\{ R_{e0} K_P \left[1 + \left(D_a - \dfrac{D_j}{sG} \dfrac{K_Q}{K_P} \right) \right] + j X_{e0} K_Q \left[1 + \left(D_a + sGD_j \dfrac{K_P}{K_Q} \right) \right] \right\} \quad (3\text{-}71)$$

分离上式的实部和虚部可得

$$\begin{cases} R_e = R_{e0} K_P \left[1 + \left(D_a - \dfrac{D_j}{sG} \dfrac{K_Q}{K_P} \right) \right] = R_{e0} + (K_P - 1) R_{e0} + R_{e0} K_P \left(D_a - \dfrac{D_j K_Q}{sG K_P} \right) \\ X_e = X_{e0} K_Q \left[1 + \left(D_a + sGD_j \dfrac{K_P}{K_Q} \right) \right] = X_{e0} + (K_Q - 1) X_{e0} + X_{e0} K_Q \left(D_a + sGD_j \dfrac{K_P}{K_Q} \right) \end{cases} \quad (3\text{-}72)$$

在图 3-9a 中，如果转差率 $s=0$，则次级支路的等效阻抗会变成无穷大，则有 $Z_e = jX_m$。根据上述条件求出励磁电抗 X_m，然后通过基本电路理论的分析方法得到 T 型电路中次级阻抗各参数。因此，由简化等效电路参数到 T 型电路参数的转换关系如下：

$$R_2 = \dfrac{sR_{2e} X_m^2}{R_{2e}^2 + (X_m - X_{2e})^2} \quad (3\text{-}73)$$

$$X_2 = \dfrac{X_m (X_m X_{2e} - X_{2e}^2 - R_{2e}^2)}{R_{2e}^2 + (X_m - X_{2e})^2} \quad (3\text{-}74)$$

3.3.6 电机特性计算

由图 3-9b 所示的简化等效电路，可计算出直线电机的运行特性。具体参数如下：

初级电流 I_1 为

$$I_1 = \dfrac{U_s}{\sqrt{(R_1 + R_e)^2 + (X_1 + X_e)^2}} \quad (3\text{-}75)$$

功率因数 $\cos\varphi$ 为

$$\cos\varphi = \dfrac{R_1 + R_e}{\sqrt{(R_1 + R_e)^2 + (X_1 + X_e)^2}} \quad (3\text{-}76)$$

感应电动势 E_1 为

$$E_1 = I_1 \sqrt{R_e^2 + X_e^2} \quad (3\text{-}77)$$

输入功率 P_1 为

$$P_1 = m_1 U_s I_1 \cos\varphi \quad (3\text{-}78)$$

根据式（3-54）的方法，可导出计及端部效应和边缘效应的机械功率 P_{mt} 为

$$\begin{aligned} P_{mt} &= (1-s) m_1 I_1^2 \mathrm{Re} \{ (R_{e0} K_P + j X_{e0} K_Q)(1 + D_{Fa} + j D_{Fj}) \} \\ &= (1-s) m_1 I_1^2 R_{e0} K_P \left(1 + D_{Fa} - \dfrac{D_{Fj} K_Q}{sG K_P} \right) \\ &= (1-s) m_1 I_1^2 R_{eF} \end{aligned} \quad (3\text{-}79)$$

式中，R_{eF}是计及端部效应和边缘效应的等效电阻，且

$$R_{eF} = R_{e0} K_P \left(1 + D_{Fa} - \frac{D_{Fj} K_Q}{sGK_P}\right)$$

总的电磁推力F_t为

$$F_t = \frac{P_{mt}}{v} = \frac{(1-s) m_1 I_1^2 R_{eF}}{v} \tag{3-80}$$

机械效率η为

$$\eta = \frac{P_{mt}}{P_1} = \frac{(1-s) I_1 R_{eF}}{U_s \cos\varphi} \tag{3-81}$$

3.4 基于磁通密度模型的等效电路

3.4.1 转差率对纵向磁通密度的影响

在 3.2 节中，使用了基于初级等效长度的指数函数来表达由于端部效应引起的纵向气隙磁通密度分布。

在 3.2 节中，利用励磁电流表征的气隙磁通密度分布如图 3-10 所示，图中 $v_{21} > v_{22} > v_{23}$。其中，Q 代表着电机在时域的相对长度，可见运行速度 v 直接影响 Q 的取值，v 越大 Q 值越小。从图 3-10 中可知，运行速度 v 只影响计算气隙磁通密度的积分长度，并不会改变气隙磁通密度分布的形状，即：假设气隙磁通密度分布形状为指数函数，且维持不变，这是基于初级等效长度等效电路的前提。

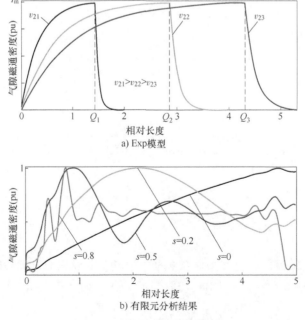

图 3-10 纵向气隙磁通密度分布

实际上，由有限元计算获得的纵向磁通密度分布如图 3-10b 所示。与图 3-10a 相比可

见，纵向磁通密度的分布不总是维持指数函数形态，且该形态与转差率 s 相关。此现象表示，若在同样电源频率的激励下，运行速度 v 不仅影响电机相对长度，而且还影响纵向磁通密度分布形态。因此，3.2 节基于初级等效长度的磁通密度模型函数在某些转差率 s 下的计算结果将与实际相差较大。

3.4.2 考虑转差率对纵向磁通密度分布影响的模型

为了解决 3.2 节中基于等效长度的磁通密度模型计算精度不够的问题，本节使用一种基于转差率 s 的函数模型来表达在不同工况下的纵向气隙磁通密度分布。标幺后的纵向气隙磁通密度分布定义为

$$f_a(t_1) = \frac{1 - e^{-x}\cos\delta x}{1 + e^{-\frac{\pi}{\delta}}} \tag{3-82}$$

式中，$\delta = a_2 s$；a_2 为分布模型系数，与运行及设计参数相关，由式（3-95）确定。

在上述模型中，为了描述端部效应在出口端的影响，在出口端部的磁通密度分布假设呈指数衰减曲线。次级导体板在与气隙磁场的相对运动下，导体板中产生涡流，该电流与气隙磁通密度的分布呈现此消彼长的关系。次级涡流 I_{2e} 在入口的斜率取决于次级常数 T_r，其分布模型在正则化后的定义为

$$f_s(t_1) = \frac{-1 + e^{-x}\cos\delta x}{1 + e^{-\frac{\pi}{\delta}}} + 1 \tag{3-83}$$

在式（3-82）和式（3-83）中，纵向气隙磁通密度分布模型有效描述了直线电机端部效应引起的磁通密度畸变。在图 3-11 中，电机的电源频率 f_1 设定在一个固定值，在不同转

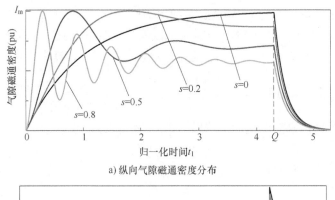

a) 纵向气隙磁通密度分布

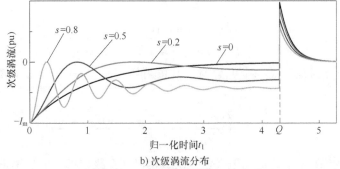

b) 次级涡流分布

图 3-11 考虑转差率的分布模型

差率 s 的情况绘制了气隙磁通密度的纵向分布情况。在图 3-11a 中，磁通密度曲线在入口端部爬升阶段经历了振荡后最终收敛于一个相对固定的值，这种趋势基本表征了图 3-11b 有限元结果的现象。

3.4.3　空间二维力的推导与表达

为考虑端部效应造成的气隙磁通密度衰减和畸变，用并联于励磁电感 L_m 的额外电感 L_me 表示这一现象。同时，串联另一个额外电阻在励磁支路中，用来表示次级涡流引起的功率损耗。在变换后的励磁支路中，励磁电流和次级涡流分别用 I_mea 和 I_2ea 表示，如图 3-12a 左图所示。上述并联励磁支路可以合成一个总电抗，如图 3-12a 右图所示，其中 K_L 和 K_R 如分别为励磁电感和电阻的修正系数。如此，可以获得考虑端部效应的直线感应电机 T 型等效电路如图 3-12b 所示。

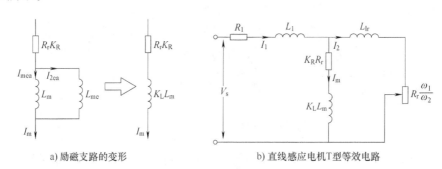

a) 励磁支路的变形　　　　　　　b) 直线感应电机T型等效电路

图 3-12　T 型等效电路的演化

在这个电路中，修正后的励磁电流 I_m 考虑了端部效应的影响。与用于旋转感应电机的 T 型等效电路类似，电机的电源频率为零时，该电路模型不再适用，需要单独进行处理。

根据式（3-83）以及次级涡流和励磁电流的幅值关系，计算次级涡流的平均值 I_2e 如下：

$$I_\mathrm{2e} = \frac{I_\mathrm{m}}{Q}\int_0^Q f_\mathrm{s}(t_1)\mathrm{d}t_1 = \frac{I_\mathrm{m}\mathrm{e}^{-Q}[Q(1+\delta^2)\mathrm{e}^Q + \mathrm{e}^{\frac{\pi}{\delta}}(\mathrm{e}^Q - \cos\delta Q + \delta\sin\delta Q)]}{(1+\delta^2)(1+\mathrm{e}^{\frac{\pi}{\delta}})Q} \tag{3-84}$$

令考虑端部效应的励磁电流的平均值为 I_me，其定义为

$$I_\mathrm{me} = I_\mathrm{m} - I_\mathrm{2e} \tag{3-85}$$

在图 3-12a 中，并联的电感 L_me 仅起到从励磁电感 L_m 中分流的作用，根据并联电感的电流分配原理，可得

$$L_\mathrm{me} = \frac{L_\mathrm{m}I_\mathrm{me}}{I_\mathrm{2e}} = L_\mathrm{m}\frac{\mathrm{e}^{\frac{\pi}{\delta}}[\mathrm{e}^Q(Q+\delta^2 Q-1)+\cos\delta Q - \delta\sin\delta Q]}{Q(1+\delta^2)\mathrm{e}^Q + \mathrm{e}^{\frac{\pi}{\delta}}(\mathrm{e}^Q - \cos\delta Q + \delta\sin\delta Q)} \tag{3-86}$$

当上述并联的电感合并成一个电感时，其值可用 L_m 乘以一个修正系数 K_L 来表示，则 K_L 为

$$K_\mathrm{L} = \frac{\mathrm{e}^{\frac{\pi}{\delta}-Q}[\mathrm{e}^Q(Q+\delta^2 Q-1)+\cos\delta Q - \delta\sin\delta Q]}{Q(1+\delta^2)(1+\mathrm{e}^{\frac{\pi}{\delta}})} \tag{3-87}$$

在励磁支路中电阻产生的损耗用来表示次级涡流在次级铝板上的功率损耗，为了计算该功率损耗，首先要计算出流过电阻的有效值 I_2er 为

$$I_{2\mathrm{er}} = \sqrt{\frac{I_\mathrm{m}^2}{Q} \int_0^Q [f_\mathrm{s}(t_1)]^2 \mathrm{d}t_1}$$

$$= \frac{I_\mathrm{m} \mathrm{e}^{-2Q}}{4(1+\delta^2)(1+\mathrm{e}^{\frac{\pi}{\delta}})^2 Q} \{4Q(1+\delta^2)\mathrm{e}^{2Q} + 8\mathrm{e}^{\frac{\pi}{\delta}+Q}(\mathrm{e}^Q - \cos\delta Q + \delta\sin\delta Q) + \mathrm{e}^{\frac{2\pi}{\delta}}[-1-\delta^2 +$$

$$(2+\delta^2)\mathrm{e}^{2Q} - \cos 2\delta Q + \delta\sin 2\delta Q]\} \tag{3-88}$$

可得次级涡流的总功率损耗 $P_\mathrm{sd\_loss}$ 为

$$P_\mathrm{sd\_loss} = I_{2\mathrm{er}}^2 R_\mathrm{r}$$

$$= \frac{I_\mathrm{m}^2 \mathrm{e}^{-4Q} R_\mathrm{r}}{4(1+\delta^2)^2(1+\mathrm{e}^{\frac{\pi}{\delta}})^4 Q^2} \{4Q(1+\delta^2)\mathrm{e}^{2Q} + 8\mathrm{e}^{\frac{\pi}{\delta}+Q}(\mathrm{e}^Q - \cos\delta Q + \delta\sin\delta Q) +$$

$$\mathrm{e}^{\frac{2\pi}{\delta}}[-1-\delta^2 + (2+\delta^2)\mathrm{e}^{2Q} - \cos 2\delta Q + \delta\sin 2\delta Q]\}^2$$

$$= I_\mathrm{m}^2 R_\mathrm{r} K_\mathrm{R} \tag{3-89}$$

式中

$$K_\mathrm{R} = \frac{\mathrm{e}^{-4Q}}{4(1+\delta^2)^2(1+\mathrm{e}^{\frac{\pi}{\delta}})^4 Q^2} \{4Q(1+\delta^2)\mathrm{e}^{2Q} + 8\mathrm{e}^{\frac{\pi}{\delta}+Q}(\mathrm{e}^Q - \cos\delta Q + \delta\sin\delta Q) +$$

$$\mathrm{e}^{\frac{2\pi}{\delta}}[-1-\delta^2 + (2+\delta^2)\mathrm{e}^{2Q} - \cos 2\delta Q + \delta\sin 2\delta Q]\}^2 \tag{3-90}$$

至此，修正系数 K_L 和 K_R 已在式（3-87）和式（3-90）导出。由次级转差电流产生的推力（正向推力） F_{x1} 可通过能量守恒定理来求得

$$F_{x1} = \frac{P_\mathrm{m}}{v_2} = \frac{3I_2^2 R_\mathrm{r}}{2\tau f(1-s)} = 3I_2^2 R_\mathrm{r} \frac{\pi}{\omega_2 \tau} \tag{3-91}$$

式中，I_2 为次级电流有效值；P_m 为机械功率。

由次级涡流产生的推力 F_{x2} 损耗（负向推力）可通过式（3-89）中的次级涡流的功率损耗来求得。则推力 F_{x2} 的表达式如下所示：

$$\begin{cases} F_{x2} = \dfrac{3P_\mathrm{sd\_loss}}{v_2} & v_2 \neq 0 \\ F_{x2} = \dfrac{3I_\mathrm{m}^2(L_\mathrm{m}+L_{21})}{L} & v_2 = 0 \end{cases} \tag{3-92}$$

因此，总推力 F_x 为

$$F_x = F_{x1} - F_{x2} \tag{3-93}$$

电机的效率 η 为

$$\eta = \frac{F_x v}{F_{x1} v_1 + 3P_\mathrm{sd\_loss} + 3I_1^2 R_1} \tag{3-94}$$

式中，v_1 为电机的同步速度。

总推力 F_x 在不同修正系数 a_2 下的曲线如图3-13a所示，由图可知该系数对于保证总推力的精算精度具有十分重要的意义。推力曲线在峰值点基本上是随着系数 a_2 的增加而增加，到了转差率较大的阶段，不同系数 a_2 对推力曲线的影响基本不明显。当转差率 $s>0.4$ 时，推力曲线基本上重合于一条直线。因此，在实际工程上，系数 a_2 可以通过匹配推力曲线的峰值点进行取值。此外，由于模型还会随着电源输入频率 f_1 大小或者电机运行速度 v 变化，

系数 a_2 需要根据 f_1 或 v_2 进行细微调整。a_2 在初始的取值阶段可根据下列公式来估算

$$a_2 \approx \frac{\pi}{\tau} \tag{3-95}$$

正推力 F_{x1}（实线）和负推力 F_{x2}（虚线）随着电机初级长度的变化如图 3-13b 所示，由图可知在电机的等效参数不变的情况下，电机初级越长推力越大。由此可知，电机长度可有效削弱端部效应对正向推力的损耗，这一点也是与一维行波理论是一致的。从形成机理上来说，初级长度越长的电机，其次级的涡流损耗越小，故在同样输入功率的情况下，输出的推力越大。因此，在另一方面可得出直线感应电机的极数越多其受到端部效应的影响越小。

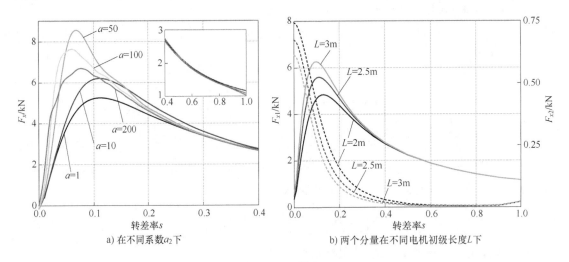

图 3-13 推力

复合次级的直线感应电机法向力 F_z 可分解成两个分量，即由初级绕组电流与次级涡流相互作用产生的排斥力 F_{z2} 和由气隙磁场与次级铁轭产生的吸引力 F_{z1}，其中吸引力为主导因素。因为气隙磁场正比于励磁电流有效值的二次方与励磁电感的积，所以如要计算法向吸引力则首先要计算励磁电流有效值的大小。由式（3-82）可得出励磁电流沿电机纵向长度分布的有效值 I_{mer}

$$\begin{aligned}
I_{mer}^2 &= \frac{I_m^2}{Q} \int_0^Q [f_a(t_1)]^2 dt_1 \\
&= \frac{I_m(\delta^2 + e^{-2Q} - 6)}{4(1+\delta^2)(1+e^{\frac{\pi}{\delta}})^2 Q} \{(1+\delta^2)(4Qe^{2Q}-1) - \cos 2\delta Q 8 e^Q [\cos \delta Q - \delta \sin \delta Q + \delta \sin 2\delta Q]\} \\
&= [I_m f_z(Q)]^2
\end{aligned} \tag{3-96}$$

由存在于电机气隙中的磁能公式，可得吸引力 F_{z1} 为

$$F_{z1} = K_{az} L_m I_{mer}^2 = K_{az} L_m [I_m f_z(Q)]^2 \tag{3-97}$$

式中，K_{az} 是法向吸引力的修正系数。

由于次级电流 I_2 正比于初级电流 I_1，根据法向排斥力的形成原理，可得法向排斥力 F_{z2} 为

$$F_{z2} = K_{rz}\frac{I_2^2}{g_e} \tag{3-98}$$

式中，K_{rz} 是法向排斥力的修正系数。

工程实践中，法向力的吸引力修正系数 K_a 和排斥力修正系数 K_r 可通过电机的静态测试来获取。在试验测试中，把电机设置于堵转状态（相对速度为零）且在法向用拉压传感器连接固定，使驱动电机的变流器以恒流变频方式输出，记录下不同电源频率时的法向力。为了避免测量误差带来的参数计算精度问题，法向力的测试数据采用多组。记录的多组数据可通过线性规划的方法来推算出 K_a 和 K_r。

$$\text{s. t.} \begin{cases} K_a L_m I_{mer}^2 - K_r I_2^2/g_e \leq F_{zmax1} \\ K_a L_m I_{mer}^2 - K_r I_2^2/g_e \geq F_{zmin1} \\ K_a L_m I_{mer}^2 - K_r I_2^2/g_e \leq F_{zmax2} \\ K_a L_m I_{mer}^2 - K_r I_2^2/g_e \geq F_{zmin2} \\ \vdots \\ K_a L_m I_{mer}^2 - K_r I_2^2/g_e \leq F_{zmaxn} \\ K_a L_m I_{mer}^2 - K_r I_2^2/g_e \geq F_{zminn} \end{cases} \tag{3-99}$$

式中，F_{zmaxn} 和 F_{zminn} 分别是在实际测量中的每个频率点的最大值和最小值。

法向力 F_z 在不同系数 a_2 情况的曲线如图 3-14a 所示，与同情况的推力曲线不同的是，法向力的大小基本上随着系数单调递增。当转差率 $s > 0.2$ 时，所有的曲线基本上趋于一条直线。在图 3-14b 中，法向吸引力 F_{z1}（实线）和悬浮力 F_{z2}（虚线）的大小也随着电机初级长度增长，这意味着更长的初级会增加气隙磁通密度的幅值和次级感应涡流的大小。

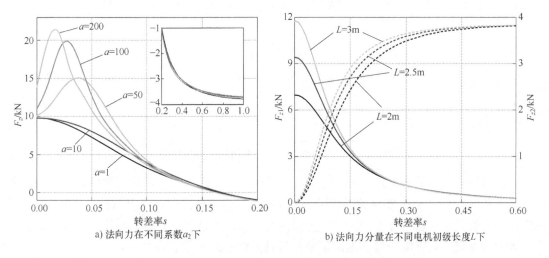

a) 法向力在不同系数 a_2 下　　b) 法向力分量在不同电机初级长度 L 下

图 3-14　法向力

3.4.4　空间三维力的推导与表达

如图 3-15 所示，当直线电机车辆行驶在弯道时，直线感应电机初、次之间发生偏移 Δy，侧向力呈现排斥力或吸引力，这就影响了车辆运行的横向稳定性。因此，侧向力是横向偏移时直线感应牵引电机的重要研究点。为了精确计算出直线电机在初级横向偏移时的推力、法向力和侧向力，据端部效应及在电机内各参数的变化，提出了计及空间三维力的直线电机等效电路如图 3-16 所示。由于初级横向偏移会对气隙磁通密度的分布模型带来畸变，故励磁支路中的励磁电感 L_m 的修正系数 K_L 变更为 K_{Ld}；次级损耗电阻 R_r 的修正系数 K_R 变更为 K_{Rd}；次级支路中的电阻增加一个修正系数 κ_1；此外，为了计算出电机的侧向力，励磁电抗被拆分为两个串联的电抗 $\kappa_3 K_{Ld} L_m$ 和 $\kappa_4 K_{Ld} L_m$，分别表示电机横向左、右两侧的励磁电抗。

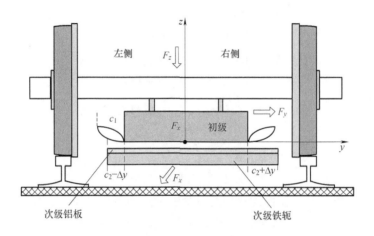

图 3-15 直线电机车辆行驶在弯道上

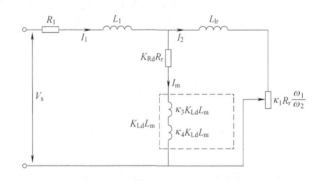

图 3-16 计及空间三维力的直线电机等效电路

一般来说，电机等效电路（见图 3-5）是基于一维电磁场理论推导出来的，即初级电流 I_1 和次级电流 I_2 只考虑 y 轴分量，忽略 x 轴分量的影响。在笼型感应电机中，次级（转子）的感应涡流被约束在次级导条内分布，其涡流路径为一个理想的矩形，如图 3-17a 所示，在耦合区域涡流仅含有 y 轴分量，因此在分析时只需要考虑 y 分量。

在大部分直线感应电机中，次级导体板由一整块铝板或者铜板构成，其次级感应涡流路径呈椭圆形分布，如图 3-17b 所示，这也是直线感应电机边缘效应形成的原因。当电机初级横向偏移时，次级的感应涡流分布会随着不同的偏移程度畸变，如图 3-17c 所示。因此，基于一维场理论的假设是无法考虑初级横向偏移对电机性能所带来的影响，因此本节基于图 3-5 中的等效电路，把次级电流 I_2 扩展为同时考虑 x 和 y 轴分量影响的一个标量值。另外，由于

初级电流 I_1 被约束在初级绕组内分布,故只考虑 y 轴分量即可满足分析。

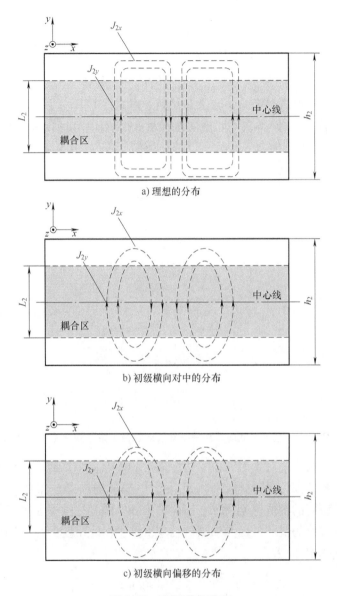

图 3-17 次级感应涡流

当电机初级工作在对中工况时,次级电阻 R_r 在静态测定时,其值已考虑了边缘效应的影响,即考虑了椭圆形涡流分布对次级电流 I_2 所带来的影响。当电机初级工作在横向偏移工况时,次级涡流分布会随着这种偏移进一步畸变,对电机输出推力带来影响的是 y 轴分量电流的变化。

根据第 2 章电磁场分析部分的结果可知,次级涡流分布会随着初级横向偏移而变化,且该变化还会随着不同转差率变化,故次级电流 I_2 会随着这种偏移变化。因此,在计算电机的输出推力时,可通过修正等效电路中次级电阻 R_r 来考虑次级电流 I_2 变化所带来的影响。

在第 4 章中,次级电阻考虑横向偏移量的次级涡流分布及其各分量的解析表达式将被详

细讨论并给出，可导出次级电阻 R_r 的修正系数（次级涡流 y 轴分量的变化率）κ_1，其定义为

$$\kappa_1 = \frac{\int_{-h_2/2-\Delta y}^{h_2/2-\Delta y} \int_{-L_2/2}^{L_2/2} |j_{2y}(\Delta y)|^2 \mathrm{d}x\mathrm{d}y}{\int_{-h_2/2}^{h_2/2} \int_{-L_2/2}^{L_2/2} |j_{2y}(0)|^2 \mathrm{d}x\mathrm{d}y} \tag{3-100}$$

式中，j_{2y} 为次级铝板中涡流密度的 y 分量（见第 4 章式（4-91））。

次级电阻 R_r 的修正系数 κ_1 在不同横向偏移量 Δy 下随转差率的变化如图 3-18 所示（图中 $f_1 = 35\mathrm{Hz}$）。在计算电机推力 F_{x1} 时，可根据当前工况的 κ_1 值计算出来。

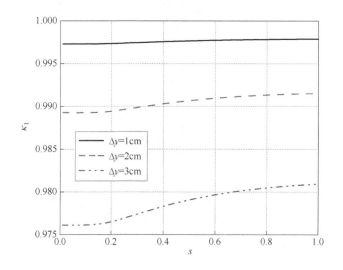

图 3-18 在不同横向偏移量下次级电阻修正系数随转差率的变化

当电机初级和次级横向对中时，由于边缘效应的影响，该磁通密度曲线呈"U"型，且左右对称，如图 2-9a 所示。当初级横向偏移后，气隙磁通密度分布严重不对称，在窄伸出缘区域，气隙磁通密度的幅值急剧增加；而宽伸出缘区域，气隙磁通密度的幅值减小。窄伸出缘区域磁通密度幅值的增加是因为该部分对应次级中涡流密度的减少导致，故定义偏移时气隙磁通密度的变化率 κ_2 为

$$\kappa_2 = \frac{\int_{-h_2/2-\Delta y}^{h_2/2-\Delta y} \int_{-L_2/2}^{L_2/2} |B_{z1}^{\mathrm{III}}(\Delta y)| \mathrm{d}x\mathrm{d}y}{\int_{-h_2/2}^{h_2/2} \int_{-L_2/2}^{L_2/2} |B_{z1}^{\mathrm{III}}(0)| \mathrm{d}x\mathrm{d}y} \tag{3-101}$$

式中，B_{z1}^{III} 为气隙磁通密度的 z 分量（见第 4 章式（4-72））。

初级横向偏移时气隙磁通密度的变化率 κ_2 在不同横向偏移量 Δy 下随转差率的变化如图 3-19 所示（图中 $f_1 = 35\mathrm{Hz}$），由该图可知，初级横向偏移量越大，气隙磁通密度的畸变越严重。由于式（3-82）和式（3-83）没有考虑偏移时气隙磁通密度的畸变，上述两式需要被改写成

$$f_a'(t_1) = \kappa_2 \frac{1 - \mathrm{e}^{-x}\cos\delta x}{1 + \mathrm{e}^{-\frac{\pi}{\delta}}}, \quad f_s'(t_1) = \frac{1}{\kappa_2}\left(\frac{-1 + \mathrm{e}^{-x}\cos\delta x}{1 + \mathrm{e}^{-\frac{\pi}{\delta}}} + 1\right)$$

由于气隙磁通密度分布模型的变化，可得到考虑初级横向偏移时的励磁支路中的元件修

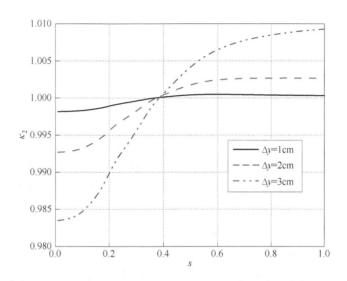

图3-19 在不同初级横向偏移量下的气隙磁通密度变化率随转差率的变化

正系数 K_{Ld} 和 K_{Rd}，分别为

$$K_{Ld} = \frac{e^{-Q}[e^{\frac{\pi}{\delta}}(\kappa_2\delta^2 Q + \kappa_2 Q - 1) - e^Q(1+\delta^2)(Q - \kappa_2 Q) + \cos\delta Q - \delta\sin\delta Q]}{\kappa_2 Q(1+\delta^2)(1+e^{\frac{\pi}{\delta}})} \quad (3\text{-}102)$$

$$K_{Rd} = \frac{e^{-2Q}}{4(1+\delta^2)(1+e^{\frac{\pi}{\delta}})^2\kappa_2^2 Q} \{4Q(1+\delta^2)e^{2Q} + 8e^{\frac{\pi}{\delta}+Q}(e^Q - \cos\delta Q + \delta\sin\delta Q) + e^{\frac{2\pi}{\delta}}(-1-\delta^2 +$$
$$e^{2Q}[2+\delta^2+2\kappa_2^4(1+\delta^2) - 4e^Q\kappa_2^4(1+\delta^2)\cos\delta Q + 2\kappa_2^4(1+\delta^2)\cos^2\delta Q - \cos 2\delta Q + \delta\sin 2\delta Q])\}$$
$$(3\text{-}103)$$

由于等效电路中的参数在电机横向偏移时发生了变化，推力公式需改写成

$$\begin{cases} F'_{x1}(\Delta y) = 3I_2^2 R_r \kappa_1 \dfrac{\pi}{\omega_2 \tau} \\ F'_{x2}(\Delta y) = \dfrac{3I_m^2 K_{Rd} R_r}{v} \end{cases} \quad (3\text{-}104)$$

故总推力改写成

$$F'_x(\Delta y) = F'_{x1}(\Delta y) - F'_{x2}(\Delta y) \quad (3\text{-}105)$$

在计算法向吸引力 F_{z1} 时，由于气隙磁通密度会随偏移量 Δy 畸变，励磁电感 L_m 可通过式 (3-101) 中的变化率进行修正。励磁电流沿电机纵向长度分布的有效值 I_{mer} 由于气隙磁通密度模型的变化也需要改写成

$$I'^2_{mer} = \frac{I_m^2}{Q}\int_0^Q [f'_a(t_1)]^2 dt_1 = \kappa_2^2[I_m f_z(Q)]^2 \quad (3\text{-}106)$$

故 F_{z1} 的计算方法需重新改写为

$$F'_{z1}(\Delta y) = K_{az}L_m I'^2_{mer} = K_{az}\kappa_2^2 L_m[I_m f_z(Q)]^2 \quad (3\text{-}107)$$

式中，K_{az} 是法向吸引力的修正系数。

由于法向排斥力 F_{z2} 是由次级涡流与气隙磁场相互作用产生，其中占主导作用是次级涡流中

的 y 轴分量和初次级耦合区域的气隙磁场。当偏移发生时，次级涡流中的 y 轴分量变化如图 3-20 所示（图中 $f_1 = 35\text{Hz}$），因此，在计算法向排斥力时也可用 κ_1 修正，故 F_{z2} 需重新改写为

$$F'_{z2}(\Delta y) = K_{rz}\kappa_1 \frac{I_2^2}{g_e} \tag{3-108}$$

式中，K_{rz} 是法向排斥力的修正系数。

故法向力 F_z 的计算公式变为

$$F'_z(\Delta y) = F'_{z1}(\Delta y) - F'_{z2}(\Delta y) \tag{3-109}$$

当初级横向偏移后，气隙磁通密度分布严重不对称，在窄伸出缘区域，气隙磁通密度幅值急剧增加；而宽伸出缘区域，气隙磁通密度幅值减少。窄伸出缘区域磁通密度幅值的增加是因为该部分对应次级中涡流密度的减少导致。为了定量分析横向偏移时变窄侧和变宽侧（以初级横向的中点为分割线，见图 3-16）的气隙磁通密度幅值在总气隙磁通密度幅值的占比情况，可定义变化系数 κ_3、κ_4 为

$$\kappa_3 = \frac{\int_{-\Delta y}^{h_2/2-\Delta y}\int_{-L_2/2}^{L_2/2}|B_{z1}^{\text{III}}(\Delta y)|\,\mathrm{d}x\mathrm{d}y}{\int_{-h_2/2}^{h_2/2}\int_{-L_2/2}^{L_2/2}|B_{z1}^{\text{III}}(\Delta y)|\,\mathrm{d}x\mathrm{d}y},\ \kappa_4 = \frac{\int_{-h_2/2-\Delta y}^{-\Delta y}\int_{-L_2/2}^{L_2/2}|B_{z1}^{\text{III}}(\Delta y)|\,\mathrm{d}x\mathrm{d}y}{\int_{-h_2/2}^{h_2/2}\int_{-L_2/2}^{L_2/2}|B_{z1}^{\text{III}}(\Delta y)|\,\mathrm{d}x\mathrm{d}y} \tag{3-110}$$

式中，κ_3 为变窄侧的系数；κ_4 为变宽侧的系数。

直线电机初级横向偏移时变窄侧和变宽侧气隙磁通密度变化系数的变化如图 3-20 所示。在图 3-16 中，励磁电抗可分为两个串联的电抗，分别代表电机横向两侧（以初级中心为分割线）的励磁电抗。当初次级横向偏移时，两侧的励磁电抗会不相等，这种不相等正比于气隙磁通密度在横向两侧分布变化，故可用分布系数 κ_3、κ_4 来计算出上述两侧的等效励磁电抗。根据张量定理可知，侧向吸引力主要是由次级铁轭与其侧面的垂向（y 轴方向）磁场产生的。因此，可根据式（3-107）的原理导出左侧吸引力 F_{y11} 和右侧吸引力 F_{y12} 为

$$\begin{cases}F_{y11}(\Delta y) = K_{ay}\kappa_3 L_m I'^2_{mer} = K_{ay}\kappa_3 L_m [I_m f_z(Q)]^2 \\ F_{y12}(\Delta y) = K_{ay}\kappa_4 L_m I'^2_{mer} = K_{ay}\kappa_4 L_m [I_m f_z(Q)]^2\end{cases} \tag{3-111}$$

式中，K_{ay} 为是侧向吸引力的修正系数。

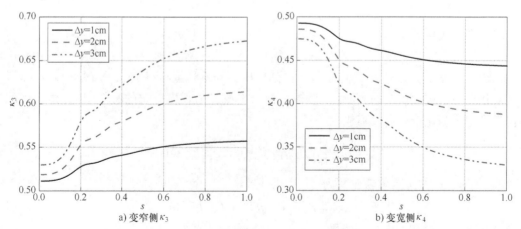

图 3-20 在不同横向偏移量下的系数 κ_3、κ_4 随转差率的变化

侧向排斥力与法向排斥力产生机理类似，也是由次级涡流的 x 轴分量在气隙磁场的相互作用下产生的。当初级横向偏移时，次级涡流分布如图 3-17c 所示，相比于初级对中时，窄伸出缘区域涡流的 x 分量增加，宽伸出缘区域涡流的 x 分量减小。根据第 4 章式（4-91）导出的考虑横向偏移时次级涡流矢量解析表达式，可得偏移时次级涡流 x 与 y 分量的关系，并导出计算次级涡流的变化系数为

$$\kappa_5 = \frac{\int_{-\Delta y}^{h_2/2-\Delta y} \int_{-L_2/2}^{L_2/2} |j_{2x}(\Delta y)| \mathrm{d}x\mathrm{d}y}{\frac{1}{2}\int_{-h_2/2-\Delta y}^{h_2/2-\Delta y} \int_{-L_2/2}^{L_2/2} |j_{2y}(0)| \mathrm{d}x\mathrm{d}y}, \quad \kappa_6 = \frac{\int_{-h_2/2-\Delta y}^{-\Delta y} \int_{-L_2/2}^{L_2/2} |j_{2x}(\Delta y)| \mathrm{d}x\mathrm{d}y}{\frac{1}{2}\int_{-h_2/2-\Delta y}^{h_2/2-\Delta y} \int_{-L_2/2}^{L_2/2} |j_{2y}(0)| \mathrm{d}x\mathrm{d}y} \quad (3\text{-}112)$$

式中，κ_5 为窄伸出缘区域的修正系数；κ_6 为宽伸出缘区域的修正系数。

κ_5、κ_6 在不同工况下的曲线如图 3-21 所示（图中 $f_1 = 35\mathrm{Hz}$），由该曲线可以计算出次级电流中 x 轴分量的比重。因此，可根据式（3-108）的原理导出左侧排斥力 F_{y21} 和右侧排斥力 F_{y22} 为

$$\begin{cases} F_{y21}(\Delta y) = K_{ry}\kappa_5^2 \dfrac{I_2^2}{g_e} \\ F_{y22}(\Delta y) = K_{ry}\kappa_6^2 \dfrac{I_2^2}{g_e} \end{cases} \quad (3\text{-}113)$$

式中，K_{ry} 为是侧向排斥力的修正系数。

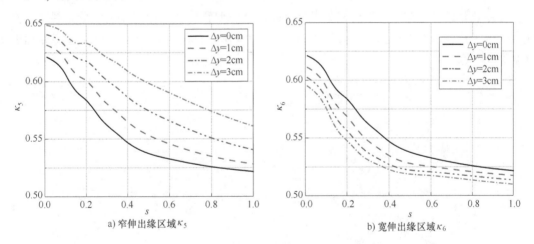

图 3-21 在不同初级横向偏移量下的侧向推斥力修正系数随转差率的变化

故可得到总侧向力 F_y 为

$$F_y = F_{y1} - F_{y2} = [F_{y11}(\Delta y) - F_{y21}(\Delta y)] - [F_{y12}(\Delta y) - F_{y22}(\Delta y)] \quad (3\text{-}114)$$

在工程上，如需计算出在横向偏时电机产生的侧向力，则需要通过类似于整定法向力两个修正系数一样通过电机的静态测试来获取电机在不同工况下的电气参数，然后通过非线性最优化理论中的方法来求出在侧向力公式中含有的修正系数 K_{ay}、K_{ry}。

3.4.5 计算与实验结果比较

为了验证上节所使用基于转差率的新型磁通密度分布模型和对比基于等效长度的磁通密

度模型性能,本节使用一台单边型整体式铁轭次级的直线感应电机进行实验验证,其电机参数见表 3-1。

表 3-1 整体/叠片铁轭次级单边型直线感应电机样机参数

参　　数	数　　值
相数 m	3
极数 p	8
极距 τ/mm	292
初级长度 L/mm	2500
铁轭厚度 d_1/mm	25
铝板厚度 d_2/mm	7
铁轭叠片数 n	1/18
机械气隙 g/mm	10
额定功率 P_N/kW	140
额定电压 U_N/V	1100
额定电流 I_N/A	160
额定频率 f_1/Hz	35

基于转差率的新型磁通密度模型推导了计及空间二维力等效电路,其计算出的电机推力和法向力随速度变化的曲线如图 3-22 所示,从图中可见用新型模型计算出来的结果更加接近实验测量数据,这是因为新型模型考虑了随转差率变化的气隙磁通密度的分布规律,其计算结果与实验测量数据相比,计算平均误差在 10% 左右,优于基于等效长度模型导出的等效电路的计算结果。

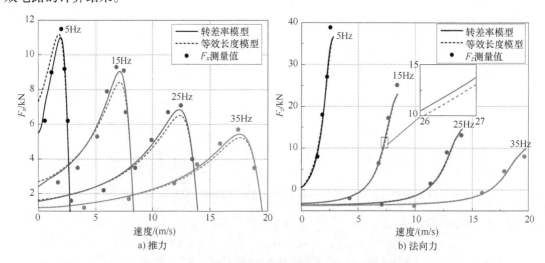

图 3-22 在不同气隙磁通密度模型下计算出得力特性

3.5 参考文献

[1] 龙遐令. 直线感应电动机的理论和电磁设计方法 [M]. 北京:科学出版社,2006.

[2] DUNCAN J. Linear induction motor-equivalent-circuit model [J]. IEE Proceedings (Part B) on Electric Power Applications, 1983, 130 (1): 51-57.

[3] NONAKA S. Investigation of equivalent circuit quantities and equations for calculation of characteristics of single-sided linear induction motors [J]. IEEE Transactions on Industry Applications, 1995, 115 (3): 223-232.

[4] BOLDEA I, NASER S A. Linear motion electromagnetic systems [M]. New Jersey: John Wiley & Sons, 1985.

[5] XU W, ZHU J G, ZHANG Y, et al. Equivalent circuits for single-sided linear induction motors [J]. IEEE Transactions on Industry Applications, 2010, 46 (6): 2410-2423.

[6] WORONOWICZ K, SAFAEE A. A novel linear induction motor equivalent-circuit with optimized end effect model [J]. Canadian Journal of Electrical and Computer Engineering, 2014, 37 (1): 33-41.

[7] 野中作太郎. 種々の二次導体板による片側式 LIM の等価回路定数と特性の変化 [C]. シンポジウム電磁力関連のダイナミックス講演論文集, 1996: 159-164.

[8] NONAKA S. Investigation of equations for calculation of secondary resistance and secondary leakage reactance of single-sided linear induction motors [J]. Electrical engineering in Japan, 1998, 122 (1): 60-67.

[9] GIERAS J F. Linear induction drives [M]. Oxford: Clarendon Press, 1994.

[10] LAITHWAITE E R. Transport without wheels [M]. London: Elek Science, 1977.

[11] ATENCIA J, MARTINEZ-ITURRALDE M, MARTINEZ G, et al. Control strategies for positioning of linear induction motor: tests and discussion [C]. IEEE International Electric Machines & Drives Conference, 2003.

[12] SILVA E F D, SANTOS C C D, NERYS J W L. Field oriented control of linear induction motor taking into account end-effects [C]. 8th IEEE International Workshop on Advanced Motion Control, 2004.

[13] KUMIN L, STUMBERGER G, DOLINAR D, et al. Modeling and control design of a linear induction motor [C]. Proceedings of the IEEE International Symposium on Industrial Electronics, 1999.

[14] SUNG J H, NAM K. New approach to vector control for a linear induction motor considering end effects [C]. IEEE Thirty-Fourth IAS Annual Meeting on Industry Applications, 1999.

[15] IWAMOTO M, SAKABE S, KITAGAWA K, et al. Experimental and theoretical study of high-speed single-sided linear induction motors [J]. IEE Proceedings (Part B) on Electric Power Applications, 1981, 128 (6): 306-312.

[16] EASTHAM A R, DAWSON G E, PRINGLE D M, et al. Comparative experimental evaluation of the performance of a SLIM with a solid-steel reaction rail and with an aluminum-capped reaction rail [R]. CIGGT Report, 1980, 80 (7).

[17] YAMAMURA S, ITO H, ISHULAWA Y. Theories of the linear, induction motor and compensated linear induction motor [J]. IEEE Transactions on Power Apparatus and Systems, 1972, PAS-91 (4): 1700-1710.

[18] BOLTON H. Forces in induction motors with laterally asymmetric sheet secondaries [J]. Proceedings of the Institution of Electrical Engineers, 1970, 117 (12): 2241-2248.

Chapter 4
第 4 章 基于"场"的直线感应电机特性分析

内容提要

本章分别从一维电磁模型、二维电磁模型和三维电磁模型进行介绍和推导，分别考虑边缘效应、端部效应、次级拓扑结构，次级铁轭饱和和趋肤效应等，对电机的特性计算进行分析。最后，对二维涡流场和三维涡流场离散电磁模型进行讲解，为有限元分析提供理论支撑。

难点重点

1. 直线感应电机一维、二维和三维电磁场分析模型的区别。
2. 直线感应电机各场量与电磁力特性的转换关系。
3. 直线感应电机的有限元建模及特性的计算方法。

4.1 基于"场"的直线感应电机分析方法综述

直线感应电机由于具有端部效应、边缘效应和"半填充槽"等问题，其理论分析和特性计算相较于普通的旋转感应电机特殊和复杂，一般采用电磁场分析求解电机的气隙磁场，进而计算电机的运行特性。直线感应电机的电磁场分析理论包括一维、二维和三维理论。

采用一维理论分析直线感应电机时，气隙磁场只考虑法向分量，可以考虑端部效应对电机的影响，但是精度较低[1-4]。在二维分析理论中[14-16]，气隙磁场考虑法向分量和纵向分量，既可以沿着直线电机横向建立分析模型，也可以沿着电机纵向（运动方向）剖面建立分析模型。前者便于分析边缘效应的影响，后者可以分析端部效应的影响。但是，二维理论无法同时分析端部效应和边缘效应的影响。一维、二维分析理论主要用来分析直线感应电机的初、次级对中时的电机特性。

三维电磁场分析理论采用三维分析模型，场量有三个坐标方向分量，且是三维坐标变量的函数[17,21-22]。相较于一维、二维理论，该方法能够在计算中同时考虑纵向和边缘效应的影响，考虑初级绕组伸出缘的影响，可用于初、次级对中和偏移时，并且分析计算精度较高。

4.2 直线感应电机的一维电磁模型与特性分析

4.2.1 电磁场分析模型

直线感应电机的纵向电磁分析模型如图 4-1 所示。为了简化推导分析等效电路的过程，在此模型上做如下假设：

(1) 初级铁心叠片材料具有无穷大的磁导率，且电阻率为零。
(2) 各种场量随时间作正弦规律变化。
(3) 初级和次级的电流密度均分布在其自身表面的薄电流层上。
(4) 该模型忽略边缘效应。
(5) 用卡式系数 K_c（>1）考虑初级开槽的影响，该系数使得电机的有效气隙增加，K_c 表示为

$$K_c = \frac{t_s(5g + W_s)}{t_s(5g + W_s) - W_s^2} \tag{4-1}$$

式中，t_s 为齿距，g 为机械气隙，W_s 为槽宽。

(6) 考虑趋肤效应，次级导电层（本文中使用铝板）等效电阻 σ_{2e} 在修正后为

$$\sigma_{2e} = \frac{\sigma_2}{k_{\text{skin\_Al}}} \tag{4-2}$$

式中

$$k_{\text{skin\_Al}} = \frac{d_2}{\delta_{\text{Al}}} \frac{\sinh(2d_2/\delta_{\text{Al}}) + \sin(2d_2/\delta_{\text{Al}})}{\cosh(2d_2/\delta_{\text{Al}}) - \cos(2d_2/\delta_{\text{Al}})}$$

其中

$$\delta_{Al} = \text{Re}[\sqrt{(\pi/\tau)^2 + \mathrm{j}sf_1 2\pi\mu_0 \sigma_{Al}}\,]^{-1}$$

（7）考虑初级端部半填槽，电机的等效极数 p_e 为

$$p_e = \frac{(p-1)^2}{2p-3+\beta/(mq)} \tag{4-3}$$

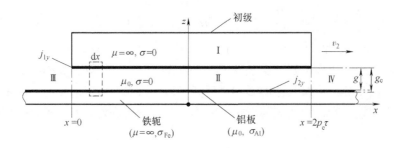

图 4-1 直线感应电机分析模型

4.2.2 端部效应

根据以上假设，在分析端部效应的模型中的磁通密度 B 只有 z 分量；磁位矢量 A、初级绕组电场强度 E_1、初级电流密度 j_1 只有 y 分量，且 j_1 的定义如下：

$$j_1 = J_1 \mathrm{e}^{\mathrm{j}\varphi_1} \mathrm{e}^{-\mathrm{j}kx} e_y = J_1 \mathrm{e}^{-\mathrm{j}kx} e_y$$

式中，$k = \pi/\tau$；φ_1 为初始相位，为了方便后文推导，默认 $\varphi_1 = 0$。

由气隙磁场基本方程

$$g_e \nabla^2 A - \mathrm{j}\mu_0 \sigma_{2e} \omega_1 A - \mu_0 \sigma_{2e}(v \times \nabla A) = -\mu_0 j_1$$

将一维模型的条件 $A_x = A_z = 0$ 和 $v_y = v_z = 0$ 代入上式，可得

$$\begin{cases} g_e \dfrac{\mathrm{d}^2 A_{y2}}{\mathrm{d}x^2} - \mathrm{j}\mu_0 \sigma_{2e} \omega_1 A_{y2} - \mu_0 \sigma_{2e} v_2 \dfrac{\mathrm{d}A_{y2}}{\mathrm{d}x} = -\mu_0 J_1 \mathrm{e}^{-\mathrm{j}kx} & (\text{II 区域}) \\ g_e \dfrac{\mathrm{d}^2 A_{y3}}{\mathrm{d}x^2} - \mathrm{j}\mu_0 \sigma_{2e} \omega_1 A_{y3} - \mu_0 \sigma_{2e} v_2 \dfrac{\mathrm{d}A_{y3}}{\mathrm{d}x} = 0 & (\text{III 区域}) \\ g_e \dfrac{\mathrm{d}^2 A_{y4}}{\mathrm{d}x^2} - \mathrm{j}\mu_0 \sigma_{2e} \omega_1 A_{y4} - \mu_0 \sigma_{2e} v_2 \dfrac{\mathrm{d}A_{y4}}{\mathrm{d}x} = 0 & (\text{IV 区域}) \end{cases} \tag{4-4}$$

对于 A_y 在上式中区域 II、区域 III、区域 IV 的通解为

$$\begin{cases} A_{y2} = C_A \mathrm{e}^{-\mathrm{j}kx} + C_{21} \mathrm{e}^{(\lambda_2+\eta_2)kx} + C_{22} \mathrm{e}^{-(\lambda_2-\eta_2)kx} & (\text{II 区域}) \\ A_{y3} = C_{31} \mathrm{e}^{(\lambda_2+\eta_2)kx} + C_{32} \mathrm{e}^{-(\lambda_2-\eta_2)kx} & (\text{III 区域}) \\ A_{y4} = C_{41} \mathrm{e}^{(\lambda_2+\eta_2)kx} + C_{42} \mathrm{e}^{-(\lambda_2-\eta_2)kx} & (\text{IV 区域}) \end{cases} \tag{4-5}$$

式中

$$\eta_2 = \frac{G}{2}(1-s) \qquad \lambda_2 = \sqrt{\eta_2^2 + \mathrm{j}G} \qquad G = \frac{\mu_0 \sigma_{2e} \omega_1}{g_e k^2}$$

式（4-12）中的待定系数 C_A、$C_{21,22}$、$C_{31,32}$ 和 $C_{41,42}$ 可通过下列的边界条件解出：

(1) 出口端横截面（区域Ⅱ与Ⅲ的接合处）$x = 0$ 处

$$\begin{cases} H_{z3}\big|_{x=0} = H_{z2}\big|_{x=0} \\ E_{y3}\big|_{x=0} = E_{y2}\big|_{x=0} \end{cases} \quad (4\text{-}6)$$

(2) 入口端横截面（区域Ⅱ与Ⅳ的接合处）$x = L$ 处

$$\begin{cases} H_{z4}\big|_{x=L} = H_{z2}\big|_{x=L} \\ E_{y4}\big|_{x=L} = E_{y2}\big|_{x=L} \end{cases} \quad (4\text{-}7)$$

(3) 出入口的无穷远处（区域Ⅲ与Ⅳ的无穷远处），即 $x = \pm\infty$ 处

$$\begin{cases} A_{y3}\big|_{x=-\infty} = 0 \\ A_{y4}\big|_{x=+\infty} = 0 \end{cases} \quad (4\text{-}8)$$

从式 (4-13) ~ 式 (4-15) 可求出式 (4-12) 中的全部待定系数，具体值如下所示：

$$\begin{cases} C_{32} = C_{41} = 0 \\ C_A = \dfrac{\mu_0 J_1}{k^2(1+jsG)} \\ C_{21} = \dfrac{(j+\eta_2-\lambda_2)}{2\lambda_2} C_A e^{-(\lambda_2+\eta_2)kL} e^{-jkL} \\ C_{22} = -\dfrac{1}{2\lambda_2} C_A (j+\lambda_2+\eta_2) \\ C_{31} = -\dfrac{1}{2\lambda_2}(j+\eta_2-\lambda_2) C_A (1-e^{-(\lambda_2+\eta_2)kL} e^{-jkL}) \\ C_{42} = -\dfrac{1}{2\lambda_2}(j+\eta_2+\lambda_2) C_A (1-e^{(\lambda_2-\eta_2)kL} e^{-jkL}) \end{cases}$$

电机气隙中的磁通密度的求取是很重要的，因为它对于电磁推力和磁路的计算均有用处。由于在电机气隙中的矢量磁位 A_{y2} 已经求解，故气隙磁通密度 z 轴方向分量 B_{z2} 可由下式计算：

$$B_{z2} = \frac{\partial A_{y2}}{\partial x} \quad (4\text{-}9)$$

4.2.3 边缘效应

图 4-2 表示有、无次级时直线感应电动机气隙磁通密度的横向分布。为了分析简化起见，用矩形分布近似地表示它，则初级铁心等效宽度表示为 $2a_e$。

等效宽度 $2a_e$ 可由保角变换求得

$$2a_e = 2a + (1.2 \sim 2.0)g$$

式中，g 为机械气隙。

图 4-2b 的气隙磁通密度呈现马鞍形，是由边缘效应造成的。在本章文献 [12] 中已经指出，边缘效应的修正系数 K_t 可以表示为

$$K_t = \frac{K_x^2}{K_R} \left(\frac{1+s^2 G_{et}^2 K_R^2/K_x^2}{1+s^2 G_{et}^2} \right) \geq 1$$

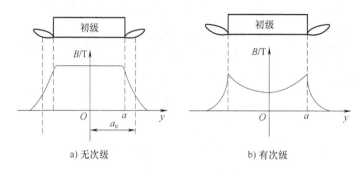

a) 无次级   b) 有次级

图 4-2 直线感应电动机气隙磁通密度的横向分布

$$K_{mt} = \frac{K_R K_t}{K_x} = K_x\left(\frac{1+s^2 G_R'^2 K_R^2/K_x^2}{1+s^2 G_R'^2}\right) \leq 1 \quad (4\text{-}10)$$

式中

$$K_R = 1 - \mathrm{Re}\left[(1-sG_{et})\frac{\lambda}{\alpha a_e}\tanh\alpha a_e\right]$$

$$K_x = 1 + \mathrm{Re}\left[(sG_{et}+\mathrm{j})\frac{sG_{et}\lambda}{\alpha a_e}\tanh\alpha a_e\right]$$

$$\lambda = 1/\left[1+\sqrt{1+\mathrm{j}sG_{et}}\tanh(\alpha a_e)\tanh[\beta(c-a_e)]\right]$$

$$G_{et} = G/(K_s K_c K_g)$$

$$\alpha = \left(\frac{\pi}{\tau}\right)^2(1+\mathrm{j}sG_{et})$$

$$G = \frac{2\tau^2 \mu_0 f_1 \sigma_2}{\pi g}$$

式中，K_{mt} 为磁化电抗系数；τ 为极距；g 为机械气隙；G 为品质因数。

对于初级比较窄（$2a_e/\tau < 0.3$）的直线感应电动机，在低转差率时，有 $K_{mt} \approx 1$，且边缘效应的修正系数为

$$K_t = \frac{1}{1-\dfrac{\tanh\left(\dfrac{\pi}{\tau}a_e\right)}{\dfrac{\pi}{\tau}a_e\left[1+\tanh\left(\dfrac{\pi}{\tau}a_e\right)\tanh\dfrac{\pi}{\tau}(c-a_e)\right]}} \quad (4\text{-}11)$$

这些与速度有关的系数，可以用于修正直线感应电动机中的次级板电导率，则等效电导率为

$$\sigma_{2e} = \sigma_2/K_t$$

4.3 直线感应电机的二维电磁模型与特性分析

4.3.1 纵向磁动势分布的建模

典型短初级单边直线感应电机及相纵向磁动势的分布模型如图 4-3 所示。图中 L 为电机初级铁心长度；L_e 为纵向周期延拓中两台电机初级之前的距离（该距离的最小长度以相邻

电机初级绕组之间不产生磁耦合为准),可得纵向周期为 $2L_1 = L + L_c$;p 为极数;q 为每极每相槽数;m 为绕组的相数;τ 为电机极距;β 为节距;t_s 为槽距;N 为线圈匝数;i_a 为相电流的瞬时值;g 为电机的机械气隙;此外,初级绕组端部的"半填槽"影响也可被考虑在磁动势分布中(为简化推导,本文中未考虑此影响)。

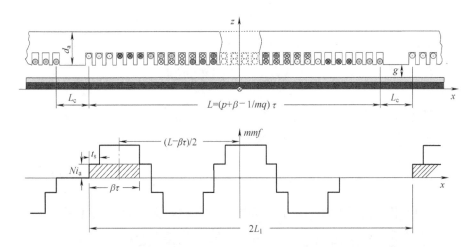

图 4-3 典型短初级单边直线感应电机及相纵向磁动势分布模型

电机初级相绕组中第一个极的第一个线圈产生的磁动势如图 4-3 所示。为了分析方便,把 x 轴的坐标原点放在电机长度 L 的中心,则把该磁动势分布用傅里叶级数展开后可得[17]

$$f_{a,p1-q1}(x) = Ni_a \left\{ \frac{\beta\tau}{2L_1} + \frac{2}{\pi} \sum_{n=1}^{\infty} \frac{1}{n} k_{pn} \cos \frac{\pi}{\tau_{1n}} \left[x + \left(p - \frac{1}{mq}\right) \right] \frac{\tau}{2} \right\} \tag{4-12}$$

式中,n 为空间谐波分量的阶数,$n = 1, 2, 3, \cdots$;τ_{1n} 为在第 n 阶空间谐波下的等效极距,$\tau_{1n} = L_1/n$;另外,谐波节距因数为

$$k_{pn} = \sin \frac{\pi}{2} \frac{\beta\tau}{\tau_{1n}} \tag{4-13}$$

通过合成每极每相所有槽中线圈所产生的磁动势分布,可得每极每相的合成磁动势分布的傅里叶级数展开为

$$f_{a,p1}(x) = qNi_a \left\{ \frac{\beta\tau}{2L_1} + \frac{2}{\pi} \sum_{n=1}^{\infty} \frac{1}{n} k_{pn} k_{dn} \cos \frac{\pi}{\tau_{1n}} \left[x + \left(p - \frac{1}{m}\right) \right] \frac{\tau}{2} \right\} \tag{4-14}$$

式中,谐波绕组因数为

$$k_{dn} = \frac{\sin q \dfrac{\pi}{2} \dfrac{t_s}{\tau_{1n}}}{q \sin \dfrac{\pi}{2} \dfrac{t_s}{\tau_{1n}}} \tag{4-15}$$

然后,再合成每相所有极下的磁动势,得到每相合成磁动势模型,其傅里叶级数展开为

$$f_a(x) = -pqNi_a \frac{2}{\pi} \sum_{n=1}^{\infty} \frac{1}{n} k_{wn} k_{Lpn} \sin \frac{\pi}{\tau_{1n}} \left(x + \frac{m-1}{m} \frac{\tau}{2} \right) \tag{4-16}$$

式中

$$k_{wn} = k_{pn}k_{dn} \tag{4-17}$$

$$k_{Lpn} = \frac{\sin p \dfrac{\pi}{2} \dfrac{\tau}{\tau_{1n}}}{p\cos \dfrac{\pi}{2} \dfrac{\tau}{\tau_{1n}}} \tag{4-18}$$

假设 m 相电流是平衡的，那么 v 相电流可表示为

$$i_v = \sqrt{2}I_1 \sin\left[\omega_1 t - \frac{(v-1)\pi}{m}\right] \tag{4-19}$$

式中，I_1 为相电流的有效值；ω_1 为电源角频率，$\omega_1 = 2\pi f_1$；$v = 1, 2, \cdots, m$。

因此，总合成磁动势 $f(x, t)$ 与其初级绕组各相电流相关，可表示为

$$f(x,t) = -\sum_{v=1}^{m} pqNi_v(t)\frac{2}{\pi}\sum_{n=1}^{\infty}\frac{1}{n}k_{wn}k_{Lpn}\sin\frac{\pi}{\tau_{1n}}\left[x + \frac{m-1}{m}\frac{\tau}{2} - (v-1)\frac{\tau}{m}\right] \tag{4-20}$$

把式 (4-19) 代入式 (4-20)，用 $\omega_1 t$ 替换 $[\omega_1 t + (m+1)\pi/2m]$ 可得

$$f(x,t) = \frac{\sqrt{2}}{\pi}m\frac{N_{ph}}{2}I_1\sum_{n=1}^{\infty}\frac{1}{n}k_{wn}k_{Lpn}\left[k_{mfn}\cos\left(\omega_1 t - \frac{\pi}{\tau_{1n}}x\right) - k_{mbn}\cos\left(\omega_1 t + \frac{\pi}{\tau_{1n}}x\right)\right] \tag{4-21}$$

式中，N_{ph} 为每相串联匝数，假设初级绕组为串联连接且每相间为星形联结，则 $N_{ph} = 2pqN$，k_{mfn} 和 k_{mbn} 分别为

$$k_{mfn} = \frac{\sin\dfrac{\pi}{2}\left(1 - \dfrac{\tau}{\tau_{1n}}\right)}{m\sin\dfrac{\pi}{2m}\left(1 - \dfrac{\tau}{\tau_{1n}}\right)} \qquad k_{mbn} = \frac{\sin\dfrac{\pi}{2}\left(1 + \dfrac{\tau}{\tau_{1n}}\right)}{m\sin\dfrac{\pi}{2m}\left(1 + \dfrac{\tau}{\tau_{1n}}\right)} \tag{4-22}$$

当电机为奇数极时，初级相绕组中的第一个极的第一个线圈产生的磁动势分布用傅里叶级数展开后可得

$$f_{a,p1-q1}(x) = Ni_a\frac{4}{\pi}\sum_{n=1,3,\cdots}^{\infty}\frac{1}{n}k_{pn}\cos\frac{\pi}{\tau_{1n}}\left[x + \left(p - \frac{1}{mq}\right)\frac{\tau}{2}\right] \tag{4-23}$$

式中，n 代表着不同阶数的空间谐波分量，$n = 1, 3, 5, \cdots$；τ_{1n} 为在第 n 阶空间谐波下的等效极距，$\tau_{1n} = L_1/n$；其谐波节距因数见式 (4-13)。

通过合成每极每相所有槽中线圈所产生磁动势分布，可得每极每相合成磁动势分布的傅里叶级数展开为

$$f_{a,p1}(x) = qNi_a\frac{4}{\pi}\sum_{n=1,3,\cdots}^{\infty}\frac{1}{n}k_{pn}k_{dn}\cos\frac{\pi}{\tau_{1n}}\left[x + \left(p - \frac{1}{m}\right)\frac{\tau}{2}\right] \tag{4-24}$$

式中，谐波绕组因数见式 (4-15)。

然后，再合成每相所有极下的磁动势，得到每相合成磁动势模型，其傅里叶级数展开为

$$f_a(x) = pqNi_a\frac{4}{\pi}\sum_{n=1,3,\cdots}^{\infty}\frac{1}{n}k_{wn}k_{Lpn}\cos\frac{\pi}{\tau_{1n}}\left[x + \frac{m-1}{m}\frac{\tau}{2}\right] \tag{4-25}$$

式中

$$k_{Lpn} = \frac{\cos p \dfrac{\pi}{2} \dfrac{\tau}{\tau_{1n}}}{p \cos \dfrac{\pi}{2} \dfrac{\tau}{\tau_{1n}}} \quad (4\text{-}26)$$

因此，总合成磁动势 $f(x, t)$ 可表示为

$$f(x,t) = 2\frac{\sqrt{2}}{\pi} m \frac{N_{\mathrm{ph}}}{2} I_1 \sum_{n=1,3,\cdots}^{\infty} \frac{1}{n} k_{wn} k_{Lpn} \left[k_{mfn} \cos\left(\omega_1 t - \frac{\pi}{\tau_{1n}} x\right) + k_{mbn} \cos\left(\omega_1 t + \frac{\pi}{\tau_{1n}} x\right) \right]$$
$$(4\text{-}27)$$

式中，$N_{\mathrm{ph}} = 2pqN$，则 k_{mfn} 和 k_{mbn} 如式（4-22）所示。

上述导出的总合成磁动势 $f(x, t)$ 用初级电流密度 j_1 表示可转换为

$$j_1 = \sum_{n=1}^{\infty} j_{1,n} = \sum_{n=1}^{\infty} (j_{1,fn} \pm j_{1,bn}) \quad (4\text{-}28)$$

式中

$$j_{1,fn} = J_{1,fn} \mathrm{e}^{\mathrm{j}\frac{\pi}{\tau_{1n}}(v_{1n}t - x)} \qquad j_{1,bn} = J_{1,bn} \mathrm{e}^{\mathrm{j}\frac{\pi}{\tau_{1n}}(v_{1n}t + x)} \quad (4\text{-}29)$$

式中，$j_{1,n}$ 为 n 阶空间谐波面电流密度，当初级为偶数极时，式（4-28）为减号，奇数极时为加号；$j_{1,fn}$ 为 n 阶正向行波面电流密度；$j_{1,bn}$ 为 n 阶反向行波面电流密度；n 阶谐波的行波速度为 $v_{1n} = 2\tau_{1n} f_1$。

初级面电流密度 $J_{1,fn}$ 和 $J_{1,bn}$ 的最大值与实际初级绕组的电流值 I_1 相关，故有如下关系式：

$$\begin{cases} J_{1,fn} = \sqrt{2} m \dfrac{k_{wn} k_{Lpn} N_{\mathrm{ph}}}{2L_1} k_{mfn} I_1 \\ J_{1,bn} = \sqrt{2} m \dfrac{k_{wn} k_{Lpn} N_{\mathrm{ph}}}{2L_1} k_{mbn} I_1 \end{cases} \quad (4\text{-}30)$$

4.3.2 基于空间高次谐波的二维电磁模型

直线感应电机的二维分布模型如图 4-4 所示，其中，g_e 为电磁气隙；g 为机械气隙；d_2 为铝板厚度；d_1 为铁轭厚度。该模型把电机的法向剖面分为 6 个区域（Ⅰ，Ⅱ-1，Ⅱ-2，Ⅲ，Ⅳ，Ⅴ），为分析模型作如下假设：

（1）初级铁心电导率为零，忽略其磁位降。
（2）初级电流等效为有限长面电流分布。
（3）次级媒质特性参数是线性的、均匀的，以等效磁导率来考虑磁滞、饱和以及垂直方向上饱和不均匀所造成的影响。
（4）初级齿槽及绕组端部漏磁可忽略。
（5）电机中的谐波均为初级铁心开槽产生的。

在电机二维分析模型中，每层中的矢量磁位方程为

$$\frac{\partial^2 A_{y,n}}{\partial x^2} + \frac{\partial^2 A_{y,n}}{\partial z^2} = \sigma \mu \left(\frac{\partial A_{y,n}}{\partial t} + v_2 \frac{\partial A_{y,n}}{\partial x} \right) \quad (4\text{-}31)$$

根据 $z = d_1 + d_2 + g$ 处的电磁边界条件，矢量磁位可表示为分离变量的形式

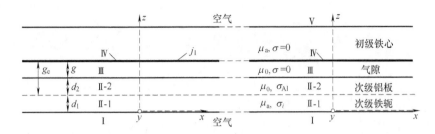

图 4-4 单边直线感应电机的二维分布模型

$$A_{y,n} = \left[A_{y,fn}(z) e^{-j\frac{\pi}{\tau_{1n}}x} - A_{y,bn}(z) e^{j\frac{\pi}{\tau_{1n}}x} \right] e^{j\omega_1 t} \tag{4-32}$$

通过每层的电磁边界条件，可解出矢量磁位的解析表达式，并求出初级铁心表面的气隙磁场分量为

$$B_{x1}^{\text{III}} = \sum_{n=1}^{\infty} B_{x1,n}^{\text{III}} = \sum_{n=1}^{\infty} \left[-\frac{\partial A_{y,n}^{\text{III}}}{\partial z} \right]_{z=d_1+d_2+g} = -\sum_{n=1}^{\infty} 2\sqrt{2} I_1 \frac{k_{wn} N_{ph}}{pL_1} \mu_0 k_{Lpn} \left[k_{mfn} e^{-j\frac{\pi}{\tau_{1n}}x} - k_{mbn} e^{j\frac{\pi}{\tau_{1n}}x} \right] e^{j\omega_1 t} \tag{4-33}$$

$$B_{z1}^{\text{III}} = \sum_{n=1}^{\infty} B_{z1,n}^{\text{III}} = \sum_{n=1}^{\infty} \left[-\frac{\partial A_{y,n}^{\text{III}}}{\partial x} \right]_{z=d_1+d_2+g}$$

$$= -\sum_{n=1}^{\infty} 2\sqrt{2} I_1 \frac{k_{wn} N_{ph}}{pL_1} \mu_0 k_{Lpn} (k_{mfn} K_{Hfn} e^{-j\frac{\pi}{\tau_{1n}}x} - k_{mbn} K_{Hbn} e^{j\frac{\pi}{\tau_{1n}}x}) e^{j\omega_1 t} \tag{4-34}$$

式中

$$K_{Hfn} = \frac{1 + \tanh(\pi/\tau_{1n}) g \lambda_{2fn} \tanh(\pi/\tau_{1n}) d_2 \lambda_{2fn}}{\tanh(\pi/\tau_{1n}) g + \lambda_{2fn} \tanh(\pi/\tau_{1n}) d_2 \lambda_{2fn}} \tag{4-35}$$

$$\tanh(\pi/\tau_{1n}) d_2 \lambda_{2fn} = \frac{\tanh(\pi/\tau_{1n}) d_2 \lambda_{2fn} + (\mu_0/\mu)(\lambda_{1fn}/\lambda_{2fn}) \tanh(\pi/\tau_{1n}) d_1 \lambda_{1fn}}{1 + \tanh(\pi/\tau_{1n}) d_2 \lambda_{2fn} (\mu_0/\mu)(\lambda_{1fn}/\lambda_{2fn}) \tanh(\pi/\tau_{1n}) d_1 \lambda_{1fn}} \tag{4-36}$$

$$\tanh(\pi/\tau_{1n}) d_1 \lambda_{1fn} = \frac{\tanh(\pi/\tau_{1n}) d_1 \lambda_{1fn} + (\mu_0/\mu) \lambda_{1fn}}{1 + (\mu_0/\mu) \lambda_{1fn} \tanh(\pi/\tau_{1n}) d_1 \lambda_{1fn}} \tag{4-37}$$

式中

$$\begin{cases} \lambda_{1fn} = \sqrt{1 + j\sigma_1 \mu_a s_{fn} v_{1n} \tau_{1n}/\pi} \\ \lambda_{2fn} = \sqrt{1 + j\sigma_2 \mu_0 s_{fn} v_{1n} \tau_{1n}/\pi} \end{cases} \tag{4-38}$$

$$s_{fn} = (v_{1n} - v_2)/v_{1n} \tag{4-39}$$

K_{Hbn} 可通过替换式（4-35）中的 λ_{1fn} 和 λ_{2fn} 为 λ_{1bn} 和 λ_{2bn}，其定义如下：

$$\begin{cases} \lambda_{1bn} = \sqrt{1 + j\sigma_1 \mu_a s_{bn} v_{1n} \tau_{1n}/\pi} \\ \lambda_{2bn} = \sqrt{1 + j\sigma_2 \mu_0 s_{bn} v_{1n} \tau_{1n}/\pi} \end{cases} \tag{4-40}$$

式中

$$s_{bn} = (v_{1n} + v_2)/v_{1n}$$

根据张量定理，推力和法向力可表示为

$$F_x = \int_{-h_2/2}^{h_2/2} \int_{-L_1/2}^{L_1/2} \text{Re}\left(\frac{1}{2\mu_0} B_{z1}^{\text{III}} B_{x1}^{*\text{III}} \right) dx dy \tag{4-41}$$

$$F_z = \int_{-h_2/2}^{h_2/2} \int_{-L_1/2}^{L_1/2} \frac{1}{2} \text{Re}\left(\frac{1}{2\mu_0} B_{z1}^{\text{III}} B_{z1}^{*\text{III}} - \frac{1}{2\mu_0} B_{x1}^{\text{III}} B_{x1}^{*\text{III}} \right) dx dy \tag{4-42}$$

4.4 直线感应电机的三维电磁模型与特性分析

4.4.1 横向磁动势分布的建模

在二维或者三维分析中，电机沿横向（y 轴方向）的磁动势分布往往是假设在初次级的耦合区域（初级铁心投影在次级的区域）中是均匀分布的。事实上，在电机的横向绕组端部也有磁动势。本文中列举了 4 种可能的计及横向绕组端部的磁动势分布模型，如图 4-5 所示。

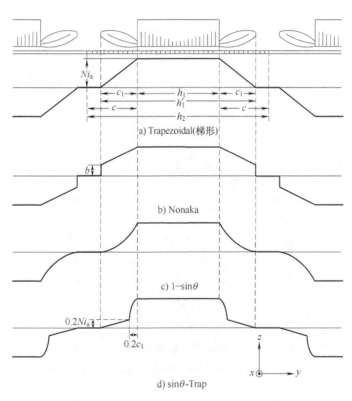

图 4-5 初级横向对中时横向磁动势分布模型

在图 4-5 中，h_1 为初级铁心叠片厚度；h_1' 为初级宽度；h_2 为次级宽度；c 为次级单侧伸出缘宽度（非耦合区域）；c_1 为初级绕组横向端部宽度；b 为次级横向端部磁动势的数值。

令 $f_a(y)$ 为横向磁动势分布在 y 轴方向延拓后的傅里叶级数展开函数，其定义为

$$f_a(y) = Ni_a \sum_{k=1}^{\infty} a_k \cos\frac{\pi}{h_{2k}} y \quad (k = 1, 3, 5, \cdots) \tag{4-43}$$

式中，h_{2k} 为在第 k 阶空间谐波下的等效次级宽度，$h_{2k} = h_2/k$。

对于 Trapezoidal 模型[25]，如图 4-5a 所示，式（4-43）中的 a_k 的定义为

$$a_k = \frac{4h_{2k}}{kc_1\pi^2}\left(\cos\frac{\pi h_1}{2h_{2k}} - \cos\frac{\pi h_1'}{2h_{2k}}\right) \tag{4-44}$$

对于 Nonaka 模型[26]，如图 4-5b 所示，式 (4-43) 中 a_k 的定义为

$$a_k = \frac{4b}{k\pi}\sin\frac{h_1'\pi}{2h_{2k}} - \frac{4h_2(1-b)}{k^2\pi^2 c_1}\left(\cos\frac{h_1'\pi}{2h_{2k}} - \cos\frac{h_1\pi}{2h_{2k}}\right) \tag{4-45}$$

对于 1 − sinθ 模型[17]，如图 4-5c 所示，式 (4-43) 中 a_k 的定义为

$$a_k = \frac{4}{k\pi}\sin\frac{h_1'\pi}{2h_{2k}} + \frac{2}{h_2}\left[\left(-\cos\frac{h_1\pi}{2h_{2k}} + \cos\left(\frac{h_1'\pi}{4c_1} + \frac{h_1'\pi}{2h_{2k}} - \frac{h_1\pi}{4c_1}\right)\right)\Big/\left(\frac{\pi}{2c_1} + \frac{\pi}{h_{2k}}\right) - \right.$$
$$\left.\cos\frac{h_1\pi}{2h_{2k}} + \cos\left(\frac{h_1'\pi}{4c_1} - \frac{h_1'\pi}{2h_{2k}} - \frac{h_1\pi}{4c_1}\right)\Big/\left(\frac{\pi}{2c_1} - \frac{\pi}{h_{2k}}\right)\right] \tag{4-46}$$

对于 sinθ-Trap 模型，在绕组端部的分布曲线由一个斜坡和一个正弦函数构成，故式 (4-43) 中 a_k 的定义为

$$a_k = \frac{4}{k\pi}\sin\frac{h_1\pi}{2h_{2k}} - \frac{2}{5\pi k}\left[\sin\left(\frac{h_1\pi}{2h_{2k}}\right) + \sin\left(\frac{(4c_1/5 - h_1'/2)\pi}{h_{2k}}\right)\right] + \frac{4}{5k\pi}\cos\left(\frac{(c_1+5h_1)\pi}{10h_{2k}}\right)\sin\left(\frac{c_1\pi}{10h_{2k}}\right) +$$
$$\frac{2}{5c_1 k^2\pi^2}\left[-\frac{5}{2}h_2\cos\left(\frac{h_1'\pi}{2h_{2k}}\right) + \frac{5}{4}h_2\cos\left(\frac{(4c_1/5 - h_1'/2)\pi}{h_{2k}}\right) + \frac{5}{4}h_2\cos\left(\frac{(2c_1+5h_1)\pi}{10h_{2k}}\right) + \right.$$
$$\left. c_1 k\pi\left[\sin\left(\frac{(4c_1/5 - h_1'/2)\pi}{h_{2k}}\right) - \sin\left(\frac{(2c_1+5h_1)\pi}{10h_{2k}}\right)\right] + \frac{5}{8}k\pi(2c_1 + h_1 - h_1')\sin\left(\frac{h_1'\pi}{2h_{2k}}\right)\right] -$$
$$\frac{8c_1/5\pi}{(25h_2^2 - 4c_1^2 k^2)}\left[-10h_2\cos\left(\frac{(8c_1 - 5h_1')\pi}{10h_{2k}}\right) - 10h_2\cos\left(\frac{(2c_1+5h_1)\pi}{10h_{2k}}\right) - 4c_1 k\sin\left(\frac{h_1\pi}{2h_{2k}}\right) + \right.$$
$$\left. (5h_2 - 2c_1 k)\cos\left(\frac{5\pi(h_1' - h_1)}{4c_1} - \frac{h_1\pi}{2h_{2k}}\right) + (5h_2 + 2c_1 k)\cos\left(\frac{5\pi(h_1 - h_1')}{4c_1} - \frac{h_1\pi}{2h_{2k}}\right)\right] \tag{4-47}$$

在式 (4-44) ~ 式 (4-46) 描述的 3 种横向磁动势模型中，气隙磁通密度 B_z 分量沿横向分布的计算结果在初级铁心横向两侧绕组端部（非耦合区域）的幅值均高于有限元的结果，因此在电机牵引特性计算中会造成误差。为了提高该绕组端部两侧的气隙磁通密度 B_z 分量的计算精度，本节提出一种由正弦及斜坡函数构成的模型，后文中简称为 sinθ-Trap 模型，如图 4-5d 所示。模型中在 Ni_a 和 c_1 处有两个修正系数（本文默认为 0.2），这两个系数可针对不同的电机型号进行调节，使该模型的计算精度满足实际需求。

基于式 (4-29)，初级面电流密度 j_{1y} 的前向行波和后向行波需改写为

$$j_{1y,f,nk} = J_{1f,nk}\cos\frac{\pi}{h_{2k}}y e^{j\frac{\pi}{\tau_{1n}}(v_{1n}t - x)} \quad j_{1y,b,nk} = J_{1b,nk}\cos\frac{\pi}{h_{2k}}y e^{j\frac{\pi}{\tau_{1n}}(v_{1n}t + x)} \tag{4-48}$$

式中

$$J_{1f,nk} = \sqrt{2}m\frac{k_{wn}k_{Lpn}N_{ph}}{L_1}I_1 k_{mfn} a_k \quad J_{1b,nk} = \sqrt{2}m\frac{k_{wn}k_{Lpn}N_{ph}}{L_1}I_1 k_{mbn} a_k \tag{4-49}$$

扩展后初级面电流密度 j_{1x} 的前向行波和后向行波为

$$\begin{cases} j_{1x,f,nk} = j\frac{\tau_{1n}}{\pi}J_{1f,nk}\frac{\pi}{h_{2k}}\sin\frac{\pi}{h_{2k}}y e^{j\frac{\pi}{\tau_{1n}}(v_{1n}t - x)} \\ j_{1x,b,nk} = -j\frac{\tau_{1n}}{\pi}J_{1b,nk}\frac{\pi}{h_{2k}}\sin\frac{\pi}{h_{2k}}y e^{j\frac{\pi}{\tau_{1n}}(v_{1n}t + x)} \end{cases} \tag{4-50}$$

当直线感应电机工作在初、次级间横向偏移时，图 4-5 的对中磁动势分布模型不再适用，需要考虑偏移时的磁动势模型。本节以 Nonaka 模型为例，给出更加一般情况下的横向

磁动势分布确定方法和思路，如图 4-6 所示，其他模型可根据类似方法获得。在图 4-6a 中，初级的横向偏移处于轻微偏移情况（$c_1 \geqslant c_2 + \Delta y$），次级横向边缘还未超过初级绕组横向端部的长度；在图 4-6b 中，初次级的横向偏移处于严重偏移情况（$c_1 \leqslant c_2 + \Delta y$），次级横向边沿等于或超过初级绕组横向端部的长度。因此，在这两种情况下需要分别进行周期性延拓和傅里叶级数展开。

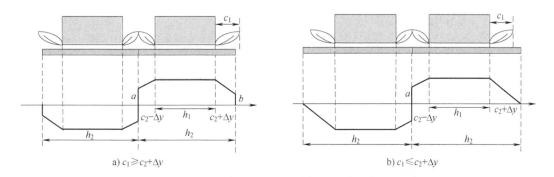

图 4-6 直线感应电机初、次级偏移时横向磁动势分布模型

对于上述考虑横向偏移的磁动势模型，令 $f_a(y)$ 为横向磁动势分布在 y 轴方向延拓后的傅里叶级数展开函数，其定义为

$$f_a(y) = Ni_a \sum_{k=1}^{\infty} a_k \sin \frac{\pi}{h_{2k}} \left[y + \left(\frac{h_2}{2} - \Delta y \right) \right] (k = 1, 2, 3, \cdots) \tag{4-51}$$

对于初级横向偏移量较小的情况（$c_1 \geqslant c_2 + \Delta y$，$b > 0$），如图 4-6a 所示，$a_k$ 的展开式为

$$a_k = \frac{2\pi(a - b\cos k\pi)(c_2 - \Delta y)(c_2 + \Delta y) + 2h_{2k}}{k\pi^2(c_2 - \Delta y)(c_2 + \Delta y)} \left[(b-1)(c_2 - \Delta y)\sin k\pi - (a-1)(c_2 + \Delta y) \cdot \right.$$

$$\left. \sin \frac{(c_2 - \Delta y)\pi}{h_{2k}} - (b-1)(c_2 - \Delta y)\sin \frac{(h_1 + c_2 - \Delta y)\pi}{h_{2k}} \right] \tag{4-52}$$

式中，a 为次级左侧横向边缘磁动势的值；b 为次级右侧横向边缘磁动势的值。

对于初级横向偏移量较大的情况（$c_1 \leqslant c_2 + \Delta y$，$b = 0$），如图 4-6b 所示，$a_k$ 的展开式为

$$a_k = \frac{2(1-a)h_{2k}}{k(c_2 - \Delta y)\pi^2} \sin \frac{(c_2 - \Delta y)\pi}{h_{2k}} + \frac{2a}{k\pi} + \frac{2h_{2k}}{kc_1\pi^2} \left[\sin \frac{(h_1 + c_2 - \Delta y)\pi}{h_{2k}} - \sin \frac{(h_1 + c_1 + c_2 - \Delta y)\pi}{h_{2k}} \right] \tag{4-53}$$

式中

$$a = \frac{c_1 - c_2 + \Delta y}{c_1} \qquad b = \frac{c_1 - c_2 - \Delta y}{c_1} \tag{4-54}$$

根据上述考虑初次级横向偏移时磁动势分布模型，y 轴方向面电流密度 j_{1y} 的前向行波和后向行波可根据式（4-48）改写为

$$\begin{cases} j_{1y,f,nk} = J_{1f,nk} \sin \frac{\pi}{h_{2k}} \left[y + \left(\frac{h_2}{2} - \Delta y \right) \right] e^{j\frac{\pi}{\tau_{1n}}(v_{1n}t - x)} \\ j_{1y,b,nk} = J_{1b,nk} \sin \frac{\pi}{h_{2k}} \left[y + \left(\frac{h_2}{2} - \Delta y \right) \right] e^{j\frac{\pi}{\tau_{1n}}(v_{1n}t + x)} \end{cases} \tag{4-55}$$

x 轴方向面电流密度 j_{1x} 的前向行波和后向行波可根据式（4-50）改写为

$$\begin{cases} j_{1x,\mathrm{f},nk} = -\mathrm{j}\dfrac{\tau_{1n}}{h_{2k}} J_{1\mathrm{f},nk} \cos\dfrac{\pi}{h_{2k}}\left[y+\left(\dfrac{h_2}{2}-\Delta y\right)\right] \mathrm{e}^{\mathrm{j}\frac{\pi}{\tau_{1n}}(v_{1n}t-x)} \\ j_{1x,\mathrm{b},nk} = -\mathrm{j}\dfrac{\tau_{1n}}{h_{2k}} J_{1\mathrm{b},nk} \cos\dfrac{\pi}{h_{2k}}\left[y+\left(\dfrac{h_2}{2}-\Delta y\right)\right] \mathrm{e}^{\mathrm{j}\frac{\pi}{\tau_{1n}}(v_{1n}t+x)} \end{cases} \quad (4\text{-}56)$$

4.4.2 基于空间高次谐波的三维电磁模型

根据麦克斯韦方程组和场量的运动坐标系变换可导出运动媒质方程组为

$$\begin{cases} \nabla^2 \boldsymbol{A} = -\mu\sigma \boldsymbol{E} \\ \boldsymbol{E} = -\nabla\varphi - \dfrac{\partial}{\partial t}\boldsymbol{A} - v_2\dfrac{\partial}{\partial x}\boldsymbol{A} \\ \nabla^2 \varphi = -\dfrac{\rho}{\varepsilon} \end{cases} \quad (4\text{-}57)$$

式中，φ、$\boldsymbol{A}$ 分别为标量电位和矢量磁位。

对于直线感应电机，次级中无自由静电荷，即 ρ 处处为零，且没有 φ 的非齐次边界条件，故可令 $\varphi = 0$，这样式（4-57）可化简为

$$\nabla^2 \boldsymbol{A} = \mu\sigma\dfrac{\partial}{\partial t}\boldsymbol{A} + \mu\sigma v_2\dfrac{\partial}{\partial x}\boldsymbol{A} \quad (4\text{-}58)$$

$$\boldsymbol{E} = -\dfrac{\partial}{\partial t}\boldsymbol{A} - v_2\dfrac{\partial}{\partial x}\boldsymbol{A} \quad (4\text{-}59)$$

通过上述步骤推导出直线感应电机运动媒质中涡流场方程后，再通过建立电机分析模型来求出气隙及次级各层磁场的场量，其分析模型可沿用 4.3 节中图 4-4 中的模型。由于行波中的前向与反向行波分量的分析方法基本相同，故在以下分析中只讨论在气隙磁通密度行波中的前向分量 $\boldsymbol{B}_{\mathrm{f},nk} = B_{x,\mathrm{f},nk}\boldsymbol{e}_x + B_{y,\mathrm{f},nk}\boldsymbol{e}_y + B_{z,\mathrm{f},nk}\boldsymbol{e}_z$，且该分量由初级面电流密度的前向分量（$\boldsymbol{j}_{1,\mathrm{f},nk} = j_{1x,\mathrm{f},nk}\boldsymbol{e}_x + j_{1y,\mathrm{f},nk}\boldsymbol{e}_y$）产生。根据式（4-58）、$\nabla \cdot \boldsymbol{A}_{\mathrm{f},nk} = 0$ 及空间谐波理论，可得出 $\boldsymbol{A}_{\mathrm{f},nk}$ 在区域 Ⅱ-1、Ⅱ-2、Ⅲ、Ⅳ、Ⅴ 的标量磁位方程组为

$$\begin{cases} A_{y,\mathrm{f},nk}^{\mathrm{II}\text{-}1} = 2C_0 \sinh K_0 z \cos\dfrac{\pi}{h_{2k}} y\, \mathrm{e}^{\mathrm{j}\frac{\pi}{\tau_{1n}}(v_{1n}t-x)} \\ A_{y,\mathrm{f},nk}^{\mathrm{II}\text{-}2} = (C_1 \mathrm{e}^{K_1 z} + D_1 \mathrm{e}^{-K_1 z}) \cos\dfrac{\pi}{h_{2k}} y\, \mathrm{e}^{\mathrm{j}\frac{\pi}{\tau_{1n}}(v_{1n}t-x)} \\ A_{y,\mathrm{f},nk}^{\mathrm{III}} = (C_2 \mathrm{e}^{K_2 z} + D_2 \mathrm{e}^{-K_2 z}) \cos\dfrac{\pi}{h_{2k}} y\, \mathrm{e}^{\mathrm{j}\frac{\pi}{\tau_{1n}}(v_{1n}t-x)} \\ A_{y,\mathrm{f},nk}^{\mathrm{IV}} = (C_3 \mathrm{e}^{K_2 z} + D_3 \mathrm{e}^{-K_2 z}) \cos\dfrac{\pi}{h_{2k}} y\, \mathrm{e}^{\mathrm{j}\frac{\pi}{\tau_{1n}}(v_{1n}t-x)} \\ A_{y,\mathrm{f},nk}^{\mathrm{V}} = D_4 \mathrm{e}^{-K_2 z} \cos\dfrac{\pi}{h_{2k}} y\, \mathrm{e}^{\mathrm{j}\frac{\pi}{\tau_{1n}}(v_{1n}t-x)} \end{cases} \quad (4\text{-}60)$$

式中

$$K_0 = \sqrt{\left(\dfrac{\pi}{\tau_{1n}}\right)^2 + \left(\dfrac{\pi}{h_{2k}}\right)^2 + \mathrm{j}\sigma_{ie}\mu_a s_{fn} v_{1n}\dfrac{\pi}{\tau_{1n}}}$$

$$K_1 = \sqrt{\left(\frac{\pi}{\tau_{1n}}\right)^2 + \left(\frac{\pi}{h_{2k}}\right)^2 + j\sigma_{Al}\mu_0 s_{fn} v_{1n} \frac{\pi}{\tau_{1n}}}$$

$$K_2 = \sqrt{\left(\frac{\pi}{\tau_{1n}}\right)^2 + \left(\frac{\pi}{h_{2k}}\right)^2}$$

$$s_{fn} = (v_{1n} - v_2)/v_{1n} = 1 - (1-s)\tau/\tau_{1n}$$

式中，s_{fn} 为前向行波的第 n 阶分量；转差率 $s = (v_1 - v_2)/v_1$，v_1 为同步速度。

式（4-60）的待定系数 C_0、C_1、C_2、C_3、D_1、D_2、D_3、D_4 可通过不同区域间的边界条件解出，当假设初级铁心尺寸是无限长、无限宽、无限厚时，$C_3 D_3 D_4$ 为零。其边界条件如下：

(1) 区域 Ⅱ-1 与 Ⅱ-2 的边界：$z = d_1$

$$\begin{cases} A_{y,f,nk}^{\text{Ⅱ-1}} = A_{y,f,nk}^{\text{Ⅱ-2}} \\ \dfrac{1}{\mu_a} \dfrac{\partial A_{y,f,nk}^{\text{Ⅱ-1}}}{\partial z} = \dfrac{1}{\mu_0} \dfrac{\partial A_{y,f,nk}^{\text{Ⅱ-2}}}{\partial z} \end{cases} \quad (4\text{-}61)$$

(2) 区域 Ⅱ-2 与 Ⅲ 的边界：$z = d_1 + d_2$

$$\begin{cases} A_{y,f,nk}^{\text{Ⅱ-2}} = A_{y,f,nk}^{\text{Ⅲ}} \\ \dfrac{\partial A_{y,f,nk}^{\text{Ⅱ-2}}}{\partial z} = \dfrac{\partial A_{y,f,nk}^{\text{Ⅲ}}}{\partial z} \end{cases} \quad (4\text{-}62)$$

(3) 区域 Ⅲ 与 Ⅳ 的边界（当铁心尺寸无限时）：$z = d_1 + d_2 + g$

$$\frac{1}{\mu_0} \frac{\partial A_{y,f,nk}^{\text{Ⅲ}}}{\partial z} = j_{1y,f,nk} \quad (4\text{-}63)$$

当假设初级铁心尺寸是有限长时，边界条件增加式（4-64）和式（4-65）。

(4) 区域 Ⅲ 与 Ⅳ 的边界（当铁心尺寸有限时）：$z = d_1 + d_2 + g$

$$\begin{cases} A_{y,f,nk}^{\text{Ⅲ}} = A_{y,f,nk}^{\text{Ⅳ}} \\ \dfrac{1}{\mu_0} \dfrac{\partial A_{y,f,nk}^{\text{Ⅲ}}}{\partial z} = \dfrac{1}{\mu^{\text{Ⅳ}}(x,y)} \dfrac{\partial A_{y,f,nk}^{\text{Ⅳ}}}{\partial z} = j_{1y,f,nk} \end{cases} \quad (4\text{-}64)$$

(5) 区域 Ⅳ 与 Ⅴ 的边界（当铁心尺寸有限时）：$z = d_1 + d_2 + g + d_a$

$$\begin{cases} A_{y,f,nk}^{\text{Ⅳ}} = A_{y,f,nk}^{\text{Ⅴ}} \\ \dfrac{1}{\mu^{\text{Ⅳ}}(x,y)} \dfrac{\partial A_{y,f,nk}^{\text{Ⅳ}}}{\partial z} = \dfrac{1}{\mu_0} \dfrac{\partial A_{y,f,nk}^{\text{Ⅴ}}}{\partial z} \end{cases} \quad (4\text{-}65)$$

式（4-63）和式（4-65）的磁导率分布如图 4-7 所示，用傅里叶级数展开可得

$$\frac{1}{\mu^{\text{Ⅳ}}(x,y)} = \mu_a \sum_{n'=-\infty}^{+\infty} \gamma_{n'} \varepsilon^{-j(n'\pi/2L_1)x} \cdot \sum_{k'=-\infty}^{+\infty} \gamma_j \varepsilon^{-j(k'\pi/2h_2)y} \quad (4\text{-}66)$$

式中，$n' = 0, \pm 2, \pm 4, \cdots, \pm \infty$；$k' = 0, \pm 2, \pm 4, \cdots, \pm \infty$；

$$\begin{cases} \gamma_{n'} = -\dfrac{2}{n'\pi}\left(\dfrac{1}{\mu_0} - \dfrac{1}{\mu_a}\right) \sin \dfrac{n'\pi}{2L_1} \dfrac{L_a}{2} & n' \neq 0 \\ \gamma_{n'} = \gamma_{n'0} = \dfrac{1}{\mu_0} - \dfrac{L_a}{2L_1}\left(\dfrac{1}{\mu_0} - \dfrac{1}{\mu_a}\right) & n' = 0 \end{cases} \quad (4\text{-}67)$$

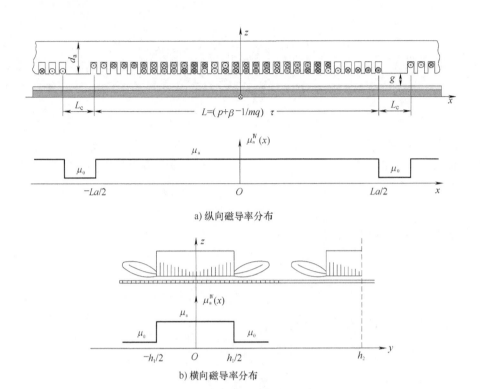

图 4-7 有限长度的直线感应电机初级

$$\begin{cases} \gamma_{k'} = -\dfrac{2}{k'\pi}\left(\dfrac{1}{\mu_0} - \dfrac{1}{\mu_a}\right)\sin\dfrac{k'\pi}{h_2}\dfrac{h}{2} & k' \neq 0 \\ \gamma_{k'} = \gamma_{k'0} = \dfrac{1}{\mu_0} - \dfrac{h}{h_2}\left(\dfrac{1}{\mu_0} - \dfrac{1}{\mu_a}\right) & k' = 0 \end{cases} \tag{4-68}$$

通过上述边界条件，待定系数 C_0、C_1、C_2、C_3、D_1、D_2、D_3、D_4 即可确定。但假设电机初级铁心有限长尺寸时，计算过程繁琐且在中低速电机计算时基本上结果差异不大[27]，故在后文中均采用初级铁心尺寸无限长、初级绕组有限长的假设来进行计算。根据定理 $\nabla \cdot A_{f,nk} = 0$，可得在 x 和 y 轴下标量磁位的解为

$$\begin{cases} A_{y,f,nk}^{\mathrm{II}\text{-}1} = \mu_a J_{1,f,nk} H_{f,nk}^{\mathrm{II}\text{-}1} \cos\dfrac{\pi}{h_{2k}} y \mathrm{e}^{\mathrm{j}\frac{\pi}{\tau_{1n}}(v_{1n}t - x)} \\ A_{x,f,nk}^{\mathrm{II}\text{-}1} = \mathrm{j}\mu_a \dfrac{\tau_{1n}}{\pi} J_{1,f,nk} \dfrac{\pi}{h_{2k}} H_{f,nk}^{\mathrm{II}\text{-}1} \sin\dfrac{\pi}{h_{2k}} y \mathrm{e}^{\mathrm{j}\frac{\pi}{\tau_{1n}}(v_{1n}t - x)} \\ A_{y,f,nk}^{\mathrm{II}\text{-}2} = \mu_0 J_{1,f,nk} H_{f,nk}^{\mathrm{II}\text{-}2} \cos\dfrac{\pi}{h_{2k}} y \mathrm{e}^{\mathrm{j}\frac{\pi}{\tau_{1n}}(v_{1n}t - x)} \\ A_{x,f,nk}^{\mathrm{II}\text{-}2} = \mathrm{j}\mu_0 \dfrac{\tau_{1n}}{\pi} J_{1,f,nk} \dfrac{\pi}{h_{2k}} H_{f,nk}^{\mathrm{II}\text{-}2} \sin\dfrac{\pi}{h_{2k}} y \mathrm{e}^{\mathrm{j}\frac{\pi}{\tau_{1n}}(v_{1n}t - x)} \\ A_{y,f,nk}^{\mathrm{III}} = \mu_0 J_{1,f,nk} H_{f,nk}^{\mathrm{III}} \cos\dfrac{\pi}{h_{2k}} y \mathrm{e}^{\mathrm{j}\frac{\pi}{\tau_{1n}}(v_{1n}t - x)} \\ A_{x,f,nk}^{\mathrm{III}} = \mathrm{j}\mu_0 \dfrac{\tau_{1n}}{\pi} J_{1,f,nk} \dfrac{\pi}{h_{2k}} H_{f,nk}^{\mathrm{III}} \sin\dfrac{\pi}{h_{2k}} y \mathrm{e}^{\mathrm{j}\frac{\pi}{\tau_{1n}}(v_{1n}t - x)} \end{cases} \tag{4-69}$$

式中

$$\begin{cases} H_{f,nk}^{\text{II-1}} = \dfrac{\mu_a K_1/\cosh(d_2K_1)\cosh(gK_2)}{\mu_0 K_0 \coth(d_1K_0)[K_1+K_2\tanh(d_2K_1)\tanh(gK_2)] - \mu_a K_1[K_1\tanh(d_2K_1)+K_2\tanh(gK_2)]} \\ H_{f,nk}^{\text{II-2}} = \dfrac{[\mu_0 K_0 \tanh(d_2K_1) - \mu_a K_1 \tanh(d_1K_0)]/\cosh(gK_2)}{\mu_0 K_0[K_1+K_2\tanh(d_2K_1)\tanh(gK_2)] - \mu_a K_1\tanh(d_1K_0)[K_1\tanh(d_2K_1)+K_2\tanh(gK_2)]} \\ H_{f,nk}^{\text{III}} = \dfrac{\mu_0 K_0[K_2\tanh(d_2K_1)+K_1\tanh(gK_2)] - \mu_a K_1 \tanh(d_1K_0)[K_1\tanh(d_2K_1)\tanh(gK_2)+K_2]}{\mu_0 K_0 K_2[K_2\tanh(d_2K_1)\tanh(gK_2)+K_1] - \mu_a K_1 K_2 \tanh(d_1K_0)[K_1\tanh(d_2K_1)+K_2\tanh(gK_2)]} \end{cases}$$

(4-70)

$A_{x,b,nk}^{\text{II-1}}$、$A_{x,b,nk}^{\text{II-2}}$ 和 $A_{x,b,nk}^{\text{III}}$ 可通过替换式（4-69）中的一些符号变量得到，例如：$(v_{1n}t-x)\to(v_{1n}t+x)$、$j\mu_0\to-j\mu_0$、$J_{1,f,nk}\to J_{1,b,nk}$、$K_{0,1}\to K_{0,1b}$、$H_{f,nk}^{\text{II}}\to H_{b,nk}^{\text{II}}$、$H_{f,nk}^{\text{III}}\to H_{b,nk}^{\text{III}}$；$H_{b,nk}^{\text{II}}$ 和 $H_{b,nk}^{\text{II}}$ 可通过用 $K_{0,1b}$ 替换 $K_{0,1}$ 得到，其定义为

$$\begin{cases} K_{0b} = \sqrt{\left(\dfrac{\pi}{\tau_{1n}}\right)^2 + \left(\dfrac{\pi}{h_{2k}}\right)^2 + j\sigma_{\text{ie}}\mu_a s_{bn} v_{1n}\dfrac{\pi}{\tau_{1n}}} \\ K_{1b} = \sqrt{\left(\dfrac{\pi}{\tau_{1n}}\right)^2 + \left(\dfrac{\pi}{h_{2k}}\right)^2 + j\sigma_{\text{Al}}\mu_0 s_{bn} v_{1n}\dfrac{\pi}{\tau_{1n}}} \\ s_{bn} = 1+(1-s)\tau/\tau_{1n} \end{cases}$$

(4-71)

另外，$A_{y,b,nk}^{\text{II-1}}$、$A_{y,b,nk}^{\text{II-2}}$ 和 $A_{y,b,nk}^{\text{III}}$ 可通过类似于求出 $A_{x,b,nk}^{\text{II-1}}$、$A_{x,b,nk}^{\text{II-2}}$ 和 $A_{x,b,nk}^{\text{III}}$ 替换方法得到。因此，在初级表面的气隙磁通密度 B_{x1}^{III}，B_{y1}^{III} 和 B_{z1}^{III} 分别为

$$\begin{cases} B_{x1}^{\text{III}} = \sum_{n=1}^{\infty}\sum_{k=1}^{\infty}\left[\left(-\dfrac{\partial A_{y,f,nk}^{\text{III}}}{\partial z}\right) \pm \left(-\dfrac{\partial A_{y,b,nk}^{\text{III}}}{\partial z}\right)\right] = -\mu_0 j_{1y} \\ B_{y1}^{\text{III}} = \sum_{n=1}^{\infty}\sum_{k=1}^{\infty}\left[\dfrac{\partial A_{x,f,nk}^{\text{III}}}{\partial z} \pm \dfrac{\partial A_{x,b,nk}^{\text{III}}}{\partial z}\right] = \mu_0 j_{1x} \\ B_{z1}^{\text{III}} = \sum_{n=1}^{\infty}\sum_{k=1}^{\infty}\left[\left(\dfrac{\partial A_{y,f,nk}^{\text{III}}}{\partial x} - \dfrac{\partial A_{x,f,nk}^{\text{III}}}{\partial y}\right) \pm \left(\dfrac{\partial A_{y,b,nk}^{\text{III}}}{\partial x} - \dfrac{\partial A_{x,b,nk}^{\text{III}}}{\partial y}\right)\right] \end{cases}$$

(4-72)

式中，偶数极电机取 + 号，奇数极电机取 − 号。

4.4.3 次级趋肤效应及铁轭饱和

趋肤效应和磁饱和对电机特性有较大的影响。对于初级铁心，在设计时往往把额定工作点设置在非磁饱和区间，通常不考虑其饱和。但对于次级，在长次级的应用前提下，增加导电层及次级铁轭厚度会导致建造成本过高，因此，铝板和铁轭厚度常会选择较为经济实用的尺寸。所以得出以下结论：①次级导电层和铁轭的趋肤效应，需要着重考虑；②在额定工况时，次级铁轭常接近于或达到磁饱和状态，所以需要把次级铁轭的磁导率进行非线性处理。

在计算铝板中的场渗透深度时，考虑行波磁场随着 x 轴方向（运动方向）对其影响。因此，在直线感应电机中的铝板的场渗透深度 δ_{Al} 为

$$\delta_{\text{Al}} = \text{Re}\left[\sqrt{(\pi/\tau)^2 + j2\pi sf_1\mu_0\sigma_{\text{Al}}}\,\right]^{-1} \tag{4-73}$$

可求出铝板中的趋肤效应修正系数 $k_{\text{skin\_Al}}$ 为

$$k_{\text{skin\_Al}} = \frac{d_2}{\delta_{\text{Al}}} \frac{\sinh(2d_2/\delta_{\text{Al}}) + \sin(2d_2/\delta_{\text{Al}})}{\cosh(2d_2/\delta_{\text{Al}}) - \cos(2d_2/\delta_{\text{Al}})} \tag{4-74}$$

类似于式（4-72），次级铁轭中的场渗透深度 δ_i 为

$$\delta_i = \text{Re}\left[\sqrt{(\pi/\tau)^2 + j2\pi s f_1 \mu_i \sigma_{ie}}\right]^{-1} \tag{4-75}$$

式中，μ_i 为次级铁轭的平均磁导率。

故可求出铁轭中的趋肤效应修正系数 $k_{\text{skin\_iron}}$ 为

$$k_{\text{skin\_iron}} = \frac{d_1}{\delta_i} \frac{\sinh(2d_1/\delta_i) + \sin(2d_1/\delta_i)}{\cosh(2d_1/\delta_i) - \cos(2d_1/\delta_i)} \tag{4-76}$$

由于次级铁轭常工作于磁饱和状态，考虑其磁饱和修正系数 k_{si} 为

$$k_{si} = \frac{\mu_0}{\mu_i \delta_i g_e k_C (\pi/\tau_1)^2} \tag{4-77}$$

式中，k_C 为卡氏系数；μ_i 为次级铁轭的平均磁导率。

在实际计算中，由于 μ_i 不是一个恒定的值，为了提高计算精度可使用迭代算法来计算出不同工况下次级铁轭的磁导率[29]。

4.4.4 不同次级拓扑结构

在上一节的分析中，次级结构都默认为整体平板式的，如图4-8a所示，然而这种整体铁轭结构在运用中存在涡流损耗较大的缺点。为了较少铁轭中的涡流损耗，铁轭可做成叠片式结构，如图4-8b所示。该结构类似于初级铁心的叠片，能够有效减小铁轭中的涡流损耗。在计算中，可等效认为这种叠片铁轭减小了其自身的电导率，该修正系数的定义为

$$k_{\text{tri}} \approx \frac{1 - \dfrac{\tanh\left(\pi \dfrac{h_2}{2\tau_1}\right)}{\pi \dfrac{h_2}{2\tau_1}}}{1 - \dfrac{\tanh\left(\dfrac{i\pi h_2}{2\tau_1}\right)}{\dfrac{i\pi h_2}{2\tau_1}}} \tag{4-78}$$

式中，i 为次级铁轭的叠片个数。

从式（4-78）可知，复合次级中叠片式铁轭的电导率 σ_{Fe} 可通过除以 k_{tri}（>1）来修正。除了叠片式铁轭的运用外，由于帽型次级结构（见图4-8c、d）能够有效减小边缘效应的影响，其也被大量应用在直线牵引电机的次级结构中。在解析计算中，可被认为减小次级的等效电阻，该修正系数的定义为[17]

$$k_{\text{cap}} = \frac{1 - \dfrac{\tanh \dfrac{\pi h_4}{2\tau}}{\dfrac{\pi h_4}{2\tau}}\left(1 + k_t \tanh \dfrac{\pi h_4}{2\tau} \tanh \dfrac{\pi h_3}{\tau}\right)}{1 - 2\tau \dfrac{\tanh \dfrac{\pi h_4}{2\tau}}{\dfrac{\pi h_4}{2\tau}}} \tag{4-79}$$

第 4 章 基于"场"的直线感应电机特性分析

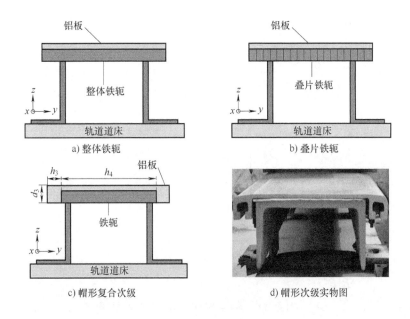

图 4-8 常见复合次级结构

式中，$k_t \approx 1 + 1.3(d_3 - d_2)/d_2$，其中 d_2 和 d_3 分别是铝板和铁轭的厚度；h_3 和 h_4 分别是铝板帽和铁轭的宽度。

从式（4-79）可知，复合次级中导电层（文中所使用铝板）的电导率 σ_{Al} 可通过乘以 k_{cap}（>1）来修正。除了上述两种较为常见的铁轭和铝板结构外，还有格栅型、斜槽和 V 型槽也被应用在直线感应电机中[32-33]，用于提升电机的性能和降低推力波动。

4.4.5 直线感应电机三维力特性与转矩分析

本节在前几节求得电磁场量分布的基础上，利用麦克斯韦张量法来计算电机的推力、法向力和侧向力。在此基础上，分析由于三维电磁力分布不均导致的转矩。

麦克斯韦张力张量为

$$\boldsymbol{T} = \begin{vmatrix} B_x H_x - \dfrac{1}{2}BH & B_x H_y & B_x H_z \\ B_y H_x & B_y H_y - \dfrac{1}{2}BH & B_y H_z \\ B_z H_x & B_z H_y & B_z H_z - \dfrac{1}{2}BH \end{vmatrix} \quad (4\text{-}80)$$

式中，B_x、B_y、B_z 为 $\boldsymbol{B}$ 矢量的各坐标分量；H_x、H_y、H_z 为 $\boldsymbol{H}$ 矢量的各位分量；B 和 H 分别为 $\boldsymbol{B}$ 和 $\boldsymbol{H}$ 矢量的值，则有

$$\begin{cases} B = |\boldsymbol{B}| = \sqrt{B_x^2 + B_y^2 + B_z^2} \\ H = |\boldsymbol{H}| = \sqrt{H_x^2 + H_y^2 + H_z^2} \end{cases} \quad (4\text{-}81)$$

将 $\boldsymbol{H} = \boldsymbol{B}/\mu$ 及式（4-81）代入式（4-80）可得

$$T = \frac{1}{\mu} \begin{vmatrix} \frac{1}{2}B_x^2 - \frac{1}{2}B_y^2 - \frac{1}{2}B_z^2 & B_x B_y & B_x B_z \\ B_x B_y & \frac{1}{2}B_y^2 - \frac{1}{2}B_x^2 - \frac{1}{2}B_z^2 & B_y B_z \\ B_x B_z & B_y B_z & \frac{1}{2}B_z^2 - \frac{1}{2}B_x^2 - \frac{1}{2}B_z^2 \end{vmatrix} \tag{4-82}$$

根据

$$\begin{cases} |B_x|^2 = B_x B_x^* \\ |B_y|^2 = B_y B_y^* \\ |B_z|^2 = B_z B_z^* \end{cases} \tag{4-83}$$

可得

$$T = \mathrm{Re}\left(\frac{1}{4\mu} \begin{vmatrix} B_x B_x^* - B_y B_y^* - B_z B_z^* & 2B_x B_y^* & 2B_x B_z^* \\ 2B_x B_y^* & B_y B_y^* - B_x B_x^* - B_z B_z^* & 2B_y B_z^* \\ 2B_x B_z^* & 2B_y B_z^* & B_z B_z^* - B_y B_y^* - B_x B_x^* \end{vmatrix} \right) \tag{4-84}$$

式（4-84）与式（4-82）相差 1/2 是因为使用的是幅值相量。另外，式中两变量相乘，共轭取在前或后只影响虚部，不影响实部，故对结果没有影响。

设 P 表示初/次级之间的一个截面，则作用在 P 平面上的电磁力为

$$F = \int_P T \cdot \mathrm{d}P \tag{4-85}$$

考虑初级的受力，从初级看 P 平面的外法线方向为 e_z，即由初级指向次级，故

$$\mathrm{d}P = \begin{bmatrix} 0 \\ 0 \\ \mathrm{d}x\mathrm{d}y \end{bmatrix} \tag{4-86}$$

故式（4-85）可变换为

$$\begin{aligned} F &= F_x e_x + F_y e_y + F_z e_z \\ &= \mathrm{Re}\left(\frac{1}{4\mu_0} \begin{vmatrix} B_x B_x^* - B_y B_y^* - B_z B_z^* & 2B_x B_y^* & 2B_x B_z^* \\ 2B_x B_y^* & B_y B_y^* - B_x B_x^* - B_z B_z^* & 2B_y B_z^* \\ 2B_x B_z^* & 2B_y B_z^* & B_z B_z^* - B_y B_y^* - B_x B_x^* \end{vmatrix} \begin{bmatrix} 0 \\ 0 \\ \mathrm{d}x\mathrm{d}y \end{bmatrix} \right) \\ &= \frac{1}{4\mu_0} \mathrm{Re}\left(\iint \begin{bmatrix} 2B_x B_z^* \\ 2B_y B_z^* \\ B_z B_z^* - B_y B_y^* - B_x B_x^* \end{bmatrix} \mathrm{d}x\mathrm{d}y \right) \end{aligned} \tag{4-87}$$

展开成各分量形式，可得

$$F_x = \int_{-h_2/2}^{h_2/2} \int_{-L_1/2}^{L_1/2} \mathrm{Re}\left(\frac{1}{2\mu_0} B_{z1}^{\mathrm{III}} B_{x1}^{*\,\mathrm{III}} \right) \mathrm{d}x\mathrm{d}y \tag{4-88}$$

$$F_y = \int_{-h_2/2}^{h_2/2} \int_{-L_1/2}^{L_1/2} \mathrm{Re}\left(\frac{1}{2\mu_0} B_{y1}^{\mathrm{III}} B_{z1}^{*\,\mathrm{III}} \right) \mathrm{d}x\mathrm{d}y \tag{4-89}$$

$$F_z = \int_{-h_2/2}^{h_2/2} \int_{-L_1/2}^{L_1/2} \frac{1}{2} \mathrm{Re}\left(\frac{1}{2\mu_0} B_{z1}^{\mathrm{III}} B_{z1}^{*\,\mathrm{III}} - \frac{1}{2\mu_0} B_{x1}^{\mathrm{III}} B_{x1}^{*\,\mathrm{III}} - \frac{1}{2\mu_0} B_{y1}^{\mathrm{III}} B_{y1}^{*\,\mathrm{III}} \right) \mathrm{d}x\mathrm{d}y \tag{4-90}$$

在复合次级的直线感应电机中，次级涡流通常由铝板涡流和铁轭涡流构成。分布在铝板或者铁轭上的涡流的面电流密度可通过磁位矢量来求出。令次级铝板上的涡流矢量面电流密度为 $\boldsymbol{j}_2 = (j_{2x}, j_{2y}, 0)$（$A/m^2$），可由磁位矢量求得

$$\begin{cases} j_{2x} = -\sigma_{Al}\left[\left(\dfrac{\partial A_{x,f,nk}^{II\text{-}2}}{\partial t} + v_2\dfrac{\partial A_{x,f,nk}^{II\text{-}2}}{\partial x}\right) \pm \left(\dfrac{\partial A_{y,b,nk}^{II\text{-}2}}{\partial t} + v_2\dfrac{\partial A_{y,b,nk}^{II\text{-}2}}{\partial x}\right)\right] \\ j_{2y} = -\sigma_{Al}\left[\left(\dfrac{\partial A_{y,f,nk}^{II\text{-}2}}{\partial t} + v_2\dfrac{\partial A_{y,f,nk}^{II\text{-}2}}{\partial x}\right) \pm \left(\dfrac{\partial A_{y,b,nk}^{II\text{-}2}}{\partial t} + v_2\dfrac{\partial A_{y,b,nk}^{II\text{-}2}}{\partial x}\right)\right] \end{cases} \quad (4\text{-}91)$$

另外，铁轭上的涡流面电流密度 $\boldsymbol{j}_3$ 可通过上式的一些符号变量替换求出，例如：$\sigma_{Al} \to \sigma_i$、$A_x^{II\text{-}2} \to A_x^{II\text{-}1}$ 和 $A_y^{II\text{-}2} \to A_y^{II\text{-}1}$。

同样，次级的总损耗由铝板的涡流损耗和铁轭中的损耗构成。令次级总损耗为 P_{Se}，则其定义为

$$\begin{cases} P_{Se} = P_{Eddy1} + P_{Fe2} \\ P_{Eddy1} = \dfrac{1}{2}\left[\int_{-h_2/2}^{h_2/2}\int_{-L_2/2}^{L_2/2}\left(\dfrac{j_{2y}j_{2y}^*}{\sigma_{Al}}d_2 + \dfrac{j_{2x}j_{2x}^*}{\sigma_{Al}}d_2\right)dxdy\right] \\ P_{Fe2} = P_{h2} + P_{Eddy2} + P_{ex} \\ P_{Eddy2} = \dfrac{1}{2}\left[\int_{-h_2/2}^{h_2/2}\int_{-L_2/2}^{L_2/2}\left(\dfrac{j_{3y}j_{3y}^*}{\sigma_i}d_1 + \dfrac{j_{3x}j_{3x}^*}{\sigma_i}d_1\right)dxdy\right] \end{cases} \quad (4\text{-}92)$$

式中，P_{Eddy1} 和 P_{Eddy2} 分别是铝板和铁轭中的涡流损耗；P_{h2} 和 P_{ex} 分别是铁轭中的磁滞损耗和附加损耗，具体计算可参考相关文献[31]。

最后，可得到电机的效率 η 和总损耗为

$$\eta = \dfrac{F_x(1-s)v_1}{F_x(1-s)v_1 + P_\Sigma} \quad (4\text{-}93)$$

$$P_\Sigma = P_{Ac} + P_{Fe1} + P_{Eddy1} + P_{Fe2} + P_{Fw} + P_{Sl} \quad (4\text{-}94)$$

式中，P_{Ac} 为初级绕组交流损耗；P_{Fe1} 为初级铁心损耗；P_{Fw} 为电机内的机械损耗；P_{Sl} 为电机内的杂散损耗。

在初级横向偏移的情况下，法向力和推力在 x 方向和 y 方向的分布不均匀。法向力和推力在 x 方向和 y 方向分布可表达为

$$\begin{cases} f_z(x) = \int_{-(h_2/2-\Delta y)}^{h_2/2+\Delta y} \dfrac{1}{2}\text{Re}\left(\dfrac{1}{2\mu_0}B_{z1}^{III}B_{z1}^{*III} - \dfrac{1}{2\mu_0}B_{x1}^{III}B_{x1}^{*III} - \dfrac{1}{2\mu_0}B_{y1}^{III}B_{y1}^{*III}\right)dy \\ f_z(y) = \int_{-L/2}^{L/2} \dfrac{1}{2}\text{Re}\left(\dfrac{1}{2\mu_0}B_{z1}^{III}B_{z1}^{*III} - \dfrac{1}{2\mu_0}B_{x1}^{III}B_{x1}^{*III} - \dfrac{1}{2\mu_0}B_{y1}^{III}B_{y1}^{*III}\right)dx \\ f_x(y) = \dfrac{1}{2}\int_{-L_1/2}^{L_1/2}\text{Re}\left(\dfrac{1}{2\mu_0}B_{y1}^{III}B_{z1}^{*III}\right)dx \end{cases} \quad (4\text{-}95)$$

因此，如图4-9所示，直线电机在 xy、xz 和 yz 上产生转矩，表达式如下：

$$\begin{cases} T_{yz} = \int_{-(h_2/2-\Delta y)}^{h_2/2+\Delta y} yF_z(y)dy \\ T_{xz} = \int_{-L/2}^{L/2} xF_z(x)dx \\ T_{xy} = \int_{-(h_2/2-\Delta y)}^{h_2/2+\Delta y} yF_x(y)dy \end{cases} \quad (4\text{-}96)$$

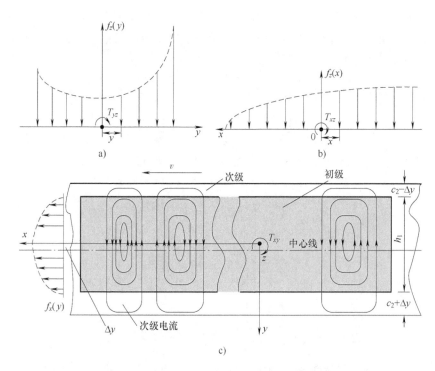

图 4-9 法向力和推力在 xy、xz 和 yz 上的转矩

4.5 直线感应电机有限元法建模与特性计算

直线感应电机在进行有限元法建模和分析时,通常应用二维和三维模型。本节主要介绍该电机有限元法涉及到的二维和三维涡流场通用模型,为使用有限元软件进行建模和分析提供理论的基础。

4.5.1 二维涡流场通用模型

求解直线感应电机中电磁场问题的目的,是在给定激励源和求解区域结构的条件下求出电磁场的空间分布和时间变化,为此需要计算一个有关的偏微分方程定解问题,数学表述包括:

(1) 在求解区域内成立的电磁场控制方程。
(2) 在区域边界上恰当给定的边界条件。
(3) 对于瞬态问题,还应包括区域内各点待求场量的初始值。

为了列出控制方程,首先应当确定方程中的待求未知函数。麦克斯韦方程组是电磁场性质的一般描述,但如果直接用这一方程组作为控制方程,由于第一和第二方程均为矢量方程(一个矢量方程包含 3 个标量方程),并且分别含有不同的场矢量从而需要联立求解,因此在数值计算中将会造成未知量过多,代数方程组过于庞大的状况。为了减少未知数的个数从而减少计算规模,通常可以引入辅助计算的函数——电位和(或)磁位作为控制方程中的未知函数。对于二维分析,应用位函数列出的方程比较简单,而三维计算时情况则要复杂得多。

首先考察二维情况。当所研究区域内的源电流方向是沿某一固定方向（一般取为直角坐标的 y 轴方向），且区域内的几何、物理参数沿该方向均无变化时，问题就可简化为平行平面场，此时选用矢量磁位作为未知函数计算磁场与涡流问题最为方便。由于磁感应强度 B 的无散性，即

$$\nabla \cdot B = 0 \tag{4-97}$$

可以定义一个新的矢量函数 A，令

$$\nabla \times A = B \tag{4-98}$$

显然式（4-97）与式（4-98）相容，因为旋度场的散度为零。A 称为矢量磁位，在上面所述的平行平面场中，设矢量磁位和电流密度只有 z 轴方向分量，即

$$A = jA_y \tag{4-99}$$

$$J = jJ_y \tag{4-100}$$

将式（4-98）代入麦克斯韦第一方程，忽略位移电流项，并考虑式（4-99）和式（4-100），在直角坐标系中可以得到

$$\frac{\partial}{\partial x}\left(v\frac{\partial A_y}{\partial x}\right) + \frac{\partial}{\partial y}\left(v\frac{\partial A_y}{\partial y}\right) = -J_y \tag{4-101}$$

式中，v 为磁阻率，$v = \dfrac{1}{\mu}$。

对于静磁场，电流密度为已知的原电流密度 J_{yp}，对应的场方程为

$$\frac{\partial}{\partial x}\left(v\frac{\partial A_y}{\partial x}\right) + \frac{\partial}{\partial y}\left(v\frac{\partial A_y}{\partial y}\right) = -J_{yp} \tag{4-102}$$

对于涡流场，电流密度 J_y 可以看作两个部分之和

$$J_y = J_{yp} + J_{ys} \tag{4-103}$$

式中，J_{ys} 为由磁场变化在导电材料中感应的涡流密度。

在许多工程问题中，源电流区可以不计涡流引起的趋肤效应（例如源区由多匝线圈组成的情况）而只存在源电流密度，涡流区则不存在源电流而只有涡流密度，此时场方程可看作式（4-102）和式（4-103）的联立

$$\begin{cases} \dfrac{\partial}{\partial x}\left(v\dfrac{\partial A_y}{\partial x}\right) + \dfrac{\partial}{\partial y}\left(v\dfrac{\partial A_y}{\partial y}\right) = -J_{yp} \\ \dfrac{\partial}{\partial x}\left(v\dfrac{\partial A_y}{\partial x}\right) + \dfrac{\partial}{\partial y}\left(v\dfrac{\partial A_y}{\partial y}\right) = -J_{ys} \end{cases} \tag{4-104}$$

涡流密度 J_{ys} 是未知的，它可以用矢量磁位来表达，为此可利用麦克斯韦第二方程。利用式（4-108），同时考虑到时间导数和旋度的运算顺序可以交换，可得出

$$\nabla \times \left(E + \frac{\partial A}{\partial t}\right) = 0 \tag{4-105}$$

上式括号中的两项之和构成一个无旋的矢量场。由于无旋场可以表示成一个标量函数的梯度，因此可推出

$$E = -\frac{\partial A}{\partial t} - \nabla \phi \tag{4-106}$$

ϕ 称为标量电位，可以看作静电场中定义的标量电位在涡流场情况下的推广。在二维场中，$\nabla \phi = (\nabla \phi)_z$，因为 ϕ 沿 z 轴无变化，因而 $(\nabla \phi)_z = \frac{\partial \phi}{\partial z} = 0$，标量磁位可以消去；又 $J = \sigma E$，于是式（4-101）和式（4-104）可统一写为

$$\frac{\partial}{\partial x}\left(v \frac{\partial A_y}{\partial x}\right) + \frac{\partial}{\partial y}\left(v \frac{\partial A_y}{\partial y}\right) = \sigma \frac{\partial A_y}{\partial t} - J_{yp} \tag{4-107}$$

在有限元计算中，σ 和 J_{yp} 通常按分区常数给出。方程式（4-107）加上适当的边界条件和初始条件，即构成二维平行平面涡流场定解问题。求得其解答后，可方便地计算 B 和 J_y 为

$$B = \nabla \times A = \nabla \times (jA_y) = iB_x + kB_z \tag{4-108}$$

$$J_y = J_{ys} + J_{yp} = -\sigma \frac{\partial A_y}{\partial t} + J_{yp} \tag{4-109}$$

综上所述，二维涡流场（也包括轴对称场在内）分析的特点是：

(1) A 和 J 只存在一个分量，B 只含两个分量。

(2) J 和 B 的耦合关系仅用一个标量函数（对于平行平面场为 A_z 对于轴对称场为 A_β）就可以联系起来。

4.5.2 二维涡流场离散电磁模型与电机特性计算

根据涡流场的通用模型，对直线感应电机中的二维涡流场离散电磁模型作如下假设：

(1) 电机初级铁心和次级铁轭的 B-H 曲线是非线性分布的。

(2) 次级铝板和铁轭中均存在涡流效应，次级铁轭中的电导率为固定值。

在求解区域磁场及次级涡流的基本方程可写成下列形式：

$$\begin{cases} \dfrac{\partial}{\partial x}\left(\dfrac{1}{\mu_i} \dfrac{\partial A_{iy}}{\partial x}\right) + \dfrac{\partial}{\partial z}\left(\dfrac{1}{\mu_i} \dfrac{\partial A_{iy}}{\partial z}\right) = -J_{py,i} - J_{sy,i} \\ \sigma_i \left[-\dfrac{\partial A_{iy}}{\partial t} + v \times (\nabla \times A_{iy}) \right] = J_{sy,i} \end{cases} \tag{4-110}$$

式中，v、A、μ、σ、J_p、J_s 分别是电机速度、矢量磁位、磁导率、电导率、初级电流密度和次级电流密度；下标 x，z，i 分别代表着 xz 分量和求解区域编号。

在每个求解区域，各参数的赋值如下：

$$\begin{cases} \text{区域 1}: J_{p,i} = 0, J_{s,i} = 0, \sigma_i = 0, \mu_i = \mu_{\text{Core}} \\ \text{区域 2}: J_{s,i} = 0, \sigma_i = \sigma_{\text{Cu}}, \mu_i = \mu_0 \\ \text{区域 3}: J_{p,i} = 0, J_{s,i} = 0, \sigma_i = 0, \mu_i = \mu_0 \\ \text{区域 4}: J_{p,i} = 0, \mu_i = \mu_{\text{Al}}, \sigma_i = \sigma_{\text{Al}} \\ \text{区域 5}: J_{p,i} = 0, \mu_i = \mu_{\text{Iron}}, \sigma_i = \sigma_{\text{Fe}} \end{cases} \tag{4-111}$$

式中，μ_{Core}、μ_{Iron} 和 μ_0 分别为初级铁心、次级被铁和真空磁导率；σ_{Al}、σ_{Fe} 和 σ_{Cu} 分别为次级铝板、次级铁轭和初级绕组的电导率。

在不同材料边界应用诺埃曼边界条件，有限元解边界由下式所示：

$$A = 0, B = 0 \tag{4-112}$$

式（4-110）~式（4-112）可通过牛顿-拉夫逊方法进行求解，磁通密度的 xz 分量可通过 $\boldsymbol{B}=\nabla\times\boldsymbol{A}$ 解出。然后，推力和法向力能够通过虚位移的方法求得

$$\begin{cases} F_x = \dfrac{\partial W_\mathrm{m}}{\partial x} = \dfrac{\partial}{\partial x}\Big[\sum_{j=1}^m \dfrac{1}{2\mu_j}(B_{xj}^2+B_{zj}^2)\cdot V_j\Big] \\ F_z = \dfrac{\partial W_\mathrm{m}}{\partial z} = \dfrac{\partial}{\partial z}\Big[\sum_{j=1}^m \dfrac{1}{2\mu_j}(B_{xj}^2+B_{zj}^2)\cdot V_j\Big] \end{cases} \quad (4\text{-}113)$$

式中，W_m 为直线感应电机中的磁能；B_{xj} 和 B_{zj} 分别是在剖分格 j 中 xz 3 个分量的磁场密度；m 为电机求解区域剖分格总个数；μ_j 为每个剖分格 j 中的磁导率。

4.5.3 三维涡流场通用模型

对于三维涡流分析，$\boldsymbol{B}$ 和 $\boldsymbol{J}$ 都各有 3 个分量。直接用 $\boldsymbol{B}$、$\boldsymbol{J}$ 求解，需要 6 个未知函数。若用矢量磁位求解，则标量电位一般不能消去。因此，三维涡流计算数学模型的表述相当重要。为了缩小计算规模，研究者们选用了不同的矢量位与标量位，组成各种电磁位对作为待求函数，使三维涡流场控制方程的表述呈现多样性。

运用有限元法求解电磁场问题，需要对所研究的场域进行剖分。三维场的剖分要采用立体单元而不是平面单元，从而使节点数、单元数和网格剖分的工作量增大。一个实际工程问题的三维分析需要上万个甚至更多的节点和单元，人工形成网格数据事实上是行不通的，必须编制网格自动生成软件。此外，电磁场分析的结果是数量庞大的数据，为了检查和分析计算结果，需要用图形显示场量的三维分布。

与二维场相比，三维涡流场的计算需要庞大的存储量和冗长的计算时间。这不仅是因为在涡流区每个节点上的自由度（亦即未知数的个数）一般要从 1 个增加到 4 个，使总的未知数个数增加，从而使离散化得到的代数方程组阶数相应增加；而且由于立体单元剖分所引起的相关单元和相关节点的增多，使方程组系数矩阵中的非零元素和带宽大大增加。在二维场计算中行之有效的代数方程组解法，例如变带宽压缩存储的高斯消去法，LDL^T 分解法等，在三维分析中已不适用。与之相应地，发展了一些新的解算方法。

在三维涡流分析中，通常将所研究的场域分成涡流区和非涡流区两部分。在涡流区，对电场和磁场都需要描述；在非涡流区，只需要描述磁场。针对这一特点，可以选择适当的电磁位对列出场的控制方程。在具体问题的计算中，电磁位对的选择主要考虑以下因素：

（1）在网格密度相同的条件下，怎样使总的未知数个数减少。
（2）源电流项的引入是否方便。
（3）导体与非导体交界面条件的处理是否容易。
（4）能不能计算多连域导体问题。
（5）手中已有何种现成的基础软件。

现将目前在节点有限元法中较多选用的电磁位对与相应的涡流场控制方程表述列在表 4-1 中。概括起来，表中所列的方法可分为两大类，即 A 法和 T 法。无论哪种方法，为了完成场方程的表述，通常在涡流区需要矢量位与标量位的组合；在非涡流区则只需要矢量位或标量位。

表 4-1 常用电磁位对与相应的涡流场控制方程

编号	电磁位对	场 方 程		优点	缺点	备注
		涡流区	非涡流区			
1	A, φ $-\varphi(\varphi$为标量磁位$)$	$\nu \nabla \times \nabla \times A - \nu \nabla(\nabla \cdot A) + \sigma\left(\dfrac{\partial A}{\partial t} + \nabla \phi\right) = 0$ $\nabla \cdot \sigma\left(-\dfrac{\partial A}{\partial t} - \nabla \phi\right) = 0$ $B = \nabla \times A$ $E = -\dfrac{\partial A}{\partial t} - \nabla \phi (*)$	$\nabla \cdot (-\mu \nabla \varphi) = 0$ $H = -\nabla \varphi$	未知数总是少；源电流项容易处理；适用多连续导体	离散化方程含耦合面积分项，需要特殊处理；ICCG迭代时收敛较慢	将源电流归入涡流区，令其中 $\sigma = 0$；$(*)$式在除源区以外的涡流区成立
2	$T, \varphi-\varphi$	$\nabla \times \rho \nabla \times T - \nabla \rho \nabla \cdot T +$ $\mu \dfrac{\partial T}{\partial t} - \mu \nabla \dfrac{\partial \varphi}{\partial t} = -\mu \dfrac{\partial H_s}{\partial t}$ $\nabla \cdot (uT - \mu \nabla \varphi) = -\nabla \mu H_s$ $J = \nabla \times T$ $H = H_s + T - \nabla \varphi$ $H_s = \dfrac{1}{4\pi} \int_{\Omega_s} \dfrac{J_s \times r}{r^3} \mathrm{d}\Omega$	$\nabla \cdot \mu \nabla \varphi = \nabla \cdot \mu H_s$ $H = H_s - \nabla \varphi$ $H_s = \dfrac{1}{4\pi} \int_{\Omega_s} \dfrac{J_s \times r}{r^3} \mathrm{d}\Omega$	未知数总数少	导体表面上 $T_t = 0$ 为强加条件；对多连域导体需要特殊处理；需要预先用数值积分法计算源电流相应项	

4.5.4 三维涡流场离散电磁模型与电机特性计算

根据涡流场的通用模型，与二维有限元分析模型类似，可对在直线感应电机中的三维涡流场离散电磁模型作如下假设：

(1) 电机初级铁心和次级铁轭的 B-H 曲线是非线性分布的。

(2) 次级铝板和铁轭中均存在涡流效应，次级铁轭中的电导率为固定值。

求解区域磁场及次级涡流的基本方程可写成下列形式：

$$\begin{cases} \dfrac{\partial}{\partial x}\left(\dfrac{1}{\mu_i}\dfrac{\partial A_{ix}}{\partial x}\right) + \dfrac{\partial}{\partial y}\left(\dfrac{1}{\mu_i}\dfrac{\partial A_{ix}}{\partial y}\right) + \dfrac{\partial}{\partial z}\left(\dfrac{1}{\mu_i}\dfrac{\partial A_{ix}}{\partial z}\right) = -J_{px,i} - J_{sx,i} \\ \dfrac{\partial}{\partial x}\left(\dfrac{1}{\mu_i}\dfrac{\partial A_{iy}}{\partial x}\right) + \dfrac{\partial}{\partial y}\left(\dfrac{1}{\mu_i}\dfrac{\partial A_{iy}}{\partial y}\right) + \dfrac{\partial}{\partial z}\left(\dfrac{1}{\mu_i}\dfrac{\partial A_{iy}}{\partial z}\right) = -J_{py,i} - J_{sy,i} \\ \dfrac{\partial}{\partial x}\left(\dfrac{1}{\mu_i}\dfrac{\partial A_{iz}}{\partial x}\right) + \dfrac{\partial}{\partial y}\left(\dfrac{1}{\mu_i}\dfrac{\partial A_{iz}}{\partial y}\right) + \dfrac{\partial}{\partial z}\left(\dfrac{1}{\mu_i}\dfrac{\partial A_{iz}}{\partial z}\right) = -J_{pz,i} - J_{sz,i} \\ \sigma_i\left[-\dfrac{\partial A_{ix}}{\partial t} + v \times (\nabla \times A_{ix})\right] = J_{sx,i} \\ \sigma_i\left[-\dfrac{\partial A_{iy}}{\partial t} + v \times (\nabla \times A_{iy})\right] = J_{sy,i} \\ \sigma_i\left[-\dfrac{\partial A_{iz}}{\partial t} + v \times (\nabla \times A_{iz})\right] = J_{sz,i} \end{cases} \quad (4\text{-}114)$$

式中，v、A、μ、σ、J_p、J_s 分别是电机速度、矢量磁位、磁导率、电导率、初级电流密度和次级电流密度；下标 x、y、z、i 分别代表着 x、y、z 分量和求解区域编号。

在每个求解区域，各参数的赋值如下：

$$\begin{cases} \text{区域}1: J_{p,i}=0, J_{s,i}=0, \sigma_i=0, \mu_i=\mu_{\text{Core}} \\ \text{区域}2: J_{s,i}=0, \sigma_i=\sigma_{\text{Cu}}, \mu_i=\mu_0 \\ \text{区域}3: J_{p,i}=0, J_{s,i}=0, \sigma_i=0, \mu_i=\mu_0 \\ \text{区域}4: J_{p,i}=0, \mu_i=\mu_{\text{Al}}, \sigma_i=\sigma_{\text{Al}} \\ \text{区域}5: J_{p,i}=0, \mu_i=\mu_{\text{Iron}}, \sigma_i=\sigma_{\text{Fe}} \end{cases} \quad (4\text{-}115)$$

式中，μ_{Core}、μ_{Iron} 和 μ_0 分别为初级铁心、次级背铁和真空磁导率；σ_{Al}、σ_{Fe} 和 σ_{Cu} 分别为次级铝板、次级铁轭和初级绕组的电导率。

式（4-115）可通过牛顿-拉夫逊方法进行求解，磁通密度的 x、y、z 分量可通过 $\boldsymbol{B} = \nabla \times \boldsymbol{A}$ 解出。然后，推力和法向力能够通过虚位移的方法求得：

$$\begin{cases} F_x = \dfrac{\partial W_m}{\partial x} = \dfrac{\partial}{\partial x}\Big[\sum_{j=1}^{m}\dfrac{1}{2\mu_j}(B_{xj}^2+B_{yj}^2+B_{zj}^2)\cdot V_j\Big] \\ F_y = \dfrac{\partial W_m}{\partial \Delta y} = \dfrac{\partial}{\partial \Delta y}\Big[\sum_{j=1}^{m}\dfrac{1}{2\mu_j}(B_{xj}^2+B_{yj}^2+B_{zj}^2)\cdot V_j\Big] \\ F_z = \dfrac{\partial W_m}{\partial z} = \dfrac{\partial}{\partial z}\Big[\sum_{j=1}^{m}\dfrac{1}{2\mu_j}(B_{xj}^2+B_{yj}^2+B_{zj}^2)\cdot V_j\Big] \end{cases} \quad (4\text{-}116)$$

式中，W_m 为直线感应电机中的磁能；B_{xj}、B_{yj} 和 B_{zj} 分别是在剖分格 j 中 x、y、z 3 个分量的磁场密度；m 为电机求解区域剖分格总个数；μ_j 为每个剖分格 j 中的磁导率。

次级铝板、次级铁板损耗分别为

$$\begin{cases} P_{\text{Al}} = \dfrac{1}{\sigma_{\text{Al}}}\sum_{j=1}^{m} J_{s,4}^2 V_j \\ P_{\text{Fe}} = \dfrac{1}{\sigma_{\text{Al}}}\sum_{j=1}^{m}\big[(k_h f B_{mj}^2)+(k_{cf} f^2 B_{mj}^2)+(k_e f^{1.5} B_{mj}^{1.5})\big] V_j \end{cases}$$

式中，k_h，k_{cf}，k_e 分别是磁滞损耗系数、涡流损耗系数和附加损耗系数。

4.6 参考文献

[1] LAITHWAITE E R. Induction machines for special purposes [M]. London：Newnes, 1966.
[2] YAMAMURA S. Theory of linear induction motors [M]. 2nd Edition. New Jersey：John Wiley & Sons, 1978.
[3] 上海工业大学，上海电机厂. 直线异步电动机 [M]. 北京：机械工业出版社, 1979.
[4] POLOUJADOIF M. The theory of linear induction machinery [M]. Oxford：Clarendon, 1980.
[5] BOLDEA I, NASER S A. Linear motion electromagnetic systems [M]. New York：John Wiley & Sons, 1985.
[6] GIERAS J F. Linear induction drives [M]. Oxford：Clarendon, 1994.
[7] BOLDEA I. Linear electric machines, drives, and maglevs handbook [M]. Boca Raton, Florida：CRC Press, 2013.
[8] RUSSELL R L, NORSWORTHY K H. Eddy currents and wall losses in screened-rotor induction motors

[J]. Proceedings of the IEE-Part A: Power Engineering, 1958, 105 (20): 164-175.

[9] WOOD A J, CONCORDIA C. An analysis of solid rotor machines part Ⅱ. the effects of curvature [J]. Transactions of the American Institute of Electrical Engineers. Part Ⅲ: Power Apparatus and Systems, 1959, 78 (4): 1666-1672.

[10] WOOD A J, CONCORDIA C. An analysis of solid rotor machines part Ⅲ. finite length effects [J]. Transactions of the American Institute of Electrical Engineers. Part Ⅲ: Power Apparatus and Systems, 1960, 79 (3): 21-26.

[11] WOOD A J, CONCORDIA C. An analysis of solid rotor machines part Ⅳ. an approximate nonlinear analysis [J]. Transactions of the American Institute of Electrical Engineers. Part Ⅲ: Power Apparatus and Systems, 1960, 79 (3): 26-31.

[12] PRESTON T W, REECE A B J. Transverse edge effects in linear induction motors [J]. Proceedings of the Institution of Electrical Engineers, 1969, 116 (6): 974-979.

[13] NASAR S A. Electromagnetic fields and forces in a linear induction motor, taking into account edge effects [J]. Proceedings of Electrical Engineers, 1969, 116 (4): 605-608.

[14] BOLTON H. Transverse edge effect in sheet-rotor induction motors [J]. Proceedings of Electrical Engineers, 1969, 116 (5): 725-731.

[15] BOLTON H. Forces in induction motors with laterally asymmetric sheet secondaries [J]. Proceedings of the Institution of Electrical Engineers, 1970, 117 (12): 2241-2248.

[16] 龙遐令. 直线感应电动机的理论和电磁设计方法 [M]. 北京: 科学出版社, 2006.

[17] LAITHWAITE E R. Transport without wheels [M]. London: Elek Science, 1977.

[18] NONAKA S, YOSHIDA K. Characteristics of double-sided linear induction motors with the secondary conductor vertically displaced from a symmetrical position [J]. The Transactions of the Institute of Electrical Engineers of Japan. B, 1973, 93 (11): 544-550.

[19] NONAKA S, OGAWA K. Slot harmonics and end effect of high-speed linear inductor motor [J]. Electrical engineering in Japan, 1988, 108 (4): 104-112.

[20] YOSHIDA K. Space harmonic analysis of short primary linear induction motors with account taken of ferromagnetic end effect [J]. Electrical Engineering in Japan, 1978, 98 (4): 24-31.

[21] MIRZAYEE M, JOORABIAN M. Evaluation of secondary slot effects on performance of high-speed linear induction motors using a quasi three-dimensional space harmonic method [C]. IEEE International Conference on Power Electronics and Drives Systems, 2005, 1: 331-336.

[22] NONAKA S, FUJII N. Three-dimensional analysis of high-speed linear induction motor with primary iron core of finite dimension [J]. Electrical Engineering in Japan, 1980, 100 (4): 42-50.

[23] NONAKA S, OGAWA K. Flux distribution of single-sided linear induction motors [J]. The Transactions of the Institute of Electrical Engineers of Japan. B, 1978, 98 (10): 867-874.

[24] JUNG S Y, JUNG H K. Theoretic means using space harmonic method for various reluctances analysis and end-effect of linear induction motor [J]. International Journal of Applied Electromagnetics and Mechanics, 2002, 16 (3, 4): 215-218.

[25] UMEZU N, NAKAZATO S, SHIRASAKA S, et al. Characteristics of double-sided linear induction motor with laterally asymmetric secondary conductor [J]. Electrical Engineering in Japan, 1985, 105 (5): 76-85.

[26] NONAKA S, FUJII N. Three-dimensional analysis of high-speed linear induction motor with primary iron core of finite dimension [J]. Electrical Engineering in Japan, 1980, 100 (4): 42-50.

[27] 易萍虎. 单边直线感应电机电磁场和性能的研究 [D]. 西安：西安交通大学，1996.

[28] NONAKA S. Investigation of equivalent circuit quantities and equations for calculation of characteristics of single-sided linear induction motors [J]. IEEJ Transactions on Industry Applications，1995，115（3）：224-232.

[29] LV G，LIU Z，SUN S. Analysis of torques in single-side linear induction motor with transverse asymmetry for linear metro [J]. IEEE Transactions on Energy Conversion，2016，31（1）：165-173.

[30] OOI B T，WHITE D C. Traction and normal forces in the linear induction motor [J]. IEEE Transactions on Power Apparatus and Systems，1970，PAS-89（4）：638-645.

[31] 汤蕴璆. 电机学 [M]. 5 版. 北京：机械工业出版社，2015.

[32] LV G，ZHOU T，ZENG D，et al. Design of ladder-slit secondaries and performance improvement of linear induction motors for urban rail transit [J]. IEEE Transactions on Industrial Electronics，2017，65（2）：1187-1195.

[33] LV G，ZHOU T，ZENG D. Influence of the V-type secondary on the air-gap magnetic field and performance of the linear induction motor [J]. IET Electric Power Applications，2019，13（2）：229-234.

第 5 章 直线感应电机的初始参数辨识

内容提要

本章介绍电机初始参数自动辨识的方法，具有不增加设备和实验场地投资的优点，同时在算法中灵活考虑次级与初级漏感不等的情况，从而克服了传统的空载与堵转实验应用于直线感应电机所带来的不足。

难点重点

1. 直线感应电机与旋转感应电机参数辨识的区别。
2. 直线感应电机的励磁电感、次级电感的获取方法。
3. β 参数对计算参数误差的影响。

5.1 引言

控制器的性能依赖于直线感应电机的参数,所以精确的参数对于电机高性能控制至关重要。由解析法可以精确地确定直线感应电机的参数,可是对于已经出厂的电机而言,要详细知道其内部参数是不可能的,所以一般旋转感应电机参数是依赖空载与堵转实验确定的。传统的空载与堵转实验本身需要一定的实验条件并且在现场需要单独进行,这是它的缺点。另外,空载与堵转实验是针对旋转电机提出来的,它的假设前提条件是定子漏感和转子漏感相等。但是,对于直线感应电机来讲由于气隙较大,并且次级一般是由整块的铝板和次级铁轭压制而成,导致直线感应电机没有类似于旋转感应电机的笼型导条和短路环,所以直线感应电机的次级漏感远远小于初级漏感[1-2]。

鉴于以上原因,本章借助用于控制电机的PWM逆变器对其参数进行确定,这样一方面不会增加设备和实验场地投资,而只要在控制程序之前加入参数辨识程序即可;另一方面,可以在程序中灵活考虑次级与初级漏感不等的情况,从而克服传统空载与堵转实验应用于直线感应电机所带来的不足。在使用该方法对直线感应电机进行辨识的时候,电机的速度很低,所以端部效应可以忽略,那么此时的直线感应电机模型就等同于旋转电机的模型形式。遵从传统的空载与通入直流实验方法来得到电机初级参数,但是在获得次级参数估计时,采用使得PWM逆变器的 $i_d = C$, $i_q = 0$ 并通入电机的方法来代替堵转实验。考虑次级与初级漏感不等的情况,采用直接从整个电路的等效电感中通过解三阶多项式得出互感,从而可以分别求出初级漏感和次级漏感。另外,在辨识中使用低通滤波器算法还可以得到功率、电流、电压的峰值。

由于该方法忽略端部效应并且电机的速度很低,所以适合低速运动下直线感应电机参数辨识。而对于高速运动时电机参数的变化,可以用前述章节的修正系数考虑或者用在线观测的办法。

5.2 直线感应电机初级与次级的漏感

首先使用有限元分析直线感应电机来证明次级漏感远远小于初级漏感的正确性。只将初级一个绕组内通入电流,那么初级产生的磁通用 Φ_1 表示、通过气隙到达次级的磁通使用 Φ_{m1} 表示,这样初级的漏磁通就可以用 $\Phi_1 - \Phi_{m1}$ 来表示。假设沿次级铝板分布正弦电流片,那么,次级产生的磁通用 Φ_2 表示、通过气隙到达初级的磁通使用 Φ_{m2} 表示,这样次级的漏磁通就可以用 $\Phi_2 - \Phi_{m2}$ 来表示,磁场分布如图5-1所示。

因为电感与磁通成正比,所以漏感与自感的比值可以用下列两式计算:

$$\frac{L_1}{L_m + L_1} = \frac{\Phi_1 - \Phi_{m1}}{\Phi_1} \approx 0.128 \quad (5\text{-}1)$$

$$\frac{L_2}{L_m + L_2} = \frac{\Phi_2 - \Phi_{m2}}{\Phi_2} \approx 0.025 \quad (5\text{-}2)$$

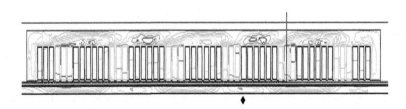

图 5-1 直线感应电机磁场分布

由以上两式可以看出由于直线感应电机没有类似于旋转感应电机的笼型导条和短路环,所以其次级漏感远远小于初级漏感。

5.3 考虑 PWM 逆变器的直线感应电机模型

因为对直线感应电机进行辨识的时候,电机的速度很低,所以端部效应可以忽略,那么,此时的直线感应电机模型就等同于旋转电机的模型形式,表示如下:

$$u_{ds} = R_1 i_{ds} + p\lambda_{ds} \tag{5-3}$$

$$u_{qs} = R_1 i_{qs} + p\lambda_{qs} \tag{5-4}$$

$$u_{dr} = R_r i_{dr} + p\lambda_{dr} - \omega\lambda_{qr} \tag{5-5}$$

$$u_{qr} = R_r i_{qr} + p\lambda_{qr} - \omega\lambda_{dr} \tag{5-6}$$

式中,方程建立于初级的静止坐标系下,(u_{ds}, u_{qs})、(i_{ds}, i_{qs}) 和 (λ_{ds}, λ_{qs}) 为初级 dq 坐标系下的电压、电流和磁链;(u_{dr}, u_{qr})、(i_{dr}, i_{qr}) 和 (λ_{dr}, λ_{qr}) 为次级 dq 坐标系下的电压、电流和磁链;ω 为次级运动角速度,它与直线速度转换公式为

$$v = \frac{\tau}{\pi}\omega \tag{5-7}$$

直线感应电机的一般实际应用中是初级运动、次级固定,但是为了与旋转电机的方程对比,这里假设次级运动。

考虑 PWM 逆变器的直线感应电机 dq 模型如图 5-2 所示。首先将直线感应电机等效成 dq 模型,然后在电机静止的时候等效为一个电阻和一个电感的串联模型。在这里考虑了由于死区时间造成的逆变器电压波动 Δu_{dqs},注意到 Δu_{dqs} 并不是一个常量并且它的变化会随着电流极性的变化而变化,公式表达如下:

$$\Delta u_{dqs} = \Delta u_{ds} + j\Delta u_{qs}$$
$$= \frac{2}{3}\left\{\left[\text{sgn}(i_{as}) - 0.5\text{sgn}(i_{bs}) - 0.5\text{sgn}(i_{cs})\right] + j\frac{\sqrt{3}}{2}\left[\text{sgn}(i_{bs}) - \text{sgn}(i_{cs})\right]\right\}\left(\frac{t_d}{T_s}u_{DC}\right) \tag{5-8}$$

式中,u_{DC} 为逆变器直流侧电压;T_s 为开关时间;t_d 为死区时间;sgn(·) 为符号函数。

这样加在直线感应电机端的电压为

$$\hat{u}_{dqs} = u_{dqs}^* - \Delta u_{dqs} \tag{5-9}$$

这里 u_{dqs}^* 表示逆变器出口电压,这样就把 PWM 逆变器的数学模型也考虑进了直线感应电机的模型。

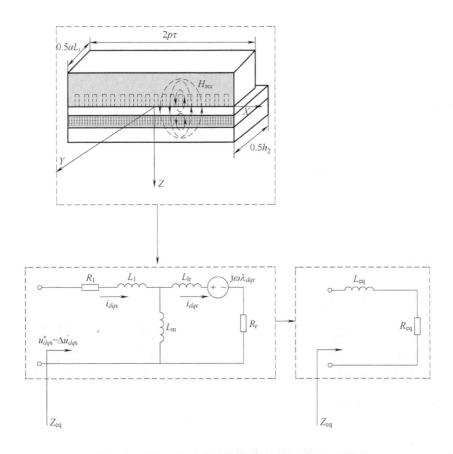

图 5-2　考虑 PWM 逆变器的直线感应电机 dq 模型

5.4　直线感应电机的参数确定

5.4.1　初级电阻和电感的估计

在估计初级电阻和电感时，使用直流实验和空载实验。所不同的是，这里仅使用一个 PWM 逆变器完成。

对于估计初级电阻，设定逆变器 d 轴电流指令为电机额定电流的 1/2，由电流控制器得出逆变器输出电压 $\hat{u}_{ds}$（这个电压在程序中可以得到），仅考虑 d 轴电压和测得的电流得初级电阻为

$$\hat{R}_1 = \frac{\hat{u}_{ds}}{i_{ds}} \tag{5-10}$$

式中，$\hat{R}_1$ 表示初级的估计电阻；$\hat{u}_{ds}$ 表示考虑逆变器死区影响的电机端电压；i_{ds} 为电机端电流。

为了估计初级电感 $L_m + L_1$，必须保证次级流过的电流尽量少，所以要采用空载实验。由于直线感应电机的轨道长度所限，要求速度尽量低，这里采用恒 U/F 策略并保持较高的

压频比比值使得速度不高。

此时,次级不消耗能量,有

$$u_{dqs} \approx R_1 i_{dqs} + j\omega_e (L_m + L_1) i_{dqs} \tag{5-11}$$

式中,ω_e 为供电电源角频率。

无功功率由下式给出

$$\begin{aligned} Q &= \text{Im}\{\hat{u}_{dqs} \cdot i_{dqs}^*\} = \text{Im}\{(\hat{u}_{ds} + j\hat{u}_{qs})(i_{ds} - ji_{qs})\} \\ &= i_{ds}\hat{u}_{qs} - i_{qs}\hat{u}_{ds} \end{aligned} \tag{5-12}$$

将式(5-11)代入式(5-12)可得

$$\hat{L}_s = \frac{Q}{\omega_e (i_{ds}^2 + i_{qs}^2)} = \frac{i_{ds}\hat{u}_{qs} - i_{qs}\hat{u}_{ds}}{\omega_e (i_{ds}^2 + i_{qs}^2)} \tag{5-13}$$

这里的 $L_s \triangleq L_m + L_1$。为了减少边缘效应的影响,频率 $f = \omega_e/(2\pi)$ 需要小于 18Hz,因为端部效应在 $f < 18$Hz 时可以忽略。

5.4.2 等效电阻与等效电感

为了得到等效的电阻 R_{eq} 与等效电感 L_{eq} 的估计,次级回路必须流过较大的电流即分支电流流经次级回路是主要的。为达到上述目的,堵转实验是常常使用的手段。在本章中,使用 PWM 逆变器辨识参数可以不使用堵转实验来使得次级回路流过大电流。方法是:令 q 轴电流为零;d 轴电流正弦变化。公式即为

$$i_{qs} = 0, i_{ds} = I\sin(\omega_e t) \tag{5-14}$$

其中 I 为一个正值常量,那么三相电流就为

$$\begin{cases} i_{as} = I\sin(\omega_e t) \\ i_{bs} = -\frac{1}{2}I\sin(\omega_e t) \\ i_{cs} = -\frac{1}{2}I\sin(\omega_e t) \end{cases} \tag{5-15}$$

因为 $\omega\lambda_{dqr} = 0$,所以此时电路等效为一个电阻和一个电感的串联,即

$$Z_{eq} = R_{eq} + j\omega_e L_{eq} \tag{5-16}$$

式中

$$R_{eq} = R_1 + \frac{\omega_e L_m^2 R_r}{R_r + \omega_e (L_m + L_{1r})^2} \tag{5-17}$$

$$L_{eq} = L_1 + \frac{L_m[(L_m + L_{1r})\omega_e^2 + R_r^2]}{R_r + \omega_e (L_m + L_{1r})^2} \tag{5-18}$$

稳态时 d 轴电压可以求得

$$\begin{aligned} u_{ds} &= R_{eq} I\sin(\omega_e t) + \omega_e L_{eq} I\cos(\omega_e t) \\ &= I\sqrt{R_{eq}^2 + (\omega_e L_{eq})^2}\sin(\omega_e t + \phi) \end{aligned} \tag{5-19}$$

式中，$\phi = \arctan(\omega_e L_{eq}/R_{eq})$。

根据式（5-19）提出估计的等效电阻 R_{eq} 与等效电感 L_{eq} 的方法很多，这里使用低通滤波器法代替常用的瞬态值法，以避免寻找最值时噪声的干扰。

平均功率根据下式所得

$$\begin{aligned}P_{av} &= \frac{1}{2\pi}\int_0^{2\pi} i_{ds} u_{qs} d(\omega_e t) \\ &= \frac{1}{2\pi}\int_0^{2\pi} I^2 \sin(\omega_e t)[R_{eq}\sin(\omega_e t) + \omega_e L_{eq}\cos(\omega_e t)]d(\omega_e t) \\ &= \frac{R_{eq}I^2}{2}\end{aligned} \quad (5\text{-}20)$$

峰值电流 I 可以通过峰值探测的方法找到，不过这需要特殊的电路或者算法来寻找峰值点，关键是这样的方法对噪声非常敏感。所以，这里使用滤波器的方法[3-8]。使用傅里叶变换分析得到

$$|i_{ds}| = I|\sin(\omega_e t)| = \frac{2I}{\pi} - \frac{4I}{\pi}\sum_{n=1}^{\infty}\frac{\cos(2n\omega_e t)}{4n^2-1} \quad (5\text{-}21)$$

记 $LPF|i_{ds}|$ 为单位增益的低通滤波器的输出，有

$$LPF|i_{ds}| = \frac{\alpha}{p+\alpha}I|\sin(\omega_e t)| = \frac{2I}{\pi} \quad (5\text{-}22)$$

式中，p 是微分算子；α 是正常数满足 $\alpha \ll \omega_e$。

因此，从式（5-20）和式（5-22）可以得到

$$R_{eq} = \frac{2P_{av}}{I^2} \approx \frac{8P_{av}}{\pi^2(LPF|i_{ds}|)^2} = \hat{R}_{eq} \quad (5\text{-}23)$$

这里的 P_{av} 根据（5-20）通过对 $i_{ds} \cdot u_{qs}$ 的数值积分得到。

由式（5-19）可以得到

$$\omega_e L_{eq} I\cos(\omega_e t) = u_{ds} - R_{eq}I\sin(\omega_e t) \quad (5\text{-}24)$$

对上式取绝对值，同样使用单位增益的低通滤波器得到

$$L_{eq} \approx \frac{LPF|u_{ds} - R_{eq}I\sin(\omega_e t)|}{\omega_e I LPF|\cos(\omega_e t)|} \quad (5\text{-}25)$$

因为对于单位增益的低通滤波器有

$$LPF|i_{ds}| = ILPF|\cos(\omega_e t)| = ILPF|\sin(\omega_e t)| \quad (5\text{-}26)$$

代入式（5-25）可得

$$\hat{L}_{eq} = \frac{LPF|\hat{u}_{ds} - \hat{R}_{eq}i_{ds}|}{\omega_e LPF|i_{ds}|} \quad (5\text{-}27)$$

其中的 $\hat{R}_{eq}$ 由式（5-23）得到，$\hat{R}_{eq}$ 和 $\hat{L}_{eq}$ 的求解过程如图 5-3 所示。

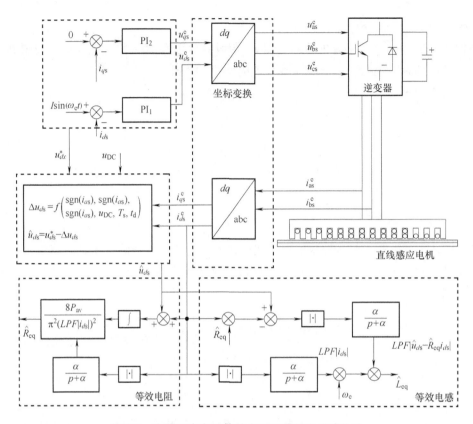

图 5-3　直线感应电机等效电阻和等效电感的估计

5.4.3　励磁电感、次级电阻和次级电感

首先定义 2 个新的变量

$$\delta_L = \hat{L}_s - \hat{L}_{eq} \tag{5-28}$$

$$\beta = L_m / L_r \tag{5-29}$$

选择 ω_e 足够高,以至于 $R_r^2 \ll \omega_e^2 L_r^2$,那么式(5-17)和式(5-18)可化简为

$$R_{eq} \approx R_1 + \frac{L_m^2 R_r}{L_r^2} = R_1 + \beta^2 R_r \tag{5-30}$$

$$L_{eq} \approx L_1 + \frac{L_m L_{lr}}{L_r} = L_1 + \beta L_{lr} \tag{5-31}$$

假设 $L_s \approx \hat{L}_s$,$L_{eq} \approx \hat{L}_{eq}$,又考虑有

$$\beta L_{lr} \approx L_{eq} - L_1 \approx L_m - \delta_L \tag{5-32}$$

那么可以得到

$$L_{lr} \approx \frac{L_m - \delta_L}{\beta} \tag{5-33}$$

将其代入 $L_r = L_{lr} + L_m$ 可以得到

$$L_r \approx \frac{(1+\beta)L_m - \delta_L}{\beta} \tag{5-34}$$

更进一步，由式（5-30）可以得到

$$R_r \approx \frac{R_{eq} - R_1}{\beta^2} \tag{5-35}$$

到此只有 β 是未知的，根据先验统计规律对于旋转感应电机 β 取 0.95 左右；对于直线感应电机 β 取 0.92 左右。令选择的先验 β 值为 $\hat{\beta}$，那么有

$$\hat{L}_{lr} \approx \frac{\hat{L}_m - \delta_L}{\hat{\beta}} \tag{5-36}$$

$$\hat{L}_1 = \hat{L}_s - \hat{L}_m \tag{5-37}$$

$$\hat{L}_r \approx \frac{(1+\hat{\beta})\hat{L}_m - \delta_L}{\hat{\beta}} \tag{5-38}$$

$$\tilde{R}_r \approx \frac{\hat{R}_{eq} - \hat{R}_1}{\hat{\beta}^2} \tag{5-39}$$

将式（5-36）~式（5-39）代入式（5-18）可以得到三阶多项式

$$\hat{L}_m^3 + A\hat{L}_m^2 + B\hat{L}_m + C = 0 \tag{5-40}$$

式中

$$A = \frac{-(1+\hat{\beta})\delta_L}{\hat{\beta}} - \frac{\delta_L}{1+\hat{\beta}} \tag{5-41}$$

$$B = \frac{2\delta_L^2}{\hat{\beta}} \tag{5-42}$$

$$C = \frac{-\delta_L \hat{\beta} \tilde{R}_r^2}{\omega_e^2(1+\hat{\beta})} - \frac{\delta_L^3}{\hat{\beta}(1+\hat{\beta})} \tag{5-43}$$

式（5-41）~式（5-43）中的参数都是已知的，所以解式（5-40）后可以得到 $\hat{L}_m$，然后将 $\hat{L}_m$ 代入式（5-36）~式（5-39）即可以得到 $\hat{L}_{lr}$、$\hat{L}_1$、$\hat{L}_r$ 和 $\tilde{R}_r$。注意这里的 $\tilde{R}_r$ 为了解式（5-40）所引入的一个过渡变量，当 $\hat{L}_m$ 和 $\hat{L}_r$ 计算出来之后，更加精确的次级电阻估计值 $\hat{R}_r$ 可以通过式（5-17）求得，即

$$\hat{R}_r = \frac{(\omega_e \hat{L}_m)^2 - \sqrt{(\omega_e \hat{L}_m)^4 - [2\omega_e \hat{L}_m(\hat{R}_{eq} - \hat{R}_s)]^2}}{2(\hat{R}_{eq} - \hat{R}_s)} \tag{5-44}$$

5.4.4 互感多项式的数值解法

要求解互感多项式（5-40）要使用数值解法，令

$$z_k = s_k^3 + As_k^2 + Bs_k + C \quad k = 1,2,3,\cdots \tag{5-45}$$

式中，$\{s_k\}$ 是实数。

因为

$$L_s - L_{eq} \approx L_m - \beta L_{lr} \tag{5-46}$$

考虑到 $L_m \gg \beta L_{lr}$，可见 $L_s - L_{eq}$ 在 L_m 值的附近并且小于 L_m。因此对于 $\hat{L}_m(0)$ 比较好的办法是赋值为 $\hat{L}_s - \hat{L}_{eq}$，即：计算多项式（5-45）从下式开始

$$s_1 = \hat{L}_s - \hat{L}_{eq} \tag{5-47}$$

又因为 $L_s - L_{eq} < L_m$，所以每次步长 Δ 为正值，即：$s_{k+1} = s_k + \Delta$，且 $\Delta > 0$，循环结束的条件是对于 $k = n$，若有 $z_{n+1}z_n < 0$，那么选择互感的估计值为

$$\hat{L}_m = \frac{s_{n+1} + s_n}{2} \tag{5-48}$$

整体的辨识流程图如图 5-4 所示，其中解三阶多项式过程比较详细。

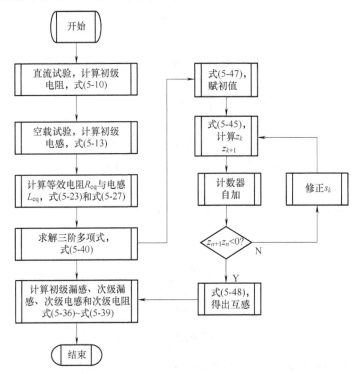

图 5-4 辨识直线感应电机参数的程序流程图

5.5 多个直线感应电机的仿真分析

为了验证方法的可靠性，对各种参数的旋转感应电机和直线感应电机进行仿真，除了 LIM4 之外其他电机参数都取自文献（见表 5-1）。仿真中激励电流为额定电流的 1/2，激励频率是 50Hz。

表 5-1 一组旋转感应电机和直线感应电机参数估计值的结果

电机类型	（功率/kW）	$\hat{R}_1/R_1(\Omega)$	$\hat{L}_s/L_s$(mH)	β	$\hat{L}_m/L_m$(mH)	$\hat{L}_r/L_r$(mH)	$\hat{R}_r/R_r(\Omega)$
RIM1	(1.5)	0.568/0.542	56.8/54.2	0.944	53.8/51.0	57.1/54.1	0.497/0.536
RIM2	(3.8)	0.380/0.410	68.5/72.1	0.939	65.71/69.29	69.18/73.82	0.245/0.230
RIM3	(7.6)	0.309/0.294	45.6/43.4	0.938	42.7/41.0	44.9/43.7	0.134/0.156
RIM4	(9.0)	0.379/0.399	56.36/59.33	0.936	51.89/55.64	54.84/59.44	0.363/0.356
RIM5	(15)	0.20/0.19	40.5/38.6	0.946	38.33/36.50	43.0/38.6	0.111/0.125
RIM6	(22)	0.119/0.125	43.9/46.2	0.945	40.92/43.65	43.0/46.2	0.103/0.100
RIM7	(110)	0.018/0.017	6.83/6.50	0.954	6.54/6.20	6.8/6.5	0.015/0.016

(续)

电机类型（功率/kW）	$\hat{R}_1/R_1(\Omega)$	$\hat{L}_s/L_s(\text{mH})$	β	$\hat{L}_m/L_m(\text{mH})$	$\hat{L}_r/L_r(\text{mH})$	$\hat{R}_r/R_r(\Omega)$
LIM1 （1.5）	0.488/0.514	56.44/59.44	0.936	50.91/52.88	55.09/55.81	0.15/0.01
LIM2 （2.2）	1.31/1.25	42.1/40.1	0.918	35.3/32.7	38.2/35.5	1.92/2.02
LIM3 （100）	0.036/0.038	5.25/5.55	0.940	4.16/4.41	4.48/4.69	0.114/0.109
LIM4 （20）	0.92/0.88	61.9/59.0	0.916	51.37/48.3	56.0/52.7	1.05/1.14

5.5.1 β 选择对计算误差的影响

假设 $\hat{R}_s$、$\hat{L}_s$ 已经被正确得出，并且真实的 β 值为 0.916。现在考察当 β 值取得有误差时对辨识参数的影响，令 $\hat{\beta} \in \{0.90, 0.91, 0.92, 0.93, 0.94, 0.95\}$。

这是因为对于直线感应电机而言，多数 β 值均在这个范围之内，即：$0.9 \leq \beta \leq 0.95$。低通滤波器的截止频率取 $4\pi\text{rad/s}$，$\omega_e = 120\pi\text{rad/s}$。估计的等效电阻 $\hat{R}_{eq} = 1.81\Omega$、等效电感为 $\hat{L}_{eq} = 14.88\text{mH}$，其误差百分比为 -1.46% 和 0.878%。为 $\hat{\beta} \in \{0.90, 0.91, 0.92, 0.93, 0.94, 0.95\}$ 时，估计 R_r、L_m 和 L_r 如图 5-5 所示，从图中曲线可以看出，当 $\beta = \hat{\beta}$ 时误差最小，但是在 $0.90 \leq \beta \leq 0.95$ 时，误差均控制在 $\pm 10\%$ 之内，在工程实际中能满足要求。

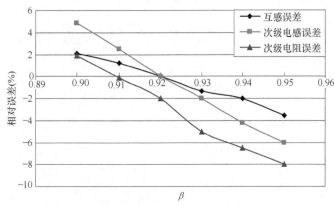

图 5-5 互感、次级电感和次级电阻误差随 β 的变化

5.5.2 与传统测试方法的性能对比

因为在传统的空载和短路实验中假设初级漏感和次级漏感相等，那么对于初级漏感和次级漏感不同的直线感应电机而言，其估计值的误差必然比较大。首先使用传统的方法，L_s 从空载实验中得出；R_r、L_{lr}、L_1 从堵转实验中得出并且假设：

$$\hat{R}_{eq} \approx R_r + R_1 \tag{5-49}$$

$$\hat{L}_{eq} \approx L_{lr} + L_1 \approx 2L_1 \tag{5-50}$$

取一组 8 台初级漏感和次级漏感不同的直线感应电机，考虑其有相同的参数 $R_1 = 0.88\Omega$，$R_r = 1.14\Omega$，$L_{lr} = 52.7$ mH，$L_m = 48.3\text{mH}$ 和 $\beta = 0.916$，初级电感 $L_s \in [50.9, 60.2]$。

使用 PWM 方法的参数估计误差和传统方法参数估计误差如图 5-6～图 5-8 所示，PWM 方法中 $\hat{\beta} = 0.92$。

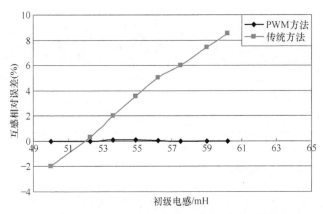

图 5-6 PWM 方法和传统方法时的互感相对误差

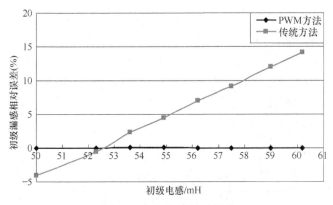

图 5-7 初级漏感相对误差

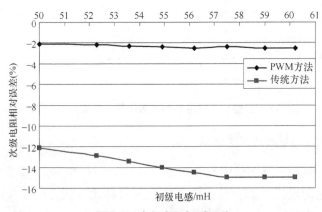

图 5-8 次级电阻相对误差

由图 5-7 和图 5-8 中可以看出，PWM 方法比传统方法有着更高的精确度，尤其是在初级电感和次级电感不同的情况下，而这一点也正是 PWM 方法不同于传统方法的特点但却正适用于直线感应电机。

5.5.3 初级电阻和电感精度的影响因素及分析

互感和次级电阻的辨识精度依赖于初级电阻和初级电感的辨识精度。为了了解互感和次级电阻的估计值对初级电阻和初级电感的依赖程度，分别取不同的 $\hat{R}_s/R_s$ 和 $\hat{L}_s/L_s$ 计算进而计算互感的相对误差 $(\hat{L}_m - L_m)/L_m$ 和次级电阻的相对误差 $(\hat{R}_r - R_r)/R_r$。从图 5-9 和图 5-10 可见，一方面，无论哪种方法，互感和次级电阻的辨识精度均依赖于初级电阻和初级电感的辨识精度；另一方面，PWM 方法对初级电阻和初级电感的辨识精度依赖性较小，也就是说在相同的已知 $\hat{R}_s/R_s$ 和 $\hat{L}_s/L_s$ 的条件下，PWM 方法辨识的精度比传统方法的精度要高很多。

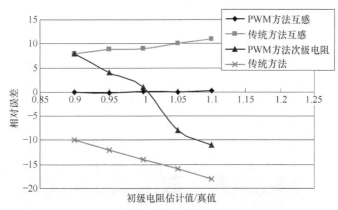

图 5-9 初级电阻误差对互感和次级电阻的影响

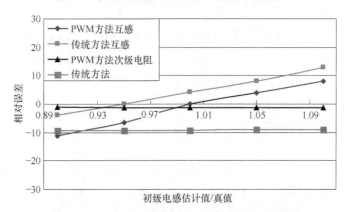

图 5-10 初级电感误差对互感和次级电阻的影响

5.5.4 误差统计与分析

为了对比 PWM 方法和传统方法辨识不同类型电机的效果差别，将这两种方法分别应用到 11 台真实的电机上去[9-14]，辨识效果见表 5-2。

表 5-2 可能导致辨识误差的来源及其消除措施

估计参数	误差引起的原因	减少误差的措施	影响因素
$\hat{R}_s$ 和 $\hat{L}_s$	死区时间、空载的摩擦力	精确的直流实验、低摩擦力的空载实验	$\hat{u}_{dqs}$, i_{dqs}
$\hat{R}_{eq}$ 和 $\hat{L}_{eq}$	低通滤波器	使用高供电频率，满足 $\alpha \ll \omega_e$	$LPF\mid\cdot\mid\hat{R}_s$ 和 $\hat{L}_s$
$\hat{\beta}$	预估计	RIM 取 0.95、LIM 取 0.92	L_m/L_r
$\hat{R}_r$ 和 $\hat{L}_m$	$\hat{R}_{eq}$ 和 $\hat{L}_{eq}$ 的误差	使用 $R_r/L_r \ll \omega_e$	$\hat{R}_s$, $\hat{L}_s$, $\hat{R}_{eq}$, $\hat{L}_{eq}$ 和 $\hat{\beta}$

在这些仿真中，对于旋转电机取 $\hat{\beta}=0.95$，对于直线电机取 $\hat{\beta}=0.92$，$\omega_e=120\pi\text{rad/s}$，低通滤波器的截止频率取 $4\pi\text{rad/s}$。假设 $\hat{R}_s$ 和 $\hat{L}_s$ 有 ±5% 的误差。

图 5-11 表示当使用 PWM 方法和传统方法辨识不同类型电机时的相对误差棒图统计。可以看出，PWM 方法对于辨识电机漏感方面比传统方法精度高很多，但是在辨识旋转电机的时候两种方法的辨识精度几乎是一样的。

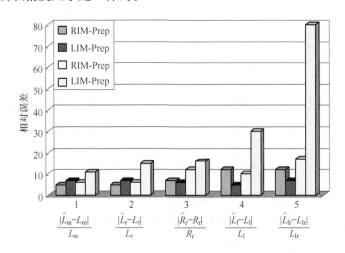

图 5-11 使用两种方法辨识不同类型电机时的相对误差统计

表 5-2 总结了可能导致辨识误差的来源和减少误差的方法。为了得到更精确的辨识结果，最好使用较高的供电频率；但是如果供电频率太高也会导致过高的涡流损耗降低电机性能。

5.6 实验测定的次级电阻

PWM 开关频率选择为 3kHz 并且死区时间设置为 3μs。使用直流实验策略可得初级电阻 $\hat{R}_s=\hat{u}_{ds}/\hat{i}_{ds}$ 的估计值为 0.88Ω。为了估计 $\hat{L}_s$，在低速情况下使用恒压频比策略，亦即使用较大的 V/F 值，可以得到 $\hat{L}_s=59\text{mH}$。$\hat{R}_{eq}$、$\hat{L}_{eq}$ 和 $\hat{L}_m$ 使用堵转策略得到，供电电流为 $i_{ds}=0.6\sin(120\pi t)$，$i_{qs}=0$。通过求解三阶多项式，$\hat{L}_m=48.3\text{mH}$，$\hat{L}_r=52.7\text{mH}$，求解三阶多项式的时候选择步长 $\Delta=0.001\hat{L}_s$。

使用式（5-44）估计次级电阻，供电电源设定的激励电流为 $i_{ds}=0.6\sin(\omega_e t)$，其中使用不同频率 $\omega_e/(2\pi)=[5,10,\cdots,30]$，同时保证 $i_{qs}=0$。因为没有励磁电流，所以电机不会运动，但是有着较大的 d 轴电流流经次级回路。图 5-12 表示了次级电阻随激励电流频率增加而增加，这主要是因为次级铝板趋肤效应的深度

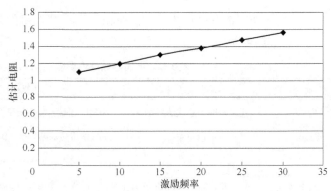

图 5-12 次级电阻随激励电流频率变化

随着供电频率的增加而减少的缘故。这里次级铝板的厚度为 2mm，而铝板的趋肤效应深度在 30Hz 时为 16mm。

5.7 参考文献

[1] PARK S C, KIM B T. Effect of contact resistance between side-bar and secondary conductors in a linear induction motor with a cage-type secondary [J]. IEEE Transactions on Magnetics, 2003, 39 (3): 1562-1565.

[2] LIN F J, SHEN P H, HSU S P. Adaptive backstepping sliding mode control for linear induction motor drive [J]. IEE Proceedings on Electric Power Applications, 2002, 149 (3): 184-194.

[3] MATSUSHITA A, TSUCHIYA T. Decoupled preview control system and its application to induction motor drive [J]. IEEE Transactions on Industrial Electronics, 1995, 42 (1): 50-57.

[4] LIN F J, WAI R J, LIN C H, et al. Decoupled stator-flux-oriented induction motor drive with fuzzy neural network uncertainty observer [J]. IEEE Transactions on Industrial Electronics, 2000, 47 (2): 356-367.

[5] WAI R J, CHANG L J. Decoupling and tracking control of induction motor drive [J]. IEEE Transactions on Aerospace and Electronic Systems, 2002, 38 (4): 1357-1369.

[6] WAI R J, DUAN R Y, LEE J D, et al. Wavelet neural network control for induction motor drive using sliding-mode design technique [J]. IEEE Transactions on Industrial Electronics, 2003, 50 (4): 733-748.

[7] WAI R J, CHANG H H. Backstepping wavelet neural network control for indirect field-oriented induction motor drive [J]. IEEE Transactions on Neural Networks, 2004, 15 (2): 367-382.

[8] WAI R J, LIN K M. Robust decoupled control of direct field-oriented induction motor drive [J]. IEEE Transactions on Industrial Electronics, 2005, 52 (3): 837-854.

[9] MOUCARY C E, MENDES E, RAZEK A. Decoupled direct control for PWM inverter-fed induction motor drives [J]. IEEE Transactions on Industry Applications, 2002, 38 (5): 1307-1315.

[10] DE DONCKER R W, NOVOTNY D W. The universal field-oriented controller [J]. IEEE Transactions on Industry Applications, 1994, 30 (1): 92-100.

[11] HO E Y Y, SEN P C. A high-performance parameter-insensitive drive using a series-connected wound rotor induction motor [J]. IEEE Transactions on Industry Applications, 1989, 25 (6): 1132-1138.

[12] TAKAHASHI I, IDE Y. Decoupling control of thrust and attractive force of a LIM using a space vector control inverter [J]. IEEE Transactions on Industry Applications, 1993, 29 (1): 161-167.

[13] HO E Y Y, SEN P C. A microcontroller-based induction motor drive system using variable structure strategy with decoupling [J]. IEEE Transactions on Industrial Electronics, 1990, 37 (3): 227-235.

[14] AMIRULDDIN U A U, ASHER G M, SEWELL P, et al. Dynamic field modelling of torque and radial forces in vector-controlled induction machines with bearing relief [J]. IEE Proceedings-Electric Power Applications, 2005, 152 (4): 894-900.

Chapter 6
第 6 章 直线感应电机的控制策略

内容提要

本章主要讲述轨道交通用直线感应牵引电机的控制策略。首先提出了直线感应电机的推力控制策略，通过分析端部效应对推力、有功功率和励磁支路的影响，使用次级磁场定向策略得到磁通与推力解耦控制系统主回路、推力观测器、磁通观测器等。其次，分析计算推力和法向力的参数性质并求出推力与法向力的关系，重构电流指令和频率指令，结合推力与磁通的解耦控制策略，实现推力与法向力解耦控制系统。然后，基于电磁场分析理论和等效电路法推导出空间三维力的解析表达式，导出了推力与法向力、推力与侧向力关于转差率的比值曲线，即力解耦关系曲线，提出了直线感应电机的准三维力解耦策略。最后，分析了直线感应电机吸收功率与车辆运行阻力，结合最优化理论，考虑多个优化目标建立损耗最小函数，实现在满足水平推力的条件下电机铜耗与法向力造成损耗最小的最优控制策略。

难点重点

1. 直线感应电机的磁通与推力解耦控制。
2. 直线感应电机的二维力解耦控制。
3. 直线感应电机的准三维力解耦控制。
4. 直线感应电机的最优控制。

6.1 直线感应电机控制策略的综述

直线感应电机以普通感应电机理论为设计基础，但结构的特殊性导致随速度和转差率变化的端部效应，导致该电机的数学模型不同，因此不能直接套用普通感应电机的控制方式，必须综合考虑直线感应电机牵引力、法向力和侧向力对牵引系统甚至车辆的影响，选择适当的控制方式。总结直线感应电机的控制策略，主要内容如下：

6.1.1 恒转差频率控制

日本在中低速磁悬浮 HSST-05 车型上应用了恒转差频率电流闭环控制技术，这是典型的直线电机驱动控制方式，主要以直线电机稳态方程为基础，通过电流闭环修正逆变器的输出电压。同时控制转差频率为恒定值，与电机速度形成频率闭环，最终通过功率单元的 PWM 调制出变压变频的交流电压驱动直线电机工作。

由于恒转差频率控制基于电机稳态模型，因此对直线电机参数的依赖度不高，控制系统稳定性较好，列车加减速性能优良；但当给定指令或速度发生突变、轨道感应板短暂缺失时，控制系统响应调节较慢，即动态响应有待提高。

6.1.2 矢量控制

1. 基于坐标变换的恒转差频率矢量控制

为了保持恒转差频率控制优势并弥补其动态性能的不足，日本在 HSST-100 车型上进行了改进。把电机的三相初级电流转换成 dq 旋转坐标系下的 d 轴和 q 轴直流分量，通过 PI 调节分别控制两者。其他控制环节，如电压前馈、频率闭环及 PWM 调制等则不变。

该控制方式本质上仍是通过电流闭环来控制电机反馈电流，从而控制电机推力。恒转差频率控制不同之处在于，该方式借鉴了矢量控制思路，通过坐标变换把电机电流解耦成两个直流分量分别控制，有效地改善了控制系统的动态响应，同时又保留了原有控制方式的优势，兼顾了控制算法的稳态和动态性能。

2. 基于电机参数修正的矢量控制

该控制方式与传统矢量控制方式一样，通过将磁通分量和推力分量解耦，对励磁电流和推力电流分别进行控制；但考虑到电机端部效应的影响，采用对电机互感进行动态补偿，同时考虑端部效应造成的动态附加制动力，对推力观测器进行修正以及 q 轴电流动态补偿。

此类控制方式值得注意的第一点是互感的修正精度，该精度与控制算法采用的数学模型直接相关，即精度取决于数学模型的考量情况。第二点是次级电阻的修正，关系到次级时间常数的准确度以及磁链角精度。但是，次级的电阻变化除了与边缘效应有关之外，还与线路的铺设情况有关，具有随机性。

3. 基于前馈和补偿算法的矢量控制

该控制方式与上述控制方式类似，但增加了一些前馈和补偿算法，包括感应板阻抗变化的补偿、气隙变化的补偿、感应板缺失时的过流保护及能量反馈控制等。

上述第二和第三种矢量控制均适合应用在直线感应电机轮轨车辆的牵引控制上，其控制效果比恒滑差频率控制效果更好，可以获得更快的推力响应，降低负载波动对速度的影响。将磁通和推力解耦时，在瞬态和稳态下均可获得最大推力电流比，提升电机效率。

但是，矢量控制对电机的参数精度要求很高，需要考虑和评估工程应用中，直线电机由于机械气隙的动态变化、端部效应等原因造成电机的等效参数变化对控制性能的影响。同时，基于前馈和补偿算法的矢量控制方式不适用于中低速磁悬浮车辆控制系统，因为转差频率的变化会引起电机法向力的大幅波动，严重影响悬浮控制稳定。

4. 基于转子磁场定向的恒转差频率矢量控制

考虑法向力对磁浮列车悬浮机构的影响，可以将恒磁通变转差控制改为恒转差变磁通控制，此时角度积分的平滑性只与转速有关，而转速的计算是准确且变化缓慢的，因此其定向角度光滑、平稳且准确。该方法延续了矢量控制磁场定向的思想，所不同的是转差频率恒定，用于减少法向力的波动。

综上可见，直线感应电机的控制方式源于旋转感应电机控制策略，但是根据所应用轨道交通载运工具的特点以及特有法向力的要求，采用灵活的控制策略。对于直线电机轮轨车辆的控制系统，主要考量端部效应和边缘效应造成的电机参数变化，这部分通常在数学模型阶段进行考虑；另一部分则是考虑感应板阻抗变化（包括感应板缺失）以及气隙波动等，通常采用在线辨识从而修正控制参数的方法。对于中低速磁悬浮列车的控制系统，法向力则需要着重考量，其控制目的在于减弱法向力对悬浮机构的扰动。

随着现代控制理论的不断深入发展，高性能直线电机控制算法受到了广大研究者的进一步重视，无速度传感器直线电机矢量控制、基于模型参考自适应系统的直线电机参数辨识等方面的研究工作也在全面进行。实时掌握直线电机在运行当中的参数变化，有助于获得更高的推力电流比和更高的效率。直线电机的大气隙和端部效应明显降低了电机运行的效率和功率因数，增加了能耗，阻碍了直线电机更广泛的应用，因此如何从控制角度提高直线电机性能是研究人员面临的更具有挑战的任务。

6.2 直线感应电机的推力控制

6.2.1 数学模型及其坐标变换

直线感应电机在三相静止坐标系下的模型如图 6-1 所示。其中，相间互感为 $-\frac{1}{2}L_\mathrm{m}[1-(1-\mathrm{e}^{-Q})/Q]$，只在图中的 ac 相标注了出来。

考虑到励磁支路中表示边缘效应损耗的电阻在直线感应电机运行于较高速度时对动态电流的影响较小，并且若加入该电阻会在很大程度上增加其数学模型复杂性，所以处于简化的目的忽略该电阻，图 6-1 中电阻使用虚线表示。

根据图 6-1 可得到电机初级和次级的微分方程为

$$u_\mathrm{abcs} = R_1 i_\mathrm{abcs} + p\lambda_\mathrm{abcs} \tag{6-1}$$

$$u_\mathrm{abcr} = R_\mathrm{r} i_\mathrm{abcr} + p\lambda_\mathrm{abcr} \tag{6-2}$$

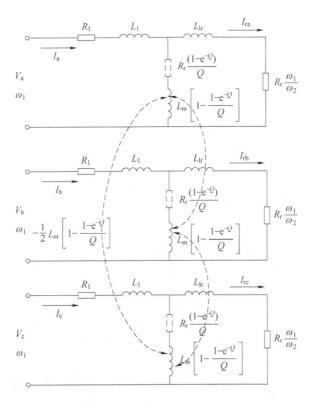

图 6-1 直线感应电机三相静止坐标系模型示意图

式中，$\boldsymbol{u}_{abcs}$，$\boldsymbol{i}_{abcs}$，$\boldsymbol{\lambda}_{abcs}$ 是初级的电压、电流和磁链向量，且 $\boldsymbol{u}_{abcs} = \begin{bmatrix} u_a & u_b & u_c \end{bmatrix}^T$，$\boldsymbol{i}_{abcs} = \begin{bmatrix} i_a & i_b & i_c \end{bmatrix}^T$，$\boldsymbol{\lambda}_{abcs} = \begin{bmatrix} \lambda_a & \lambda_b & \lambda_c \end{bmatrix}^T$；$\boldsymbol{u}_{abcr}$，$\boldsymbol{i}_{abcr}$，$\boldsymbol{\lambda}_{abcr}$ 是次级的电压、电流和磁链向量，且 $\boldsymbol{u}_{abcr} = \begin{bmatrix} u_a & u_b & u_c \end{bmatrix}^T$，$\boldsymbol{i}_{abcr} = \begin{bmatrix} i_{ar} & i_{br} & i_{cr} \end{bmatrix}^T$，$\boldsymbol{\lambda}_{abcr} = \begin{bmatrix} \lambda_{ar} & \lambda_{br} & \lambda_{cr} \end{bmatrix}^T$；$R_1$ 和 R_r 表示初级和次级电阻；p 表示微分算子[9]。

为了与旋转电机使用同样的变换，假设初级固定而次级运动。初级与次级的磁链方程为

$$\boldsymbol{\lambda}_{abcs} = (\boldsymbol{L}_1 + \boldsymbol{L}_{m1})\boldsymbol{i}_{abcs} + \boldsymbol{L}_{m2}\boldsymbol{i}_{abcr} \tag{6-3}$$

$$\boldsymbol{\lambda}_{abcr} = (\boldsymbol{L}_r + \boldsymbol{L}_{m1})\boldsymbol{i}_{abcr} + \boldsymbol{L}_{m2}\boldsymbol{i}_{abcs} \tag{6-4}$$

式中

$$\boldsymbol{L}_1 = \begin{bmatrix} L_1 & 0 & 0 \\ 0 & L_1 & 0 \\ 0 & 0 & L_1 \end{bmatrix}, \boldsymbol{L}_r = \begin{bmatrix} L_r & 0 & 0 \\ 0 & L_r & 0 \\ 0 & 0 & L_r \end{bmatrix} \tag{6-5}$$

$$\boldsymbol{L}_{m1} = L_m[1 - f(Q)]\begin{bmatrix} 1 & -\frac{1}{2} & -\frac{1}{2} \\ -\frac{1}{2} & 1 & -\frac{1}{2} \\ -\frac{1}{2} & -\frac{1}{2} & 1 \end{bmatrix} \tag{6-6}$$

$$L_{m2} = L_m[1-f(Q)] \begin{bmatrix} \cos\theta & \cos\left(\theta+\dfrac{2\pi}{3}\right) & \cos\left(\theta-\dfrac{2\pi}{3}\right) \\ \cos\left(\theta-\dfrac{2\pi}{3}\right) & \cos\theta & \cos\left(\theta+\dfrac{2\pi}{3}\right) \\ \cos\left(\theta+\dfrac{2\pi}{3}\right) & \cos\left(\theta-\dfrac{2\pi}{3}\right) & \cos\theta \end{bmatrix} \quad (6\text{-}7)$$

式中，L_1 和 L_r 表示初级和次级的漏感；θ 表示次级的位置角度。

将 abc 静止坐标系下的直线感应电机模型转换到 dq 旋转坐标系下的转换矩阵为

$$\begin{bmatrix} f_d^e \\ f_q^e \end{bmatrix} = \frac{2}{3}\begin{bmatrix} \cos\omega_e t & \sin\omega_e t \\ -\sin\omega_e t & \cos\omega_e t \end{bmatrix} \times \begin{bmatrix} 1 & -\dfrac{1}{2} & -\dfrac{1}{2} \\ 0 & \dfrac{\sqrt{3}}{2} & -\dfrac{\sqrt{3}}{2} \end{bmatrix}\begin{bmatrix} f_a \\ f_b \\ f_c \end{bmatrix} \quad (6\text{-}8)$$

式中，ω_e 为同步速度；f 代表速度 v、电流 i 和磁链 λ。

使用转换矩阵式（6-8）就可以将式（6-3）和式（6-4）变换为

$$u_{ds}^e = R_1 i_{ds}^e + p\lambda_{ds}^e - \omega_e \lambda_{qs}^e \quad (6\text{-}9)$$

$$u_{qs}^e = R_1 i_{qs}^e + p\lambda_{qs}^e + \omega_e \lambda_{ds}^e \quad (6\text{-}10)$$

$$u_{dr}^e = R_r i_{dr}^e + p\lambda_{dr}^e + (\omega_e - \omega)\lambda_{qr}^e \quad (6\text{-}11)$$

$$u_{qr}^e = R_r i_{qr}^e + p\lambda_{qr}^e - (\omega_e - \omega)\lambda_{dr}^e \quad (6\text{-}12)$$

式中，(u_{ds}^e, u_{qs}^e)、(i_{ds}^e, i_{qs}^e) 和 $(\lambda_{ds}^e, \lambda_{qs}^e)$ 为初级 dq 坐标系下的电压、电流和磁链；(u_{dr}^e, u_{qr}^e)、(i_{dr}^e, i_{qr}^e) 和 $(\lambda_{dr}^e, \lambda_{qr}^e)$ 为次级 dq 坐标系下的电压、电流和磁链；ω 表示次级运动速度；变量的上角标表示在同步旋转坐标系下。

首先令 $L_{m1} = 3/(2L_m)$，在下面的初级和次级的磁链方程为

$$\lambda_{ds}^e = L_1 i_{ds}^e + L_{m1}[1-f(Q)](i_{ds}^e + i_{dr}^e) \quad (6\text{-}13)$$

$$\lambda_{qs}^e = L_1 i_{qs}^e + L_{m1}[1-f(Q)](i_{qs}^e + i_{qr}^e) \quad (6\text{-}14)$$

$$\lambda_{dr}^e = L_r i_{dr}^e + L_{m1}[1-f(Q)](i_{ds}^e + i_{dr}^e) \quad (6\text{-}15)$$

$$\lambda_{qr}^e = L_r i_{qr}^e + L_{m1}[1-f(Q)](i_{qs}^e + i_{qr}^e) \quad (6\text{-}16)$$

进一步令坐标系 d 轴固定在次级磁链矢量上，q 轴超前 d 轴 $\pi/2$，使用次级磁场定向控制策略。那么有 $\lambda_{qr}^e = \dot\lambda_{qr}^e = 0$，即次级 q 轴磁链以及其变化率均为零。由于次级是整块铝板和钢板的复合，所以 $u_{dr}^e = u_{qr}^e = 0$。那么，由式（6-9）~式（6-12）可以得到

$$pi_{ds}^e = -\frac{R_1}{L_\sigma(Q)}i_{ds}^e + \frac{1}{L_\sigma(Q)}u_{ds}^e - \omega_e i_{qs}^e \quad (6\text{-}17)$$

$$pi_{qs}^e = -\frac{R_1}{L_\sigma(Q)}i_{qs}^e + \frac{1}{L_\sigma(Q)}u_{qs}^e - \omega_e\left\{i_{ds}^e + \frac{L_{m1}[1-f(Q)]}{L_\sigma(Q)[L_r - L_{m1}f(Q)]}\lambda_{qr}^e\right\} \quad (6\text{-}18)$$

$$\lambda_{dr}^e = \frac{L_{m1}[1-f(Q)]}{1+[T_r - L_{m1}f(Q)/R_r]p}i_{ds}^e \quad (6\text{-}19)$$

$$\omega_{sl} = \frac{L_{m1}[1-f(Q)]i_{qs}^e}{[T_r - L_{m1}f(Q)/R_r]\lambda_{dr}^e} \quad (6\text{-}20)$$

式中，令总的漏感为

$$L_\sigma(Q) = L_1 - L_{m1}f(Q) - \frac{\{L_{m1}[1-f(Q)]\}^2}{L_r - L_{m1}f(Q)} \tag{6-21}$$

式中，ω_{sl} 为转差，且 $\omega_{sl} = \omega_e - \omega$。

当运动速度约为零时（$v \approx 0$），$f(Q) \approx 0$，那么就有

$$\omega_{sl} \approx \frac{L_{m1}i_{qs}^e}{T_r \lambda_{dr}^e} \tag{6-22}$$

$$\lambda_{dr}^e = \frac{L_{m1}}{1+T_r p} i_{ds}^e \tag{6-23}$$

由上述两式子可以看出，当直线感应电机的速度很低时，其与旋转感应电机一样。另外，更加重要的是从式（6-19）可以得到，当运行速度很高时（比如：$v \to \infty$ 时 $f(Q) \to 1$，$1-f(Q) \to 0$），对于一个给定的初级 d 轴电流 i_{ds}^e，次级 d 轴磁链 λ_{dr}^e 会随着速度的增加而减少。主要原因是端部效应的影响造成等效励磁电感的减小，可见端部效应导致沿用旋转电机的控制策略并不可以维持磁链的恒定。采用的方法是根据端部效应的影响对其造成的磁链下降给予适当的补偿。

6.2.2 端部效应对有功功率和推力的影响

由式（6-9）~式（6-12）可以得到输入功率为

$$\begin{aligned}P_{in} &= \frac{3}{2}(u_{ds}^e i_{ds}^e + u_{qs}^e i_{qs}^e + u_{dr}^e i_{dr}^e + u_{qs}^e i_{qs}^e) \\ &= \frac{3}{2}\bigg\{R_1(i_{ds}^{e2} + i_{qs}^{e2}) + R_r(i_{dr}^{e2} + i_{qr}^{e2}) + p\bigg\{\frac{L_1}{2}(i_{ds}^{e2} + i_{qs}^{e2}) + \frac{L_1}{2}[1-f(Q)](i_{dr}^{e2} + i_{qr}^{e2}) + \\ &\quad L_{m1}[1-f(Q)][(i_{ds}^e + i_{qs}^e)^2 + (i_{dr}^e + i_{qr}^e)^2]\bigg\} + \omega L_{m1}[1-f(Q)](i_{dr}^e i_{qs}^e - i_{ds}^e i_{qr}^e)\bigg\}\end{aligned} \tag{6-24}$$

可见输入功率主要分为三个部分，第一部分消耗在初级电阻和次级电阻上，即为

$$P_R = \frac{3}{2}R_1(i_{ds}^{e2} + i_{qs}^{e2}) + R_r(i_{dr}^{e2} + i_{qr}^{e2}) \tag{6-25}$$

第二部分存储于初级漏感、次级漏感和互感内，即为

$$P_L = \frac{3}{2}p\bigg\{\frac{L_1}{2}(i_{ds}^{e2} + i_{qs}^{e2}) + \frac{L_1}{2}[1-f(Q)](i_{dr}^{e2} + i_{qr}^{e2}) + L_{m1}[1-f(Q)][(i_{ds}^e + i_{qs}^e)^2 + (i_{dr}^e + i_{qr}^e)^2]\bigg\} \tag{6-26}$$

第三部分是直线电机将电能转换为机械能的机械功率，即

$$P_\Omega = \frac{3}{2}\omega L_{m1}[1-f(Q)](i_{dr}^e i_{qs}^e - i_{ds}^e i_{qr}^e) \tag{6-27}$$

在次级磁场定向的前提下，由式（6-27）、式（6-15）和式（6-16）可以得到推力的表达式为

$$F_x = \frac{\pi}{\tau}\frac{P_\Omega}{\omega_\Omega} = \frac{3}{4}\frac{p\pi L_{m1}[1-f(Q)]}{\tau(L_r - L_{m1}f(Q))}\lambda_{dr}^e i_{qs}^e \tag{6-28}$$

因为 $L_r = L_m + L_{lr}$，若 $L_m \gg L_{lr}$ 时，有 $L_r \approx L_m$，那么上式可以化简为

$$F_x = \frac{3}{4}\frac{p\pi}{\tau}\lambda_{dr}^e i_{qs}^e \tag{6-29}$$

由式（6-29）可以看出，$1-f(Q)$ 被抵消了，因此推力并不直接受到端部效应的影响，如图 6-2 所示，图中 $L_{\mathrm{m}}'\triangleq L_{\mathrm{m1}}[1-f(Q)]$。

可见推力因子 $\dfrac{L_{\mathrm{m1}}[1-f(Q)]}{L_{\mathrm{r}}-L_{\mathrm{m1}}f(Q)}$ 随着速度的增加也有变化，但是变化不是太大，这也就说明随着速度的增加推力并没有太大的直接变化。但是，次级磁链随速度的变化比较大，根据式（6-19）可以得到图 6-3，由图可见，磁链随速度的增加而急剧减小。所以将推力和磁链解耦的关键在于维持磁链的恒定即对磁链的控制，然后对于边缘效应对推力的影响也可以使用对电流 i_{qs}^{e} 的补偿来加以克服。

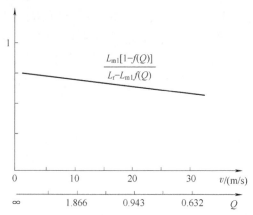 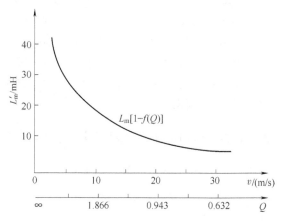

图 6-2　推力因子随速度变化的示意图　　图 6-3　磁链随速度变化的示意图

6.2.3　磁链控制器与推力控制器设计

在经典的转子磁场定向控制中，稳态时转子磁链与定子 d 轴电流成正比，即：$\lambda_{dr}^{e}=L_{\mathrm{m1}}i_{ds}^{e}$。但是，在直线感应电机中 λ_{dr}^{e} 和 i_{ds}^{e} 的比例因子依赖于速度的变化 $\lambda_{dr}^{e}=L_{\mathrm{m1}}[1-f(Q)]i_{ds}^{e}$ 即实际表现为一种非线性关系。如果电机的运行速度不是太快，即 Q 值的变化不是太剧烈，那么可以认为 λ_{dr}^{e} 和 i_{ds}^{e} 的关系是分段线性的，能够使用 PI 控制器设计来完成指令的转换[10]。

根据式（6-19）可得到

$$i_{ds}^{e*}=(PI_1)(\lambda_{dr}^{e*}-\hat{\lambda}_{dr}^{e})$$
$$=(PI_1)\left\{\lambda_{dr}^{e*}-\frac{L_{\mathrm{m1}}[1-f(Q)]}{1+[T_{\mathrm{r}}-L_{\mathrm{m1}}f(Q)/R_{\mathrm{r}}]p}i_{ds}^{e}\right\} \qquad (6\text{-}30)$$

式中，PI_1 表示对于 $K_{\mathrm{I}}>0$，$K_{\mathrm{P}}>0$ 的 PI 控制器 $(K_{\mathrm{I}}/p+K_{\mathrm{P}})$；$i_{ds}^{e*}$ 是初级 d 轴电流指令；λ_{dr}^{e*} 是次级 d 轴磁链指令；$\hat{\lambda}_{dr}^{e}$ 是次级 d 轴磁链估计值。

由式（6-19）整理可得磁链观测器为

$$p\hat{\lambda}_{dr}^{e}=-\frac{R_{\mathrm{r}}}{L_{\mathrm{r}}-L_{\mathrm{m1}}f(Q)}\hat{\lambda}_{dr}^{e}+\frac{R_{\mathrm{r}}L_{\mathrm{m1}}[1-f(Q)]}{L_{\mathrm{r}}-L_{\mathrm{m1}}f(Q)}i_{ds}^{e} \qquad (6\text{-}31)$$

推力控制器也可以使用 PI 控制器，为

$$i_{qs}^{e*} = (PI_2)(F_x^* - \hat{F}_x)$$
$$= (PI_2)\left\{F_x^* - \frac{3}{4}\frac{p\pi L_{m1}[1-f(Q)]}{\tau(L_r - L_{m1}f(Q))}\hat{\lambda}_{dr}^e i_{qs}^e\right\} \tag{6-32}$$

式中，PI_2 表示另一个 PI 控制器，用于转换推力偏差与初级 q 轴电流指令 i_{qs}^{e*}；i_{qs}^{e*} 是初级 q 轴电流指令；F_x^* 为推力指令；$\hat{F}_x$ 是推力估计值。

推力观测器按照式（6-28）进行，即

$$\hat{F}_x = \frac{3}{4}\frac{p\pi L_{m1}[1-f(Q)]}{\tau(L_r - L_{m1}f(Q))}\hat{\lambda}_{dr}^e i_{qs}^e \tag{6-33}$$

式中，$\hat{\lambda}_{dr}^e$ 由磁链观测器得到；i_{qs}^e 为实际测量的初级 q 轴电流。

6.2.4 电流控制器设计

初级电流控制器也使用常规的 PI 控制器[11]，并且针对端部效应加以补偿，其控制器由以下公式表达

$$u_{ds}^e = (PI_3)(i_{ds}^{e*} - i_{ds}^e) - \omega_e L_\sigma(Q) i_{qs}^e \tag{6-34}$$

式（6-34）的确定由图 6-4 解释，这里的 PI 控制器与通常的设计方法没有太大差别，所不同的就是针对端部效应的不同程度给予 PI 输出适当的补偿，即 PI_3 控制器完成 i_{ds}^{e*} 到 u_{ds}^e 的映射关系，同时根据所建立的直线感应电机模型对输出量进行补偿，以得到所需要的 d 轴初级电压控制量。图中 6-4a 为电机模型部分，图 6-4b 为针对该部分设计的控制器结构。

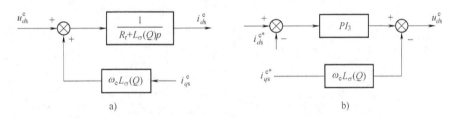

图 6-4　d 轴电流控制器设计结构图

$$u_{qs}^e = (PI_4)(i_{qs}^{e*} - i_{qs}^e) + \omega_e L_\sigma(Q) i_{ds}^e + \omega_e \frac{L_{m1}[1-f(Q)]}{L_r - L_{m1}f(Q)}\hat{\lambda}_{dr}^e \tag{6-35}$$

式（6-35）的确定由图 6-5 解释，即 PI_4 控制器完成 i_{qs}^{e*} 到 u_{qs}^e 的映射关系，同时根据所建立的直线感应电机模型对输出量进行补偿，并且与 d 轴不同之处在于还考虑了包含磁链观测器输出的估计磁链。这样得到所需要的 q 轴初级电压控制量。图 6-5a 为电机模型部分，图 6-5b 为针对该部分设计的控制器结构。

由式（6-17）变换为下式，图 6-4a 依据此式画出

$$[R_1 + L_\sigma(Q)p]i_{ds}^e = u_{ds}^e + \omega_e L_\sigma(Q) i_{qs}^e \tag{6-36}$$

由式（6-18）变换为下式，图 6-5a 依据此式画出

$$\left(\frac{1}{R_r + L_\sigma(Q)p}\right)i_{qs}^e = \omega_e L_\sigma(Q) + \omega_e \frac{L_{m1}[1-f(Q)]}{L_r - L_{m1}f(Q)}\hat{\lambda}_{dr}^e - u_{qs}^e \tag{6-37}$$

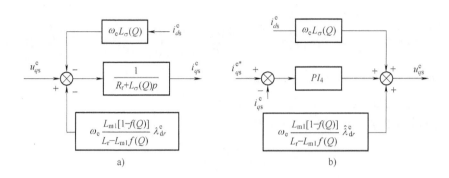

图 6-5 q 轴电流控制器设计结构图

由上述电流控制器设计、磁链控制器与推力控制器设计可以得到图 6-6 所示的整体控制系统的结构图。

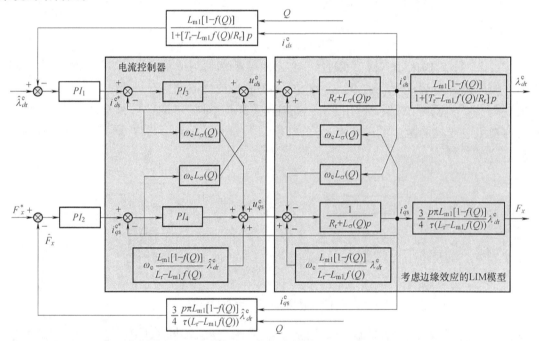

图 6-6 控制系统结构图

6.2.5 端部效应对励磁支路和推力的影响分析

仿真的直线感应电机参数见表 6-1。

表 6-1 轨道交通用直线感应电机参数

参 数	数 值	参 数	数 值
最大推力/kN	1.7	槽数	54
输入频率/Hz	40	槽宽/mm	15
相电流/A	200	槽开口宽/mm	10.44

(续)

参　数	数　值	参　数	数　值
$2p$	6	槽深/mm	34.21
每相匝数	108	铁轭高/mm	71.63
导体等效直径/mm	1.115	次级 $\sigma_{Fe}/(S/m)$	4.46×10^6
并联导体	19	次级 $\sigma_{Al}/(S/m)$	32.3×10^6
初级宽度 L_i/mm	101	次级宽/mm	111
τ/mm	250	次级铁轭/mm	25.4
端部连接/mm	295.5	次级铝厚 d/mm	4.5
绕距/mm	295.5	次级铝 t_{ov}/mm	12.7
气隙/mm	15	铝宽 $w+2w_{ov}$/mm	201

首先根据 $L'_m \triangleq L_{ml}[1-f(Q)]$ 计算等效电感，观察励磁电感随速度的变化趋势，从而确定动态边缘效应对励磁支路的影响，运行速度 0~30m/s。

由图 6-7 可知，速度的增加对励磁电感的影响很大，当速度达到 10m/s 时，电感已经减少到原来的 1/2。所以，对 d 轴电流的补偿是很必要的，否则无法达到磁通不变的要求，也就无法实现磁通和推力的解耦控制。

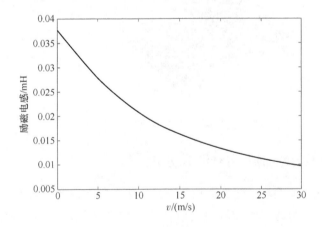

图 6-7　励磁电感随速度变化

计算推力因子与速度之间的关系，运行速度 0~30m/s。可见推力因子 $\dfrac{L_{ml}[1-f(Q)]}{L_r-L_{ml}f(Q)}$ 随着速度的增加不是太大，但是到 30m/s 时也减少了 30%，所以这部分的减少要依靠对电流 i_{qs}^e 的补偿来加以克服。

最后，由式（6-28）可以看出直线感应电机的推力不仅与 q 轴电流有线性关系，而且也与速度有着很大的非线性关系。不过，这种非线性关系由图 6-8 可见可以近似为线性关系。图 6-9 表示出推力、q 轴电流和速度之间的关系，由于三者近似为线性关系，所以图像表现为一个倾斜放置的平面。

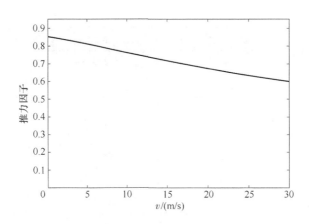

图6-8 推力因子随速度变化

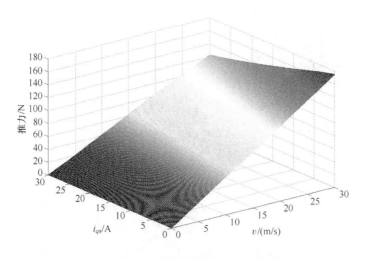

图6-9 推力、q轴电流和速度之间的关系

6.2.6 典型电机及其控制的仿真结果分析

仿真控制系统按照图6-6搭建，因只考察控制策略的有效性，其中功率单元未体现，如图6-10所示。图6-10只考虑推力和磁通的控制，主回路包括磁通控制回路和推力控制回路，分别使用2个PI控制器。推力控制器和磁通控制器输出送入电流控制，电流控制器考虑因为边缘效应对d轴电流和q轴电流的影响，对其进行补偿。另外三个模块"FluxEsti"、"ForceEsti"和"we"分别是磁通观测器、推力观测器和同步旋转速度计算模块。

直线感应电机按照式（6-17）~式（6-20）和式（6-28）搭建，并将其建立为子系统，并使用封装技术将其视为一个模块，如图6-11所示。

模块所需要的电机参数使用对话框方式，方便参数修改，也更人性化，如图6-12所示。此模块仅考虑端部效应，边缘效应需要填写修正的次级电阻加以考虑。

电流控制器是补偿边缘效应的重要部分，其设计主要根据式（6-34）~式（6-35）对d轴和q轴电流指令进行补偿并转换为电压指令。仿真电路搭建如图6-13所示，主要由2个

第 6 章 直线感应电机的控制策略

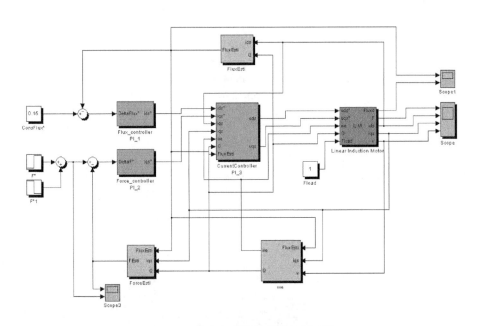

图 6-10　推力和磁通的仿真控制系统

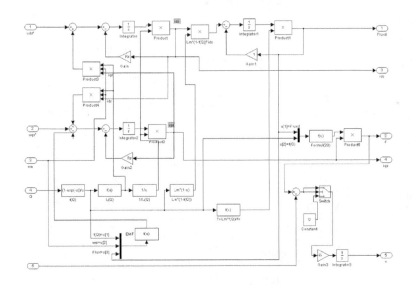

图 6-11　直线感应电机子系统图

PI 控制器和电流补偿计算组成，这些补偿直接与速度相关。

对话框填写的部分（见图 6-14）为两个 PI 控制器的参数，这两个控制器的参数是一样的，PI 输出限幅。初级电感、次级电感和互感的单位为 H。

推力观测器、磁通观测器和同步转速观测器分别按照式（6-33）、式（6-19）和式（6-20）进行设计，程序如图 6-15～图 6-17 所示，均采用封装技术，对话框类似于电机和电流控制器的对话框。由图 6-15～图 6-17 可知，推力观测器、磁通观测器和同步转速观测器都与电机运行速度呈非线性关系，这一点就是直线感应电机本身的特点，也是与传统旋转电机的重要区别之处。

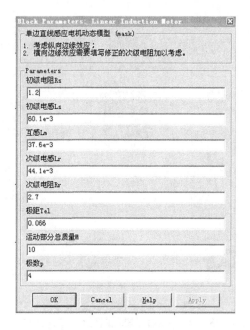

图 6-12 LIM 参数输入对话框

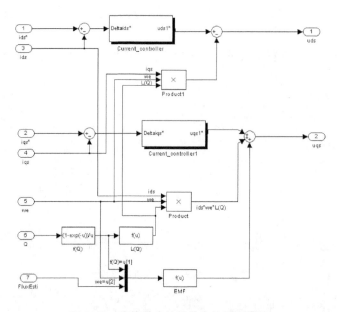

图 6-13 边缘效应补偿的电流控制器图

首先,在电机起动后 6s 时加入幅值为 1200N 的推力方波指令并保持到 15s (表示设定电机跟踪 1200N 的推力指令);磁通设定为恒定的 0.15Wb。磁通控制器 (Flux_controller) PI_1 = $(1800s + 180)/s$、推力控制器 (Force_controller) PI_2 = $(0.015s + 15)/s$、电流控制器 (Current_controller) 中的 2 个 PI 控制器设定为 PI_3 = $(25s + 80000)/s$。观察电机输出推力、d 轴电流、q 轴电流和速度如图 6-18 所示。

由图 6-18 可以看出,推力保持着对指令很好的跟踪效果,但是 q 轴电流并没有保持方

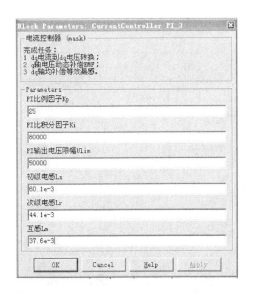

图 6-14 电流控制器参数输入对话框

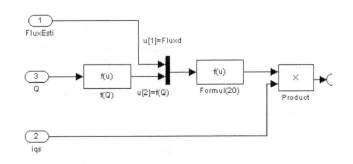

图 6-15 推力观测器程序图

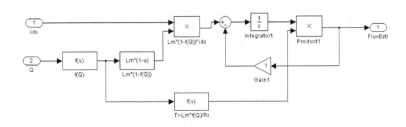

图 6-16 磁通观测器程序图

波而是略有上升，这是因为推力因子随着速度增加略有下降，q 轴电流做出相应补偿。d 轴电流剧烈上升，这是因为磁通随着速度增加剧烈减少，为了保持磁通的恒定 d 轴电流做出相应补偿，最终速度达到 50m/s。

观察输出磁通和观测磁通的差别，见图 6-19。第一幅图表示实际电机输出磁通，第二幅图表示观测器输出电机的磁通，对比两者可知，磁通观测器可以很好并且准确的观测到磁通的大小和变化。

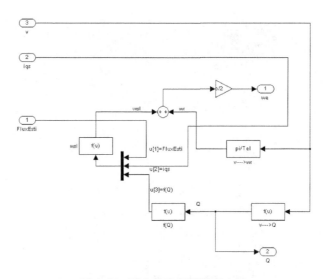

图 6-17　同步转速观测器程序图

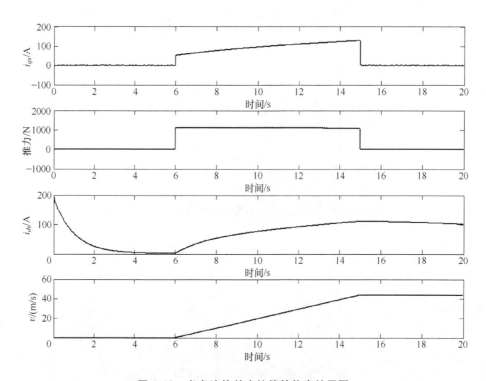

图 6-18　考虑边缘效应补偿的仿真结果图

电机的输出磁通按照指令维持恒定不变,是因为考虑了边缘效应之后电流控制器的 d 轴进行了非线性补偿。

观察 LIM 实际输出推力和观测推力的差别,见图 6-20。第一幅图表示实际电机输出推力,第二幅图表示观测器输出电机的推力,对比两者可知,推力观测器可以很好并且准确地观测到推力的大小和变化。

第6章 直线感应电机的控制策略

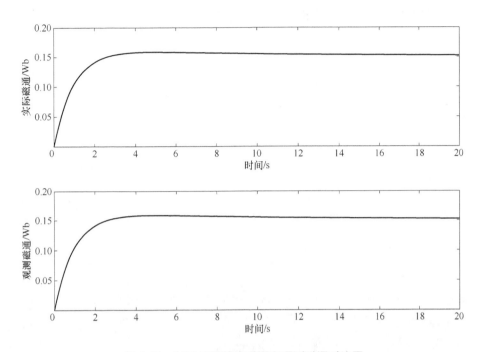

图 6-19 LIM 实际输出磁通和观测磁通对比图

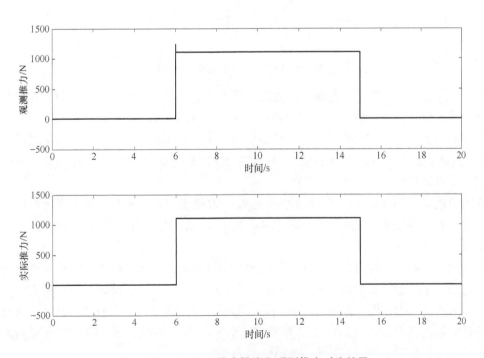

图 6-20 LIM 实际输出推力和观测推力对比结果

根据式（6-28），令 $F_{\text{un}} \triangleq \dfrac{3}{4} \dfrac{p\pi L_{m1}[1-f(Q)]}{\tau(L_r - L_{m1}f(Q))} \lambda_{dr}^e$ 观察组成推力的两个来源 F_{un} 和 q 轴电流。由图 6-21 可知，F_{un} 随着时间的推移（其实是速度的增加）逐渐变小，减小的幅度比磁

通要剧烈，这主要是因为推力因子和磁通都减小的缘故。当推力指令减小时，其呈现回升势态。在 F_{un} 减小的同时，q 轴电流剧烈上升，两者造成的最终结果是推力观测器的输出和直线感应电机输出一致，同时也和推力指令一致。

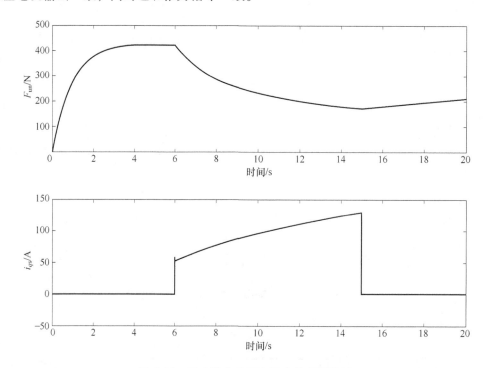

图 6-21　组成推力的两个元素的观测结果

为了对比直线感应电机与传统旋转感应电机的控制差别，现在使用旋转感应电机控制器的设计方式来设计控制器回路，被控对象仍然使用直线感应电机。

仍然使用上述仿真的全部控制器参数，但是不考虑边缘效应的补偿，即控制器参数中的 $Q\to\infty$，但是电机中的 Q 仍旧保持动态值，仿真图如图 6-22 所示。同步速度观测器中的 Q 也采用同样方法处理，如图 6-23 所示。

在电机起动后 6s 时加入幅值为 1200N 的推力方波指令并保持到 15s（表示设定电机跟踪 1200N 的推力指令）；磁通设定为恒定的 0.15Wb。观察电机输出推力、d 轴电流、q 轴电流和速度如图 6-24 所示。

由上图可以看出，推力没有对指令保持较好的跟踪效果，而是随着速度的不断增加逐步减少，这是由于边缘效应影响造成的。q 轴电流保持方波不变按照旋转电机的 q 轴电流与推力成正比来维持推力不变，没有考虑推力因子随着速度略有下降。d 轴电流维持不变按照旋转电机的 d 轴电流与磁通成正比以维持磁通的恒定，但是实际上磁通随着速度增加剧烈减少。最终速度达到 25m/s，比前者的策略低将近 1/2。

观察输出磁通和观测磁通的差别，如图 6-25 所示。第二幅图表示实际电机输出磁通，第一幅图表示观测器输出电机的磁通，对比两者可知，磁通观测器没有考虑边缘效应，当电机的磁通因为边缘效应下降时，其观测结果仍然不变与电机实际输出磁通差别很大。

观察 LIM 输出推力和观测推力的差别，如图 6-26 所示。第二幅图表示实际电机输出推

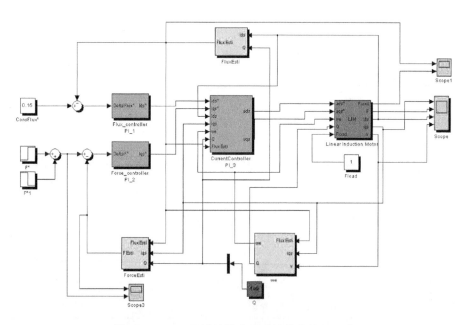

图 6-22　RIM 设计的推力和磁通仿真控制系统

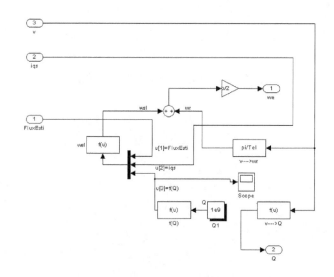

图 6-23　RIM 同步速度观测器设计框图

力,第一幅图表示观测器输出电机的推力,对比两者可知,推力观测器没有考虑边缘效应,当电机的推力因为边缘效应下降时,其观测结果仍然不变与电机实际输出推力差别很大。

由图 6-27 可知,由于不考虑边缘效应,所以 F_{un} 随着时间的推移(其实是速度的增加)保持不变。同时,q 轴电流也保持不变,两者造成的最终结果是推力观测器的输出和直线感应电机输出差别很大,但是和推力指令一致。

加入速度闭环之后的解耦控制整体控制如图 6-28 所示,按照控制系统结构图编写的仿真程序如图 6-29 和图 6-31 所示。其中图 6-29 是考虑边缘效应的控制系统仿真结构图,图 6-31 是不考虑边缘效应的整体控制系统仿真结构图。

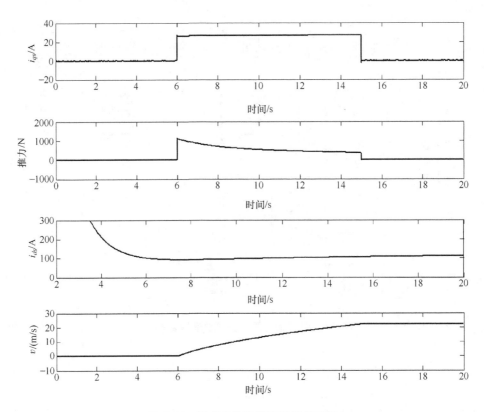

图 6-24　不考虑边缘效应补偿的结果

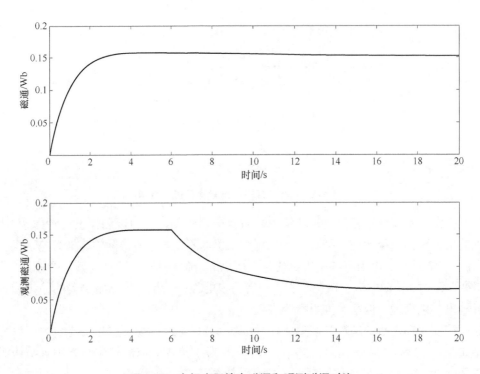

图 6-25　电机实际输出磁通和观测磁通对比

第 6 章 直线感应电机的控制策略

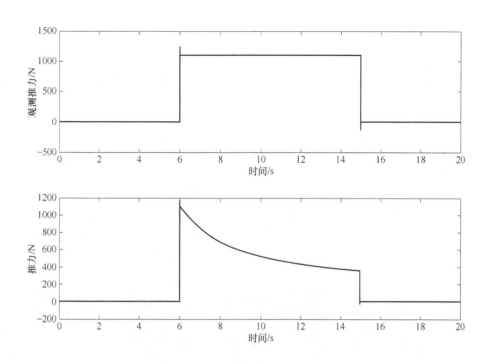

图 6-26 LIM 输出推力和观测推力对比

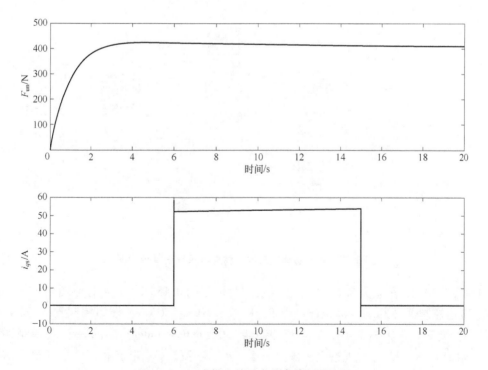

图 6-27 组成推力的两个元素的观测结果

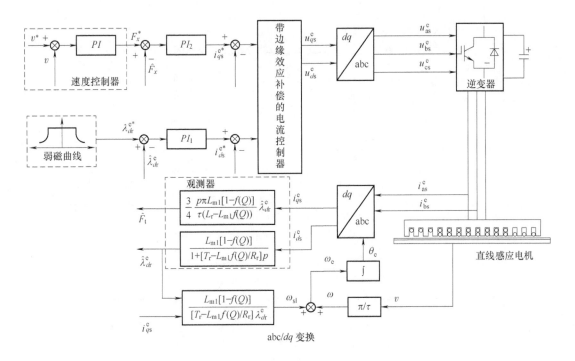

图 6-28　整体控制系统结构图

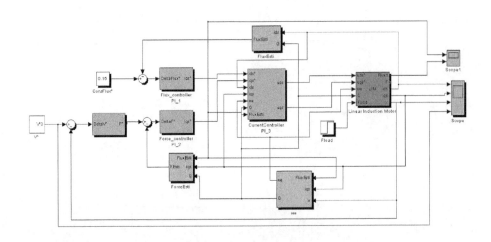

图 6-29　考虑边缘效应的整体控制系统仿真结构图

电机带载起动，负载力为 1200N，磁通设定为恒定的 0.15Wb。速度控制器为 PI = (10s + 10)/s、磁通控制器（Flux_controller）为 PI_1 = (1800s + 180)/s、推力控制器（Force_controller）为 PI_2 = (0.015s + 15)/s、电流控制器（CurrentController）中的 2 个 PI 控制器设定为 PI_3 = (25s + 80000)/s。观察电机输出速度、d 轴电流、q 轴电流和速度指令跟踪结果如图 6-30 和图 6-32 所示。速度指令为梯形指令分别在 0s、5s、10s 和 15s 为 0m/s、50m/s、100m/s 和 150m/s。由图 6-30 可知，d 轴电流为了补偿磁通的减少随着速度的不断增加而不断增加，速度的跟踪比较及时并且没有超调。

第6章 直线感应电机的控制策略

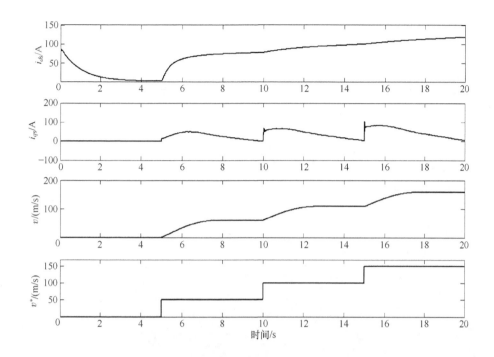

图 6-30 速度跟踪的结果图（考虑边缘效应）

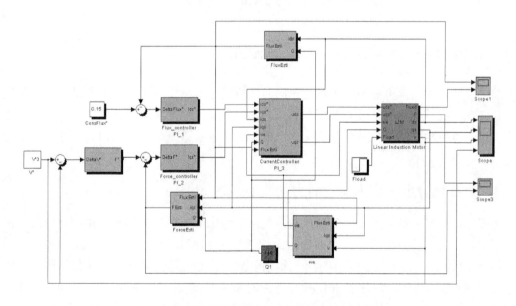

图 6-31 不考虑边缘效应的整体控制系统仿真结构图

仍然使用上述仿真的全部控制器参数，但是不考虑边缘效应的补偿，即控制器参数中的 $Q\to\infty$，但是电机中的 Q 仍旧保持动态值，仿真如图 6-31 所示。同步速度观测器中的 Q 也采用该方法处理。

比较图 6-32 和图 6-30 可知，d 轴电流随着速度的不断增加而保持不变，速度的跟踪比较缓慢并且几乎一直处于按照斜率速度上升，没有维持速度不变的恒速过程。

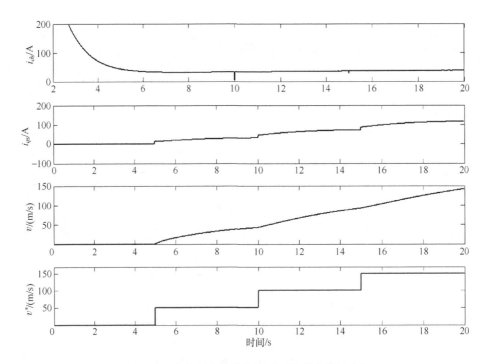

图 6-32 速度跟踪的结果图（不考虑边缘效应）

6.3 直线感应电机的二维力解耦控制

前一节所讲述的推力控制，未考虑法向力造成的运行阻力和影响。本节进一步从理论上分析并实现直线感应电机二维力解耦控制，即可以独立控制的推力和法向力。这样，在磁悬浮系统中，可以减少法向力对悬浮机构的影响；对于轮轨系统而言，可以减少法向力增加的运行阻力。

6.3.1 直线感应电机推力与法向力的简要表达

为了更加精确地计算出推力与法向力的关系、考虑高次谐波的影响，使用空间高次谐波法。而且，空间谐波分析法可以同时考虑边缘效应和初级设计参数（所以该方法对初级的设计很有价值），尤其适合于短初级、长次级的单边直线感应电机分析。其数学模型和坐标系选择如图 6-33 所示，假设在所分析的研究对象 LIM 左右无限毗邻着很多同样的 LIM1、LIM2、…，这样就可以直接使用傅里叶分析得到磁动势的分布从而得到矢量磁位。在使用计算机进行数字计算时候要注意两个 LIM 毗邻的距离 L_c 应该保证两个 LIM 的磁场交链可以忽略。次级铁轭的磁导率使用等效磁导率代替，视为常数。

由初级电流产生的磁动势不仅包含基波分量还有更高次的谐波分量，这些磁动势的合成表达式为

$$f(x,t) = \frac{\sqrt{2}}{2}\sum_{n=1}^{\infty} mI_1 \frac{k_{wn}N_{ph}}{pn} k_{lpn}[k_{mn}^{+}\cos(\omega_1 t - \pi x/\tau_{1n}) - k_{mn}^{-}\sin(\omega_1 t + \pi x/\tau_{1n})] \quad (6-38)$$

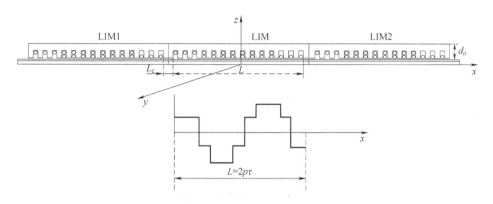

图 6-33 直线感应电机的数学模型和磁动势分布示意图

初级 j^+ 表面电流层密度可以表达为

$$j_1 = \sum_{n=1}^{\infty} j_{1,n} = \sum_{n=1}^{\infty} (j_{1,n}^+ - j_{1,n}^-) \tag{6-39}$$

式中，$j_{1,n}$ 表示 n 次空间谐波电流密度；$j_{1,n}^+$ 表示正向运动的电流密度；$j_{1,n}^-$ 表示反向运动的电流密度。

$$j_{1,n}^+ = 2\sqrt{2}m \frac{k_{wn}N_{ph}}{pL} k_{lpn} k_{mn}^+ I_1 e^{j(\pi/\tau_{1n})(v_{sn}t - x)} \tag{6-40}$$

$$j_{1,n}^- = 2\sqrt{2}m \frac{k_{wn}N_{ph}}{pL} k_{lpn} k_{mn}^- I_1 e^{j(\pi/\tau_{1n})(v_{sn}t + x)} \tag{6-41}$$

$$k_{wn} = \frac{\sin[q\pi b_{11}/(2\tau_{1n})]}{q\sin[\pi b_{11}/(2\tau_{1n})]} \sin\left(\frac{\pi w_c}{2\tau_{1n}}\right) \tag{6-42}$$

$$k_{lpn} = \frac{\sin[p\pi\tau/(2\tau_{1n})]}{2\cos[\pi\tau/(2\tau_{1n})]} \tag{6-43}$$

$$k_{mn}^+ = \frac{\sin[\pi(1 - \tau/\tau_{1n})/2]}{m\sin[\pi(1 - \tau/\tau_{1n})/(2m)]} \tag{6-44}$$

$$k_{mn}^- = \frac{\sin[\pi(1 + \tau/\tau_{1n})/2]}{m\sin[\pi(1 + \tau/\tau_{1n})/(2m)]} \tag{6-45}$$

式中，m 表示相数；p 是极对数；q 是每极每相槽数；N_{ph} 每相串联匝数；τ 是极距；w_c 是节距；b_{11} 是槽宽；τ_{1n} 是 n 次空间谐波的等效极距，且 $\tau_{1n} = \tau/n$；v_{sn} 是 n 次空间谐波的同步运行速度，$v_{sn} = 2\tau_{1n}f$；f 是供电电源频率；I_1 是初级每相电流大小的有效值。

当对应 $j_{1,n}$ 的矢量磁位 $\boldsymbol{A}_{y,n}$ 得出之后，j_1 对应的矢量磁位 $\boldsymbol{A}_y$ 就可以由 $\boldsymbol{A}_{y,n}$ 叠加而得到。求得基本解的数学模型如图 6-34 所示。

求得基本解的主要方程如下：

$$\frac{\partial^2 \boldsymbol{A}_{y,n}}{\partial x^2} + \frac{\partial^2 \boldsymbol{A}_{y,n}}{\partial z^2} = \sigma\mu\left(\frac{\partial \boldsymbol{A}_{y,n}}{\partial t} + v\frac{\partial \boldsymbol{A}_{y,n}}{\partial x}\right) \tag{6-46}$$

使用 $z = 0$ 的边界条件，矢量磁位可以表示为分离变量的形式

$$\boldsymbol{A}_{y,n} = [\boldsymbol{A}_{y,n}^+ e^{-j(\pi/\tau_{1n})x} - \boldsymbol{A}_{y,n}^- e^{-j(\pi/\tau_{1n})x}] e^{-j\omega_1 t} \tag{6-47}$$

通过解二阶边界值问题，气隙磁通密度可以表示如下：

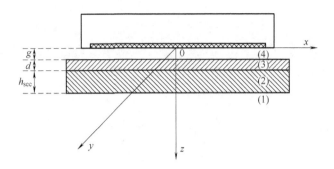

图 6-34 求得 LIM 基本解的二维数学模型

$$B_x = \sum_{n=1}^{\infty} B_{x,n} = \sum_{n=1}^{\infty} \left[-\frac{\partial A_{y,n}}{\partial z} \right]_{z=0}$$
$$= -\sum_{n=1}^{\infty} 2\sqrt{2} I_1 \frac{k_{wn} N_{ph}}{pL} \mu_0 k_{1pn} [k_{mn}^+ e^{-j(\pi/\tau_{1n})x} - k_{mn}^- e^{j(\pi/\tau_{1n})x}] e^{j\omega_1 t} \quad (6\text{-}48)$$

$$B_z = \sum_{n=1}^{\infty} B_{z,n} = \sum_{n=1}^{\infty} \left[-\frac{\partial A_{y,n}}{\partial x} \right]_{z=0}$$
$$= -\sum_{n=1}^{\infty} 2\sqrt{2} I_1 \frac{k_{wn} N_{ph}}{pL} \mu_0 k_{1pn} j [k_{mn}^+ k_{Hn}^+ e^{-j(\pi/\tau_{1n})x} - k_{mn}^- k_{Hn}^- e^{j(\pi/\tau_{1n})x}] e^{j\omega_1 t} \quad (6\text{-}49)$$

式中

$$k_{Hn}^+ = \frac{1 + \tanh(\pi/\tau_{1n}) g \lambda_{2n}'^+ \tanh(\pi/\tau_{1n}) d\lambda_{2n}'^+}{\tanh(\pi/\tau_{1n}) g + \lambda_{2n}'^+ \tanh(\pi/\tau_{1n}) d\lambda_{2n}'^+} \quad (6\text{-}50)$$

$$\tanh(\pi/\tau_{1n}) d\lambda_{2n}'^+ = \frac{\tanh(\pi/\tau_{1n}) d\lambda_{2n}^+ + (\mu_0/\mu)(\lambda_{1n}'^+/\lambda_{2n}^+) \tanh(\pi/\tau_{1n}) h_{sec} \lambda_{2n}'^+}{1 + \tanh(\pi/\tau_{1n}) d\lambda_{2n}^+ (\mu_0/\mu)(\lambda_{1n}'^+/\lambda_{2n}^+) \tanh(\pi/\tau_{1n}) h_{sec} \lambda_{2n}'^+} \quad (6\text{-}51)$$

$$\tanh(\pi/\tau_{1n}) h_{sec} \lambda_{2n}'^+ = \frac{\tanh(\pi/\tau_{1n}) h_{sec} \lambda_{1n}^+ + (\mu_0/\mu) \lambda_{1n}^+}{1 + \tanh(\pi/\tau_{1n}) h_{sec} \lambda_{1n}^+ (\mu_0/\mu) \lambda_{2n}^+} \quad (6\text{-}52)$$

$$\lambda_{1n}^+ = \sqrt{1 + j\sigma_{Fe} \mu s_n^+ v_{sn} \tau_{1n}/\pi} \quad (6\text{-}53)$$

$$\lambda_{2n}^+ = \sqrt{1 + j\sigma_{Al} \mu_0 s_n^+ v_{sn} \tau_{1n}/\pi} \quad (6\text{-}54)$$

$$s_n^+ = (v_{sn} - v)/v_{sn} \quad (6\text{-}55)$$

$$k_{Hn}^- = \frac{1 + \tanh(\pi/\tau_{1n}) g \lambda_{2n}'^- \tanh(\pi/\tau_{1n}) d\lambda_{2n}'^-}{\tanh(\pi/\tau_{1n}) g + \lambda_{2n}'^- \tanh(\pi/\tau_{1n}) d\lambda_{2n}'^-} \quad (6\text{-}56)$$

$$\tanh(\pi/\tau_{1n}) d\lambda_{2n}'^- = \frac{\tanh(\pi/\tau_{1n}) d\lambda_{2n}^- + (\mu_0/\mu)(\lambda_{1n}'^-/\lambda_{2n}^-) \tanh(\pi/\tau_{1n}) h_{sec} \lambda_{2n}'^-}{1 + \tanh(\pi/\tau_{1n}) d\lambda_{2n}^- (\mu_0/\mu)(\lambda_{1n}'^-/\lambda_{2n}^-) \tanh(\pi/\tau_{1n}) h_{sec} \lambda_{2n}'^-} \quad (6\text{-}57)$$

$$\tanh(\pi/\tau_{1n}) h_{sec} \lambda_{2n}'^- = \frac{\tanh(\pi/\tau_{1n}) h_{sec} \lambda_{1n}^- + (\mu_0/\mu) \lambda_{1n}^-}{1 + \tanh(\pi/\tau_{1n}) h_{sec} \lambda_{1n}^- (\mu_0/\mu) \lambda_{2n}^-} \quad (6\text{-}58)$$

$$\lambda_{1n}^- = \sqrt{1 + j\sigma_{Fe} \mu s_n^- v_{sn} \tau_{1n}/\pi} \quad (6\text{-}59)$$

$$\lambda_{2n}^- = \sqrt{1 + j\sigma_{Al} \mu_0 s_n^- v_{sn} \tau_{1n}/\pi} \quad (6\text{-}60)$$

$$s_n^- = (v_{sn} + v)/v_{sn} \quad (6\text{-}61)$$

式中，σ_{Fe} 为次级铁轭电导率；σ_{Al} 为次级非磁性导电层电导率；h_{sec} 为次级铁轭厚度；d 为次级非磁性导电厚度；μ 为次级铁轭磁导率；μ_0 为次级非磁性导电层磁导率。

使用麦克斯韦张量定理可以得到单位长度上的推力、总的推力以及总的法向力，结论如下：

$$f_x(x) = \frac{1}{2}\left(\frac{1}{2\mu_0}B_z B_z^* - \frac{1}{2\mu_0}B_x B_x^*\right)L_i \tag{6-62}$$

$$F_x = \int_{-p\tau}^{p\tau} f_z(x)\,\mathrm{d}x \tag{6-63}$$

$$F_z = \sum_{n=1}^{\infty} \mathrm{Re}\left(\frac{1}{2\mu_0}B_x B_z^*\right) 2p\tau L_i \tag{6-64}$$

式中，L_i 表示初级宽度（即初级硅钢片叠片厚度）。

若使用电压源供电，那么式（6-47）中的初级电流 I_1 可以使用下式求得

$$\dot{I}_1 = \frac{\dot{U}}{\dot{Z}_t} \tag{6-65}$$

式中

$$\dot{Z}_t = \dot{Z}_1 + \dot{Z}_{2e} \tag{6-66}$$

$$\dot{Z}_{2e} = \sum_{n=1}^{\infty} 16m\left(\frac{2k_{wn}N_{ph}}{p}\right)^2 L_i f \mu_0 \mathrm{j} \frac{k_{1pn}^2}{n}(k_{mn}^+ k_{Hn}^+ + k_{mn}^- k_{Hn}^-) \tag{6-67}$$

式中，U 表示直线感应电机端电压；$\dot{Z}_1$ 是初级阻抗；$\dot{Z}_{2e}$ 为等效次级阻抗（包括励磁之路和边缘效应）。

6.3.2 推力与法向力的关系与特点

首先分析计算推力以及法向力的参数性质如下：

（1）与电机设计参数相关类：k_{wn}、k_{1pn}、N_{ph}、p、L、k_{mn}^+、k_{mn}^-。

（2）与电机设计参数和运行参数相关类：k_{Hn}^+、k_{Hn}^-、I_1。

第二类中的 k_{Hn}^+、k_{Hn}^- 根据式（6-53）、式（6-54）、式（6-59）和式（6-60）可知仅与 s_n^+、s_n^- 有关，s_n^+、s_n^- 是考虑谐波时的转差率，s 是基波转差率。下面推导式（6-55）与式（6-61）的关系：

$$s_n^- = (v_{sn} + v)/v_{sn} = [(v_{sn} - v) + 2v]/v_{sn} = 2 - s_n^+ \tag{6-68}$$

可见推力和法向力仅与初级电流和转差频率 s_n^+ 有关系。

下面重写推力和法向力的表达式如下：

$$f_x(x) = \frac{1}{2}\left(\frac{1}{2\mu_0}B_z B_z^* - \frac{1}{2\mu_0}B_x B_x^*\right)L_i \tag{6-69}$$

$$F_x = \int_{-p\tau}^{p\tau} \frac{1}{2}\left(\frac{1}{2\mu_0}B_z B_z^* - \frac{1}{2\mu_0}B_x B_x^*\right)L_i\,\mathrm{d}x$$

$$= 2I_1^2 \frac{k_{wn}^2 N_{ph}^2}{p\tau}\mu_0 L_i m^2(K^2 - 1) \tag{6-70}$$

$$F_z = \sum_{n=1}^{\infty} \mathrm{Re}\left(\frac{1}{2\mu_0}B_x B_z^*\right) 2p\tau L_i \tag{6-71}$$

推力与法向力的关系为

$$\frac{F_x}{F_z} = \frac{\int_{-p\tau}^{p\tau} \frac{1}{2}\left(\frac{1}{2\mu_0}B_zB_z^* - \frac{1}{2\mu_0}B_xB_x^*\right)L_i \mathrm{d}x}{\sum_{n=1}^{\infty} \mathrm{Re}\left(\frac{1}{2\mu_0}B_xB_z^*\right)2p\tau L_i}$$

$$= \frac{2I_1^2 \frac{k_{wn}^2 N_{ph}^2}{p\tau}\mu_0 L_i m^2(K^2-1)}{\sum_{n=1}^{\infty} \mathrm{Re}\left(\frac{1}{2\mu_0}B_xB_z^*\right)2p\tau L_i}$$

$$= \gamma(s_n^+ f) \tag{6-72}$$

上面的式子中初级电流被互相抵消,即推力与法向力之比除了与直线感应电机本身的设计参数有关之外,仅与 sf 有关。并且,通常这种关系是单调的,如图 6-35 所示。

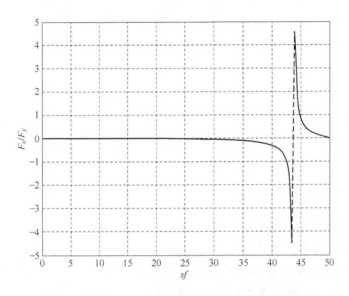

图 6-35　sf 与推力/法向力的关系图

图 6-35 中,与 y 轴平行的虚线为渐近线,令式(6-72)中 F_z 为零可以得到此时的转差频率为 $sf = \frac{\pi g}{2\tau\mu_0\sigma_{Al}}\sqrt{\left(\frac{\tau}{\pi g}\right)^2 - 1}$,此转差频率仅与电机本身的参数有关,是与转差和电源供电频率都无关的恒值。文献为了减小法向力对磁悬浮列车悬浮系统的影响,使用恒转差率控制时的 sf 工作点与本节推导的结果相同,这也从侧面证明了图 6-35 的正确性。与该文献中磁悬浮列车控制的不同之处在于:本节导出了在整个工作区的 sf 与"推力与法向力比值"之间的关系,得出的是一个区域的关系。如图 6-35 所示,渐进线左右两侧的两条曲线分别表示法向合力为引力和斥力的情况。

观察图 6-35 可知,计算一个推力与法向力之比可以唯一确定一个 sf。由于式(6-72)很复杂,在线计算不太可能。所以,采取先离线将这种关系曲线预先计算出来,在线计算时候采用查表并插值的方式得到。

6.3.3 电流指令和频率指令的重构

如上一节所示，由推力指令和法向力指令通过查表可以得到 sf，将 sf 代入式（6-67）计算次级和励磁之路并联的阻抗 $\dot{Z}_{2e}$，这里认为 $\dot{Z}_{2e}$ 中的电阻部分对应着推力做功部分，注意 $\dot{Z}_{2e}$ 中除了 sf 之外，其余均为电机参数。$\dot{Z}_{2e}$ 中的电阻部分就对应着推力做功部分，须满足两个条件：

(1) 忽略励磁之路的电阻。一般直线感应电机气隙较大，气隙磁通密度度较低（一般为 0.2~0.4T），所以铁耗较小可以忽略。

(2) 忽略次级铜耗与端部效应。在中低速的情况下，端部效应可以被忽略。注意：也可以按照图 3-5 所示的 T 型等效电路来计算，这样仍然考虑次级铜耗与纵向边缘效，更加精确。但在一般工程实践中，忽略两者是可以接受的[13]。

则输出有功功率为

$$P = F_x v \tag{6-73}$$

又因为

$$P = mI^2 \mathrm{Re}(\dot{Z}_{2e}) \tag{6-74}$$

式中，I 为初级电流。

由式（6-73）和式（6-74）可得

$$I = \sqrt{\frac{P}{m\mathrm{Re}(\dot{Z}_{2e})}} = \sqrt{\frac{F_x v}{m\mathrm{Re}(\dot{Z}_{2e})}} \tag{6-75}$$

那么根据式（6-75）就可以计算出电流指令的幅值，下面需要求出电流指令的频率。直线感应电机同步速度由下式求得

$$v_s = 2\tau f \tag{6-76}$$

直线感应电机实际速度由下式求得

$$v = 2(1-s)\tau f \tag{6-77}$$

$$v = (1-s)v_s \tag{6-78}$$

那么由式（6-76）~式（6-78）可得

$$f = sf + \frac{v}{2\tau} \tag{6-79}$$

其中 sf 已知，v 由速度传感器得来。

根据式（6-75）、磁场定向角和 i_{qs} 即可以求得 i_{ds}。结合磁场与推力解耦控制框图，可以得到控制系统如图 6-37 所示。

电机参数与见表 6-1，如图 6-36 所示 d 轴控制回路演变为法向力控制回路，根据法向力指令映射为 d 轴电流指令部分为推力与法向力的解耦器，模型搭建如图 6-37 所示。

其中，推力控制器（Force_controller）为 PI_2 = (0.015s + 15)/s、电流控制器（Current-Controller）中的 2 个 PI 控制器设定为 PI_3 = (25s + 80000)/s。观察电机输出推力、输出法向力、d 轴电流、q 轴电流和速度。

为了验证推力与法向力的解耦，将 q 轴的速度环去掉。首先，在电机起动后 5s 时加入幅值为 50N 的推力方波指令并保持到 15s（表示设定电机跟踪 50N 的推力指令）；法向力设定为恒定的 4N。

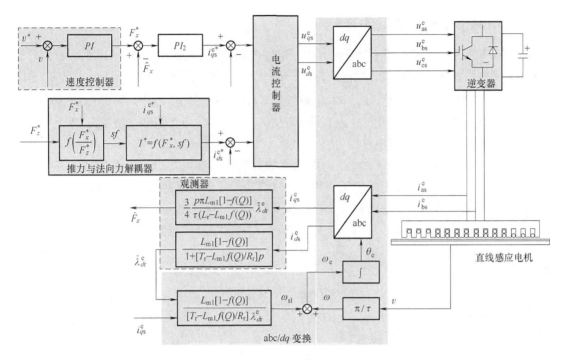

图 6-36 推力与法向力解耦框图

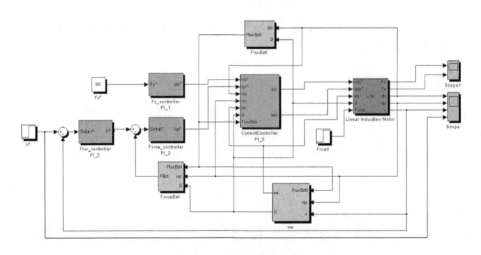

图 6-37 解耦器仿真框图

推力指令、法向力指令、实际推力和实际法向力如图 6-38 所示。

法向力在 4s 时的较大值是由于直线感应电机还处于起动阶段的缘故，由图 6-38 可知当推力在 5s 跃变时，法向力基本没有变化，稳定运行后，法向力略有抬升但是幅度不大。

在电机起动后 5s 时加入幅值为 50N 的法向力阶跃指令并保持到 15s；推力设定为恒定的 90N。推力指令、法向力指令、实际推力和实际法向力如图 6-39 所示。可见推力在 4s 时候进入稳定期，在 5s 时法向力阶跃，但是推力依然维持恒定不变，略有下降但是幅度很小。图 6-40 为法向力跃变与推力恒定的稳态结果曲线。

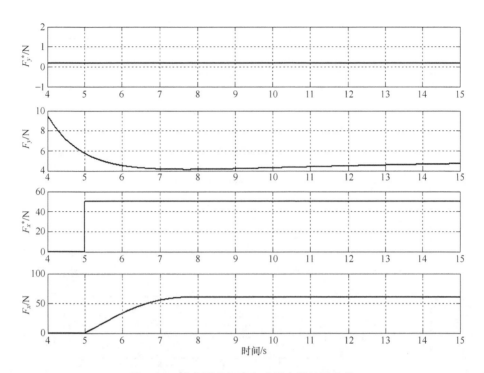

图 6-38 推力跃变与法向力恒定的结果曲线

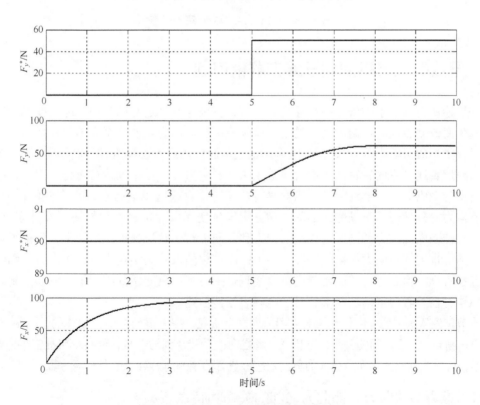

图 6-39 法向力跃变与推力恒定的结果

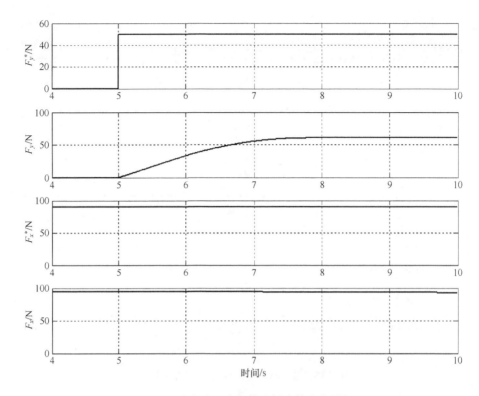

图 6-40 法向力跃变与推力恒定的稳态结果

6.4 直线感应电机的准三维力解耦控制

如综述所言,对于中低速磁悬浮列车而言,初级与次级之间的法向力随速度或者转差频率的变化而改变,此时控制策略目的之一就是控制法向力为低值甚至为零并保持不变,以减少对悬浮机构的影响[14]。可见,法向力通常起负面作用或者说没有较好利用[15]。

对使用直线电机的轮轨列车而言,减小法向吸引力可降低车辆运行阻力。因此,可有效降低电机的牵引能耗,节约能源。当车辆过弯道时,直线电机运行在初级横向偏移的工况,此时侧向力对外呈现,车辆侧滚的动力学分析发生变化以及抗侧滚扭杆裕量设计亦将不同。因此,在控制电磁推力的同时,控制法向力和侧向力对于轨道交通车辆来讲,显得很重要。

在前节推力和法向力解耦的基础上,下一步理想的做法是实现推力、法向力和侧向力之间的互相解耦。但是,目前的研究还难以实现这一目标,只能做到准三维力解耦控制,即在满足三维力任二者解耦的情况下,另一电磁力维持恒定。

本节首先从电磁场理论和等效电路理论出发来研究,在电机初级横向偏移的情况下,推力、法向力和侧向力三者之间的关系,分析任二者之间关系涉及到的参量,最终提出准三维力解耦控制策略,可以主动减少法向力造成的负面效应,或者控制侧向力对弯道上车辆的动力学影响。

6.4.1 推力与法向力、侧向力之间的关系和特点

在电机实际运行中,最重要的两点是:①实现推力与法向力的解耦控制;②实现推力与

侧向力的解耦控制。为了实现上述两种解耦控制方法,首先需要推导出推力与法向力、推力与侧向力的数学关系。前两章已经从电磁场理论和新型等效电路出发导出了三维力(推力 F_x、法向力 F_z、侧向力 F_y)的解析表达式。由电磁场解析理论中导出的推力、法向力表达式,可导出推力与法向力的比值为

$$\frac{F_x}{F_z} = \gamma_z^*(s, f_1, \Delta y) = \frac{\int_{-h_2/2}^{h_2/2} \int_{-L_1/2}^{L_1/2} \mathrm{Re}\left\{\sum_{n=1}^{\infty}\sum_{k=1}^{\infty} \frac{\mathrm{j}\pi\left(\frac{1}{\tau_{1n}} + \frac{\tau_{1n}}{h_{2k}^2}\right)\cos\frac{\pi}{h_{2k}}y \sin\frac{\pi}{h_{2k}}\left[y + \left(\frac{h_2}{2} - \Delta y\right)\right]}{(J_{1,\mathrm{f},nk}H_{\mathrm{f},nk}^{\mathrm{III}}\mathrm{e}^{-\mathrm{j}\frac{\pi}{\tau_{1n}}x} \pm J_{1,\mathrm{b},nk}H_{\mathrm{b},nk}^{\mathrm{III}}\mathrm{e}^{\mathrm{j}\frac{\pi}{\tau_{1n}}x})^2}\right\}\mathrm{d}x\mathrm{d}y}{\frac{1}{2}\int_{-h_2/2}^{h_2/2}\int_{-L_1/2}^{L_1/2} \mathrm{Re}\left\{\sum_{n=1}^{\infty}\sum_{k=1}^{\infty}\frac{\left[\pi\left(\frac{1}{\tau_{1n}} + \frac{\tau_{1n}}{h_{2k}^2}\right)\cos\frac{\pi}{h_{2k}}y\right]^2 - \left\{\sin\frac{\pi}{h_{2k}}\left[y + \left(\frac{h_2}{2} - \Delta y\right)\right]\right\}^2}{-\left\{\frac{\tau_{1n}}{h_{2k}}\cos\frac{\pi}{h_{2k}}\left[y + \left(\frac{h_2}{2} - \Delta y\right)\right]\right\}^2}\right\}\mathrm{d}x\mathrm{d}y}$$

(6-80)

由电磁场解析理论中导出的推力、侧向力表达式(见第 4 章),可导出推力与侧向力的比值为

$$\frac{F_x}{F_y} = \gamma_y^*(s, f_1, \Delta y) = \frac{\int_{-h_2/2}^{h_2/2}\int_{-L_1/2}^{L_1/2}\mathrm{Re}\left\{\sum_{n=1}^{\infty}\sum_{k=1}^{\infty}\frac{\mathrm{j}\pi\left(\frac{1}{\tau_{1n}} + \frac{\tau_{1n}}{h_{2k}^2}\right)\cos\frac{\pi}{h_{2k}}y\sin\frac{\pi}{h_{2k}}\left[y + \left(\frac{h_2}{2}-\Delta y\right)\right]}{(J_{1,\mathrm{f},nk}H_{\mathrm{f},nk}^{\mathrm{III}}\mathrm{e}^{-\mathrm{j}\frac{\pi}{\tau_{1n}}x}\pm J_{1,\mathrm{b},nk}H_{\mathrm{b},nk}^{\mathrm{III}}\mathrm{e}^{\mathrm{j}\frac{\pi}{\tau_{1n}}x})^2}\right\}\mathrm{d}x\mathrm{d}y}{-\int_{-h_2/2}^{h_2/2}\int_{-L_1/2}^{L_1/2}\mathrm{Re}\left\{\sum_{n=1}^{\infty}\sum_{k=1}^{\infty}\frac{\pi\left(\frac{1}{\tau_{1n}}+\frac{\tau_{1n}}{h_{2k}^2}\right)\frac{\tau_{1n}}{h_{2k}}\cos\frac{\pi}{h_{2k}}y\cos\frac{\pi}{h_{2k}}\left[y+\left(\frac{h_2}{2}-\Delta y\right)\right]}{(J_{1,\mathrm{f},nk}H_{\mathrm{f},nk}^{\mathrm{III}}\mathrm{e}^{-\mathrm{j}\frac{\pi}{\tau_{1n}}x}\pm J_{1,\mathrm{b},nk}H_{\mathrm{b},nk}^{\mathrm{III}}\mathrm{e}^{\mathrm{j}\frac{\pi}{\tau_{1n}}x})^2}\right\}\mathrm{d}x\mathrm{d}y}$$

(6-81)

在式(6-80)和式(6-81)中,大部分参数均为电机的本身设计参数: $J_{1,\mathrm{f},nk}$、$J_{1,\mathrm{b},nk}$、$H_{\mathrm{f},nk}^{\mathrm{III}}$、$H_{\mathrm{b},nk}^{\mathrm{III}}$、$\Delta y$ 是两式中与电机运行状态有关的参数,其中 $J_{1,\mathrm{f},nk}$ 和 $J_{1,\mathrm{b},nk}$ 中均含有初级电流 I_1,I_1 可在分子分母中分别提出并消掉;$H_{\mathrm{f},nk}^{\mathrm{III}}$ 和 $H_{\mathrm{b},nk}^{\mathrm{III}}$ 与 $s_{\mathrm{fn}}v_{1n}$ 和 $s_{\mathrm{bn}}v_{1n}$ 相关,其中两者可化简为

$$s_{\mathrm{fn}}v_{1n} = v_{1n} - v_2 = 2\tau_{1n}sf_1 \tag{6-82}$$

$$s_{\mathrm{bn}}v_{1n} = v_{1n} + v_2 = 2\tau_{1n}(2-s)f_1 \tag{6-83}$$

因此,式(6-80)和式(6-81)中力的比值函数除了跟电机本身设计参数相关以外,只与电机运行中的转差率 s、电源频率 f_1 及初级横向偏移量 Δy 相关。

另外,空间三维力之间的解耦关系还可由等效电路导出。由其推力、法向力解析表达式(见第 3 章式(3-105)和式(3-109))可导出推力与法向力的比值为

$$\frac{F_x}{F_z} = \gamma_z(s, f_1, \Delta y) = \frac{3\dfrac{\pi}{\omega_2 \tau}\left|\dfrac{\kappa_1 R_{21}\dfrac{\omega_1}{\omega_2} + \mathrm{j}\omega_1 L_{21}}{R_{21}K_{R21d} + \mathrm{j}\omega_1 K_{Lmd}L_\mathrm{m}}\right|^2 \left|\kappa_1 R_{21} - \dfrac{1}{2}R_{21}K_{R21d}\right|}{K_{az}L_\mathrm{m}\kappa_2^2[f_z(Q)]^2 - \dfrac{K_{rz}\kappa_1}{g_\mathrm{e}}\left|\dfrac{\kappa_1 R_{21}\dfrac{\omega_1}{\omega_2} + \mathrm{j}\omega_1 L_{21}}{R_{21}K_{R21d} + \mathrm{j}\omega_1 K_{Lmd}L_\mathrm{m}}\right|^2} \tag{6-84}$$

由等效电路中的推力、侧向力解析表达式（见第3章式（3-105）和式（3-104））可以导出推力与侧向力的比值为

$$\frac{F_x}{F_y} = \gamma_y(s, f_1, \Delta y) = \frac{3\dfrac{\pi}{\omega_2 \tau}\left\{\left|\dfrac{\kappa_1 R_{21}\dfrac{\omega_1}{\omega_2} + j\omega_1 L_{21}}{R_{21}K_{R21d} + j\omega_1 K_{Lmd}L_m}\right|^2 \kappa_1 R_{21} - \dfrac{1}{2}R_{21}K_{R21d}\right\}}{K_{ay}[\kappa_3 - \kappa_4][f_z(Q)]^2 - K_{ry}\left|\dfrac{\kappa_1 R_{21}\dfrac{\omega_1}{\omega_2} + j\omega_1 L_{21}}{R_{21}K_{R21d} + j\omega_1 K_{Lmd}L_m}\right|^2 \left[\dfrac{\kappa_5^2 + \kappa_6^2}{g_e}\right]} \quad (6\text{-}85)$$

在式（6-84）和式（6-85）中，R_{21}、L_m、L_{21} 均为电机的本身设计参数。$\kappa_{1\text{-}4}$、K_{Lm}、K_{R21}、$f_z(Q)$ 是含有电源角频率 ω_1、转差角频率 ω_2、初级横向偏移量 Δy 的函数；且 I_m、ω_1、ω_2、Δy 是两式中与电机运行状态有关的参数，其中励磁电流 I_m 可在分子分母中分别提出并消掉；ω_1、ω_2 分别是跟 f_1 和 s 相关。因此，类似于式（6-80）和式（6-81），力的比值函数除了与电机本身参数相关以外，仅仅与 s、f_1 及 Δy 相关。

推力和法向力、推力和侧向力的比值关系式可导出一种单调的函数曲线，典型的关系曲线如图6-41所示。两类曲线分别用基于电磁场理论的空间谐波解析法（见4.4节）和等效电路法（见3.4.4节）获得。在图6-41中，关系曲线为电机运行速度分别为10km/h、30km/h、60km/h、初次级横向偏移为3cm时计算出来的；与 y 轴平行的点虚线为渐近线，此时为法向力或者侧向力接近于零的转差率 s 取值点。当电机运行在不同速度或处于初级不同横向偏移位置时，其渐近线会随着工况左右移动。根据不同横向偏移量，可以绘制多簇力关系曲线。在电机实时控制中，由于式（6-80）~式（6-83）都较为复杂，故可采取用离线计算与在线实时查表插值的方法获取数值。

从图6-41可得，空间谐波解析法和等效电路法导出的曲线分布趋势在相同的工况下基本一致。在电机控制运用中可以依据此力的关系曲线，通过推力和法向力、推力和侧向力的目标值确定唯一转差率 s。即：在满足推力一定的情况下，可通过调节 s 来任意调节法向力或者侧向力的大小。

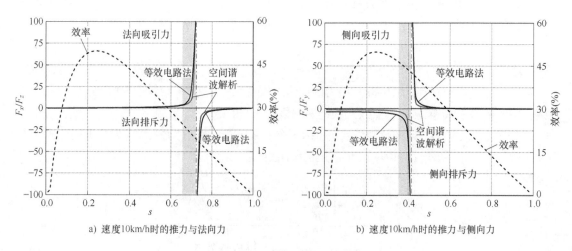

a) 速度10km/h时的推力与法向力　　b) 速度10km/h时的推力与侧向力

图6-41　关系曲线和效率

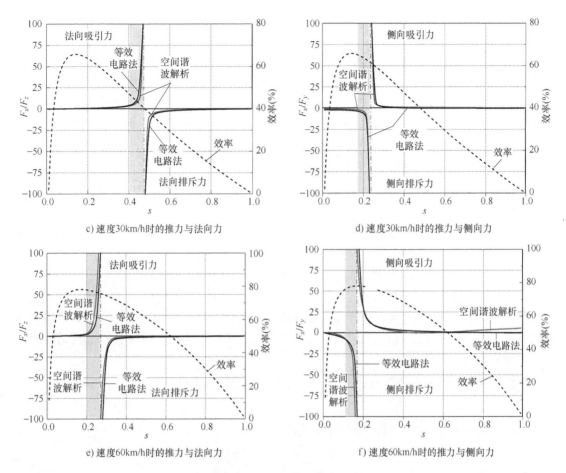

图 6-41 关系曲线和效率（续）

在图 6-41 中，虚线表示电机效率随 s 变化的曲线，为法向力 F_z 和侧向力 F_y 的参考点提供选取基准。在图 6-42a、c、e 中，s 可选取渐近线稍微靠左的区域，此时 $F_z > 0$ 且数值较小。这种选取策略不仅提高了电机的效率，而且还减少了车辆由于法向力造成的能耗。在图 6-42b、d、f 中，y 轴在正方向时，侧向力 F_y 表现为推斥力。转差率 s 可选电机的最大效率点，这种选取策略在获得较高的电机效率同时，还让侧向力表现为吸引力，该吸引力为回复力，增强了车辆过弯道的稳定性。总结上述方案，见表 6-2。

表 6-2 力解耦策略的选择与分析

工 况	采用策略	转差率的选择	优 缺 点
车辆运行在直道（初次级对中运行）	推力与法向力解耦	渐近线处偏左	降低法向力的同时，保证了电机效率
车辆运行在弯道（初次级偏移运行）	推力与侧向力解耦	渐近线处偏左	降低侧向力的同时，保证了电机效率，但忽略了电机法向力的影响

6.4.2 准三维力解耦控制系统

1. 力解耦控制器的设计

准三维力解耦控制的本质为两套二维力解耦控制，因此本节的设计与 6.3.3 节思路相同。不同之处在于，此时直线感应电机处于初级横向偏移工况，数学模型将发生变化，推力与法向力将发生较大变化，同时增加推力与侧向力的关系曲线计算。另外，由于数学模型的变化，d 和 q 轴的控制框架结构以及推力磁链观测器会发生变化。

如上一节的方法，分别为：①推力和法向力的解耦，可以通过推力参考指令以及和法向力的比值确定转差频率 sf；②推力和侧向力的解耦，可以通过推力参考指令以及和侧向力的比值确定转差频率 sf。

然后计算出次级和励磁支路并联的阻抗 Z_e，根据图 3-16 的等效电路可知，Z_e 的定义为

$$Z_e = \left[\frac{1}{K_{Rd}R_r + (\kappa_3 + \kappa_4)\omega_1 K_{Ld}L_m} + \frac{1}{\omega_1\left(L_{1r} + \kappa_1 \dfrac{R_r}{\omega_2}\right)} \right]^{-1}$$

在本文中可认为 Z_e 的阻抗部分就是推力做功的部分，在 Z_e 中除了 s、Δy 外，其他均为电机自身的参数。此外，本文中 Δy 默认为已知量，在实际使用中，可通过外部传感器来测量其具体的数值。

根据第 3 章的等效电路方法，可得电机输出的有功功率 P_{mxe} 为

$$P_{mxe} = F_x v_2 = m I_1^2 \mathrm{Re}(Z_e) \tag{6-86}$$

那么可通过下式计算出电流指令 I_1^* 的幅值为

$$I_1^* = \sqrt{\frac{P_{mxe}}{m\mathrm{Re}(Z_e)}} = \sqrt{\frac{F_x v_2}{m\mathrm{Re}(Z_e)}} \tag{6-87}$$

式中，v_2 为电机运行速度，由速度传感器或者观测器获得，它与电机同步速度 v_1 的关系为

$$\begin{cases} v_2 = 2(1-s)\tau f_1 = (1-s)v_1 \\ f_1 = sf_1 + \dfrac{v_2}{2\tau} \end{cases} \tag{6-88}$$

可根据获得的 sf 以及推力指令求取电流指令 I_1^*，然后依据磁场定向角 θ_e 和推力支路获得的 i_{qs}^* 求得 i_{ds}^*。

2. 推力与电流控制器的设计

由式第 3 章式 (3-105) 可以推导出在初级横向偏移情况下电机推力的表达式，q 轴的推力控制器结构如下：

推力控制采用经典的 PI 控制器，其定义为

$$i_{qs}^{e*} = (PI_{\mathrm{II}})(F_x^* - \hat{F}_x) = (PI_{\mathrm{II}})\left[F_x^* - \frac{3}{4}\frac{\rho\pi L_{m1}K_{Lmd}}{\tau(L_{21} + L_{m1}K_{Lmd} - L_{m1})}\hat{\lambda}_{dr}^e i_{qs}^e \right] \tag{6-89}$$

式中，i_{qs}^{e*} 为初级 q 轴电流指令；F_x^* 为推力指令，$\hat{F}_x$ 是推力估计值；L_{m1}，K_{Lmd}，L_{21} 为关于偏移量 Δy 的电机参数（见第 3 章 3.4 节）。

由此可得出推力观测器为

$$\hat{F}_x = \frac{3}{4} \frac{\rho \pi L_{m1} K_{Lm}}{\tau(L_{21} + L_{m1} K_{Lm} - L_{m1})} \hat{\lambda}_{dr}^e i_{qs}^e \tag{6-90}$$

式中，$\hat{\lambda}_{dr}^e$ 由磁链观测器得到；i_{qs}^e 为实际测量的初级 q 轴电流。

初级电流控制器也可使用经典的 PI 控制器，并且针对端部效应加以补偿，其控制器的模型为

$$u_{ds}^e = (PI_{\text{III}})(i_{ds}^{e*} - i_{ds}^e) - \omega_1 L_\sigma i_{qs}^e \tag{6-91}$$

式（6-91）可由图 6-42 中的框图表示，PI_{III} 控制器完成了 d 轴电流指令到 d 轴电压的转换，同时根据所建立的直线感应电机模型对输出量进行了补偿，以得到所需要的 d 轴初级电压控制量。

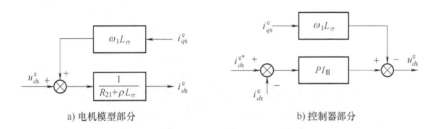

图 6-42 d 轴电流控制器原理框图

$$u_{qs}^e = (PI_{\text{IV}})(i_{qs}^{e*} - i_{qs}^e) + \omega_1 L_\sigma i_{ds}^e + \omega_1 \frac{L_{m1} K_{Lm}}{L_{21} + L_{m1} K_{Lm} - L_{m1}} \hat{\lambda}_{dr}^e \tag{6-92}$$

式（6-92）可由图 6-43 的框图表示，PI_{IV} 控制器完成了 q 轴电流指令到 q 轴电压的转换。同时根据所建立的直线感应电机模型对输出量进行了补偿，并且还考虑了磁链观测器输出的磁链，以得到补偿后的 q 轴初级电压控制量。

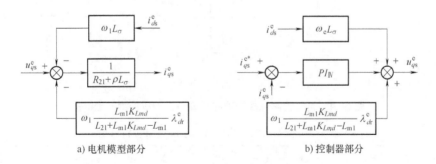

图 6-43 q 轴电流控制器原理框图

由式（6-17）可得到在图 6-42a 中所示的表达式为

$$i_{ds}^e = \frac{u_{ds}^e + \omega_1 L_\sigma i_{qs}^e}{R_{21} + \rho L_\sigma} \tag{6-93}$$

由式（6-18）可得到在图 6-43a 中所示的表达式为

$$i_{qs}^e = \left(\frac{1}{R_{21} + \rho L_\sigma}\right)\left(u_{qs}^e + \omega_1 L_\sigma i_{ds}^e - \omega_1 \frac{L_{m1} K_{Lmd}}{L_{21} + L_{m1} K_{Lmd} - L_{m1}} \lambda_{dr}^e\right) \tag{6-94}$$

3. 准三维力解耦控制系统仿真

根据以上分析,可以设计力解耦器如图 6-44 所示,分别针对推力和法向力、推力和侧向力两种情况进行控制。为了验证推力与法向力的解耦、推力与侧向力的解耦,利用表 6-3 中试验电机参数,将 q 轴速度环忽略。首先,在电机通电后 1.5s 输入 3000N 的推力阶跃指令,并保持;法向力输入 500N 的恒定指令,其结果如图 6-45 所示。然后,重复推力指令的输入方法,侧向力输入 -200N 的恒定指令;并且在系统中给定初次级横向偏移量 Δy 分别输入 10mm、20mm、30mm,针对三种横向偏移量,执行三次,其结果如图 6-46 所示。

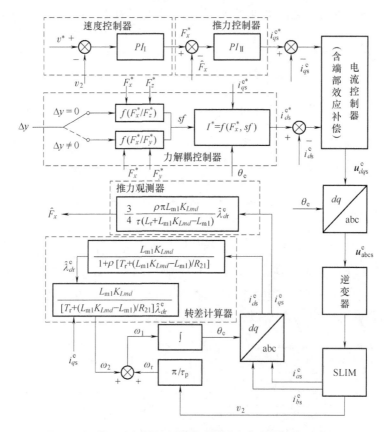

图 6-44 基于力解耦控制器的直线电机矢量控制原理框图

表 6-3 帽型次级单边型直线感应电机样机参数

参　数	数　值	参　数	数　值
相数 M	3	机械气隙 g/mm	10
极数 p	8	额定功率 P_N/kW	160
极距 τ/mm	292	额定电压 U_N/V	1100
初级长度 L/mm	2500	额定电流 I_N/A	165
铁轭厚度 d_1/mm	25	额定频率 f_1/Hz	35
铝板厚度 d_2/mm	7		

第 6 章 直线感应电机的控制策略

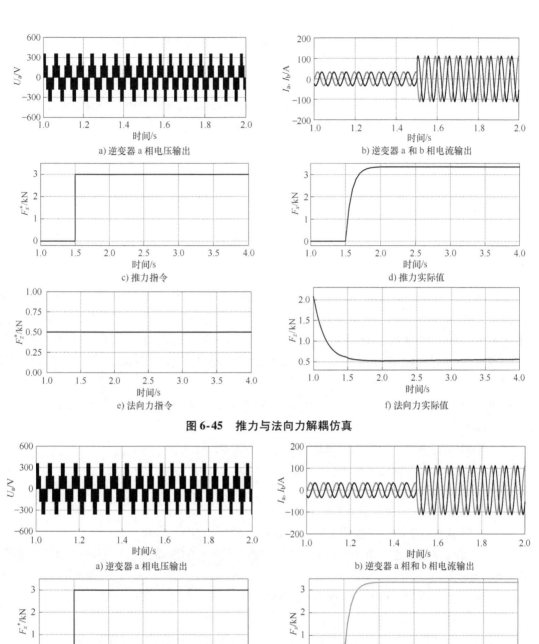

图 6-45 推力与法向力解耦仿真

图 6-46 推力与侧向力解耦仿真

在图 6-45f 中，法向力在 1s 时幅值较大是因为直线电机还处于起动阶段，当推力在 1.5s 阶跃时，法向力基本上没有变化。待稳定后，因 PI 控制器的稳态误差的缘故，其法向力略有小幅抬升。

图 6-46f 中，直线电机在起动阶段其侧向力的幅值较大，当推力在 1.5s 阶跃时，侧向力基本上没有变化，逐渐趋于并收敛于指令值；从图中也可看到当偏移程度越大时，侧向力的初始值越大。另外，图 6-46b 中，为了清晰地展示相电流波形，仅呈现当横向偏移量 Δy = 30mm 时的电流波形。

6.5 直线感应电机最优控制

6.5.1 引言

直线感应电机的法向力分为两个分量，即法向引力和法向斥力。对于通常的直线感应电机而言，法向斥力较小，其主要是由于次级涡流 I_{2r} 与其在初级的反应电流与之间相互作用产生的。较大的分量是吸引力，产生于初级和次级铁轭之间，原因是穿过气隙的主磁通，其大小与有效励磁电流的二次方以及励磁电感成正比，即决定于气隙中存储的能量[16]。

法向力的合力通常表现为引力，此引力的数值较大。对于直线电机轮轨车辆而言，法向力的积极作用是：

（1）其直接作用效果为将车体压向轨道，所以行驶平稳。
（2）减少了出轨的情况发生。
（3）爬坡能力增强。
（4）减少制动时间，提高制动能力。

但是，它不利的作用也是很明显的，诸如：

（1）其直接作用在走行轨上产生运行阻力造成不必要的能量损失，同时也增加了逆变器的容量和造价。
（2）由于引力的数值比较大，增加轨道压力。
（3）加速轮子的磨损等[5]。

本节直线感应电机的应用对象是轮轨车辆，在这种载运情况下，通常需要：

（1）在平稳行驶期间减小法向力用以减少能量消耗。
（2）制动和穿越限速区域时加大法向力用以加强制动能力和减少制动时间。
（3）爬坡时加大法向力可以防止出轨和增加爬坡能力等。

本节以在平稳行驶期间减小法向力达到最小能耗为目标，实现满足水平推力条件下的法向力最优控制。其他工况，可以用类似的方法获得相应的法向力调节策略。

6.5.2 水平力和法向力的表达

已知初级和次级的磁链方程为

$$\lambda_{ds}^e = L_1 i_{ds}^e + L_{m1}[1 - f(Q)](i_{ds}^e + i_{dr}^e) \tag{6-95}$$

$$\lambda_{qs}^e = L_1 i_{qs}^e + L_{m1}[1-f(Q)](i_{qs}^e + i_{qr}^e) \tag{6-96}$$

$$\lambda_{dr}^e = L_r i_{dr}^e + L_{m1}[1-f(Q)](i_{ds}^e + i_{dr}^e) \tag{6-97}$$

$$\lambda_{qr}^e = L_r i_{qr}^e + L_{m1}[1-f(Q)](i_{qs}^e + i_{qr}^e) \tag{6-98}$$

重新定义一个变量 $L_{m1}' = L_{m1}[1-f(Q)]$,并且考虑到

$$\lambda_{dm}^e = L_{m1}'(i_{ds}^e + i_{dr}^e) \tag{6-99}$$

$$\lambda_{qm}^e = L_{m1}'(i_{qs}^e + i_{qr}^e) \tag{6-100}$$

将上述两个式子代入式 (6-97) 和式 (6-98) 可以得到

$$\lambda_{dr}^e = L_r i_{dr}^e + \lambda_{dm}^e \tag{6-101}$$

$$\lambda_{qr}^e = L_r i_{qr}^e + \lambda_{qm}^e \tag{6-102}$$

令坐标系 d 轴固定在次级磁链矢量上,q 轴超前 d 轴 $\pi/2$,即使用次级磁场定向控制策略。那么有,$\lambda_{qr}^e = \dot{\lambda}_{qr}^e = 0$,即次级 q 轴磁链以及其变化率均为零。那么式 (6-101) 和式 (6-102) 简化为

$$\lambda_{dm}^e = \lambda_{dr}^e - L_r i_{dr}^e \tag{6-103}$$

$$\lambda_{qm}^e = -L_r i_{qr}^e \tag{6-104}$$

这样,气隙磁通可以表达如下:

$$\begin{aligned}\lambda_m^e &= \sqrt{(\lambda_{dm}^e)^2 + (\lambda_{qm}^e)^2} \\ &= \sqrt{(\lambda_{dr}^e - L_r i_{dr}^e)^2 + (\lambda_{qm}^e)^2} \\ &= \frac{L_{m1}'}{(L_{m1}' + L_r)}\sqrt{(\lambda_{dr}^e + L_r i_{ds}^e)^2 + (L_r i_{qs}^e)^2}\end{aligned} \tag{6-105}$$

因为气隙磁通表达为

$$\lambda_m^e = L_{m1}' I_m \tag{6-106}$$

$$F_{va} = K_a L_{m1}' I_m^2 \left[1 - \frac{(1-e^{-Q})(3-e^{-Q})}{2Q}\right] \tag{6-107}$$

将式 (6-105) 和式 (6-106) 代入式 (6-107) 可得到

$$F_{va} = \frac{K_a L_{m1}'\left[1 - \dfrac{(1-e^{-Q})(3-e^{-Q})}{2Q}\right][(\lambda_{dr}^e + L_r i_{ds}^e)^2 + (L_r i_{qs}^e)^2]}{(L_{m1}' + L_r)^2} \tag{6-108}$$

重新定义系数 $K_a' = K_a\left[1 - \dfrac{(1-e^{-Q})(3-e^{-Q})}{2Q}\right]$,那么式 (6-108) 表达为

$$F_{va} = K_a' \frac{L_{m1}'[(\lambda_{dr}^e + L_r i_{ds}^e)^2 + (L_r i_{qs}^e)^2]}{(L_{m1}' + L_r)^2} \tag{6-109}$$

同理,对于直线感应电机的斥力而言

$$F_{vr} = \frac{\mu_0 I_{2r}^2 l}{2\pi g'} = K_r \frac{I_{2r}^2}{g'} \tag{6-110}$$

由于使用相对长度 Q 计入动态端部效应的方法是将该效应等效在励磁支路中,所以次级的电流表达为总的次级涡流除去边缘效应引起的涡流 I_{2e} 所剩余部分 I_{2r},即转差率电流。那么有

$$i_{2r}^2 = (i_{dr}^e)^2 + (i_{qr}^e)^2 \tag{6-111}$$

考虑到 $\lambda_{dr}^{e} = L'_{m1} i_{ds}^{e} + (L'_{m1} + L_{r}) i_{dr}^{e}$，即

$$i_{dr}^{e} = \frac{\lambda_{dr}^{e} - L'_{m1} i_{ds}^{e}}{(L'_{m1} + L_{r})} \tag{6-112}$$

以及在次级磁场定向条件下式（6-98）有

$$i_{qr}^{e} = -\frac{L'_{m1}}{L'_{m1} + L_{r}} i_{qs}^{e} \tag{6-113}$$

将式（6-111）~式（6-112）代入式（6-110），可得

$$F_{vr} = K_{r} \frac{I_{2r}^{2}}{g'} = \frac{K_{r}}{g'} \left[(i_{dr}^{e})^{2} + (i_{qr}^{e})^{2} \right]$$

$$= \frac{K_{r}}{g'} \left(\frac{L'_{m1}}{L'_{m1} + L_{r}} \right)^{2} \left\{ \left(\frac{\lambda_{dr}}{L'_{m1}} - i_{ds}^{e} \right)^{2} + (i_{qs}^{e})^{2} \right\} \tag{6-114}$$

并且重新定义 $K'_{r} = \frac{K_{r}}{g'}$，可得

$$F_{vr} = K'_{r} \left(\frac{L'_{m1}}{L'_{m1} + L_{r}} \right)^{2} \left\{ \left(\frac{\lambda_{dr}}{L'_{m1}} - i_{ds}^{e} \right)^{2} + (i_{qs}^{e})^{2} \right\} \tag{6-115}$$

这样，由式（6-109）和式（6-115），可以得到法向力合力为

$$F_{z} = K_{a} L_{m} I_{m}^{2} - K_{r} \frac{I_{2r}^{2}}{g'}$$

$$= K'_{a} \frac{L'_{m1} \left[(\lambda_{dr}^{e} + L_{r} i_{ds}^{e})^{2} + (L_{r} i_{qs}^{e})^{2} \right]}{(L'_{m1} + L_{r})^{2}} - K'_{r} \left(\frac{L'_{m1}}{L'_{m1} + L_{r}} \right)^{2} \left\{ \left(\frac{\lambda_{dr}}{L'_{m1}} - i_{ds}^{e} \right)^{2} + (i_{qs}^{e})^{2} \right\} \tag{6-116}$$

由式（6-28）得推力的表达式重新写为

$$F_{x} = \frac{\pi}{\tau} \frac{P_{\Omega}}{\omega_{\Omega}} = \frac{3}{4} \frac{p \pi L_{m1} [1 - f(Q)]}{\tau (L_{r} - L_{m1} f(Q))} \lambda_{dr}^{e} i_{qs}^{e} \tag{6-117}$$

下面考虑令坐标系 d 轴固定在次级磁链矢量上，q 轴超前 d 轴 $\pi/2$，即使用次级磁场定向控制策略时，水平推力和法向力的表达式关系。在这样的条件下，根据式（6-19）在稳态的情况时有

$$\lambda_{dr}^{e} = L_{m1} [1 - f(Q)] i_{ds}^{e} = L'_{m1} i_{ds}^{e} \tag{6-118}$$

将式（6-118）对比式（6-97）可知

$$i_{dr}^{e} = 0 \tag{6-119}$$

将式（6-118）和式（6-119）代入式（6-116），得

$$F_{vt} = K'_{a} \frac{L'_{m1} \left[(L'_{m1} i_{ds}^{e} + L_{r} i_{ds}^{e})^{2} + (L_{r} i_{qs}^{e})^{2} \right]}{(L'_{m1} + L_{r})^{2}} - K'_{r} \left(\frac{L'_{m1}}{L'_{m1} + L_{r}} \right)^{2} (i_{qs}^{e})^{2}$$

$$= K'_{a} L'_{m1} (i_{ds}^{e})^{2} + K'_{a} \frac{L'_{m1} L_{r}^{2}}{(L'_{m1} + L_{r})^{2}} (i_{qs}^{e})^{2} - K'_{r} \left(\frac{L'_{m1}}{L'_{m1} + L_{r}} \right)^{2} (i_{qs}^{e})^{2}$$

$$= K'_{a} \frac{(\lambda_{dr}^{e})^{2}}{L'_{m1}} + \left[\frac{K'_{a} L'_{m1} L_{r}^{2}}{(L'_{m1} + L_{r})^{2}} - K'_{r} \left(\frac{L'_{m1}}{L'_{m1} + L_{r}} \right)^{2} \right] (i_{qs}^{e})^{2}$$

$$= K'_{a} \frac{(\lambda_{dr}^{e})^{2}}{L'_{m1}} + \overline{K}'_{r} (i_{qs}^{e})^{2} \tag{6-120}$$

式中

$$\overline{K'_r} \triangleq \frac{K'_a L'_{ml} L'^2_r}{(L'_{ml} + L_r)^2} - K'_r \left(\frac{L'_{ml}}{L'_{ml} + L_r}\right)^2 \tag{6-121}$$

6.5.3 直线感应电机吸收功率与车辆运行阻力

支撑轮子的受力分析如图 6-47 所示。前进的推力由 F_x 提供，同时直线感应电机产生与水平推力垂直的斥力 F_{vr} 和引力 F_{va}，而运行摩擦阻力主要由车体的压力和法向力合力造成[64]。

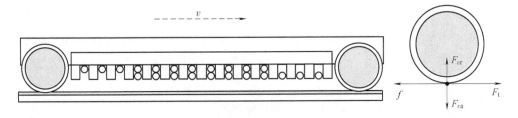

图 6-47 车轮受力分析与车辆侧面图

运行摩擦阻力表达如下：

$$f = \mu_s \left[(F_{va} - F_{vr}) + Mg \right] \tag{6-122}$$

直线感应电机吸收的最大功率是由加速度、速度和线路条件等来决定的，其表达式为

$$P_{max} = v \left[(Mg + F_{vt})\mu + f_{air} + Mgi + M\frac{dv}{dt} \right] \tag{6-123}$$

式中，M 表示车辆的重量；g 表示重力加速度 9.8m/s^2；μ 表示滚动摩擦系数；f_{air} 为车辆在隧道运行时的空气阻力；i 表示附加单位阻力，其表示因线路条件产生的附加单位阻力之和（包括坡道阻力和曲线阻力）。

下面详细讨论空气阻力和附加单位阻力：

(1) 附加单位阻力。坡道附加单位阻力。车组在坡道上运行时有坡道附加阻力。坡道附加单位阻力在数值上等于该坡道坡度的千分数 i。其中 i 为线路的坡度，以千分数（‰）计。

曲线附加单位阻力。车组在弯道上运行时有曲线附加阻力。曲线附加单位阻力一般采用综合经验公式计算，即 $i = 700/R$。其中，R 为曲线半径。

附加单位阻力就是坡道附加单位阻力与曲线附加单位阻力之和。

(2) 空气阻力。列车在隧道中运行时引起的空气流动是非恒定的三维黏性紊流，而要完全准确地计算这种流动在理论上是十分困难的，因此在工程上需要对计算模型加以简化。设列车的速度为 v，列车截面积为 A_0，列车的长度为 L_0，隧道截面积为 A，隧道长度为 L，隧道和列车间的环状空间中气流相对于列车的速度（即侧向风速）为 v_s。由连续性方程和非恒定流的伯努利方程可得侧向风速满足的微分方程为

$$\left[(1-\alpha)L + \alpha L_0 \right] \frac{dv_s}{dt} + \frac{1}{2} \left[\xi'_1 + \xi'_2 + \lambda'\frac{L_0}{4r'} - (1-\alpha)^2 \left(\xi_1 + \xi_2 + \lambda'\frac{L - L_0}{4r} \right) \right] v_s^2 +$$

$$(1-\alpha)^2\left(\xi_1 + \xi_2 + \lambda\frac{L-L_0}{4r}\right)vv_s - \frac{1}{2}\left(\xi_1 + \xi_2 + \lambda\frac{L-L_0}{4r}\right)v^2 = 0 \tag{6-124}$$

式中，α 称为阻塞比，$\alpha = A_0/A$；λ' 为环状空间沿程阻力系数；λ 为隧道沿程阻力系数；r' 为环状空间的水力半径；r 为隧道的水力半径；ξ_1 为气流由列车前方进入环状空间的进口局部阻力系数，$\xi_1 = 0.06b_0/\pi d$；b_0 为列车宽度；d 为隧道的直径；ξ_2 为隧道出口的局部阻力系数。

$$f_{air} = \left[\left(\frac{1}{2}\xi_1 + \frac{1}{2}\alpha^2 - \alpha\right)A + A_0\right]\rho v_s + \left[\rho(L-L_h-L_t)\frac{dv_s}{dt} + \rho\lambda'\frac{L-L_h-L_t}{4r'}\frac{v_s^2}{2}\right]A_0 + \\ C_f'\frac{\rho v_s^2}{2}S_0(L-L_h-L_t) + C_{Dp}\frac{\rho v_s^2}{2}A_0 \tag{6-125}$$

式中，ρ 为空气密度；S_0 为列车横断面周长；C_{Dp} 为综合考虑了形状对空气阻力的影响后所取的形状阻力系数，在计算中取为 0.2；C_f' 为空气与列车壁的摩擦阻力系数，计算如下：

$$C_f' = 0.455/(\lg Re_1)^{2.58} \tag{6-126}$$

式中，Re_1 为平板雷诺数，$Re_1 = v_\infty(L_0-L_h-L_t)/\mu$；其中 v_∞ 为无穷远处的来流速度；L_h 为车头长度；L 为车尾长度；μ 为运动黏性系数。

6.5.4 考虑法向力的最优控制

车辆在起动和制动时需要较大的推力，但是起动和制动段时间长度比恒速段的时间短很多。在恒速段车辆不需要很大的推力，此时如果不控制法向力，那么会由法向力造成的运行阻力耗费较大的能量。因此，在恒速段可以通过减少 λ_{dr}^e 来得到较低的法向力，从而降低能耗。

根据式（6-117）可以知道，当减少 λ_{dr}^e 时水平推力必然要减少，若要保持水平推力满足给定的条件，需要加大 i_{qs}^e，此时必然得到较高的铜耗。针对这样问题，使用优化策略，即在满足需要的推力前提条件下，求得设定满足何种条件的次级磁通和初级 q 轴电流可以得到最小的铜耗和法向力。

由上述表达可以知道，求这样的次级磁通和初级 q 轴电流归结为一个优化问题，其中约束条件为满足需要的推力，即

$$F_x = \frac{3}{4}\frac{p\pi L_{m1}[1-f(Q)]}{\tau[L_r - L_{m1}f(Q)]}\lambda_{dr}^e i_{qs}^e = K_t\lambda_{dr}^e i_{qs}^e \tag{6-127}$$

式中，$K_t = \frac{3}{4}\frac{p\pi L_{m1}[1-f(Q)]}{\tau[L_r - L_{m1}f(Q)]}$。

优化的目标函数其一为使法向力造成的摩擦力最小

$$f_v = F_z\mu \tag{6-128}$$

优化的目标函数其二为使铜耗最小

$$P_{Cu} = \frac{3}{2}R_1(i_{ds}^e)^2 + \frac{3}{2}\left(R_1 + \frac{L_{m1}'}{(L_{m1}' + L_r')^2}R_2\right)(i_{qs}^e)^2 \tag{6-129}$$

根据式（6-127）~式（6-129），建立损耗函数为

$$J(\lambda_{dr}^{e}, i_{qs}^{e}) = \frac{3}{2}R_1(i_{ds}^{e})^2 + \frac{3}{2}\left(R_1 + \frac{L'_{m1}}{(L'_{m1}+L_r)^2}R_2\right)(i_{qs}^{e})^2 + F_{vt}\mu + \beta(F_x - K_t\lambda_{dr}^{e}i_{qs}^{e})$$
$$= K_1\lambda_{dr}^{e} + K_2 i_{qs}^{e} + \beta(F_x - K_t\lambda_{dr}^{e}i_{qs}^{e}) \tag{6-130}$$

式中，β 为拉格朗日因子；$K_1 = \frac{\mu K'_a}{L'_{m1}} + \frac{3}{2}\frac{R_1}{L'^2_{m1}}$ 和 $K_2 = \mu \overline{K'_r} + \frac{3}{2}R_1 + \frac{3}{2}\frac{R_2 L'^2_{m1}}{(L'_{m1}+L_r)^2}$ 为重新定义的因子。

另外注意到铜耗 $\frac{3}{2}R_1(i_{ds}^{e})^2 + \frac{3}{2}\left[R_1 + \frac{L'_{m1}}{(L'_{m1}+L_r)^2}R_2\right](i_{qs}^{e})^2$ 的引入导致损耗函数 J 在 $\overline{K'_r} < 0$ 的条件下具有凸函数特性

$$\frac{\partial J}{\partial \lambda_{dr}^{e}} = 2K_1\lambda_{dr}^{e} - \mu K_t i_{qs}^{e} = 0 \tag{6-131}$$

$$\frac{\partial J}{\partial i_{qs}^{e}} = 2K_2 i_{qs}^{e} - \mu K_t \lambda_{dr}^{e} = 0 \tag{6-132}$$

$$\frac{\partial J}{\partial \mu} = F_x - K_t \lambda_{dr}^{e} i_{qs}^{e} = 0 \tag{6-133}$$

解式（6-131）~式（6-133）可得到最优的次级磁通 λ_{dr}^{e*} 和初级 q 轴电流 i_{qs}^{e*} 为

$$\lambda_{dr}^{e*} = \sqrt{\frac{|F_x|}{K_t}}\sqrt{\frac{K_2}{K_1}} \tag{6-134}$$

$$i_{qs}^{e*} = \frac{F_x}{|F_x|}\sqrt{\frac{|F_x|}{K_t}}\sqrt{\frac{K_2}{K_1}} \tag{6-135}$$

下面是使用最优策略的电流环节和磁通环节，如图 6-48 所示。

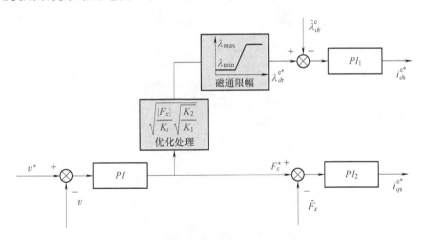

图 6-48 使用最优策略的电流环节和磁通环节

由式（6-134）可知，λ_{dr}^{e*} 最小值为零，此时法向力最小。但是在实际中即使水平推力为零时次级磁通也不可以为零，因为次级磁场定向时若 λ_{dr}^{e*} 为零，则无法跟踪次级磁通的定向角。另外，当 λ_{dr}^{e*} 过高时会引起铁轭饱和。所以，次级磁通水平要维持在一个范围之内，即 $\lambda_{\min} < \lambda_{dr}^{e*} < \lambda_{\max}$。

图 6-49 所示的次级磁通限幅环节正表示了这种意图，而限幅的大小是待设计的参数。

6.5.5 与恒定磁通控制系统的对比和结果分析

电机参数见表6-1，按照图6-48在磁通控制回路中加入最优磁通在线计算模块，此模块根据电机实时速度和推力指令计算出此时的最优磁通指令来代替原来的恒磁通指令。模型搭建如图6-49所示，最优磁通的模块对话框如图6-50所示。

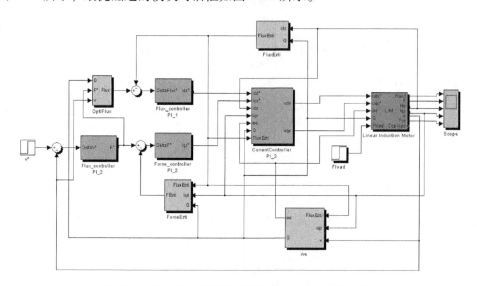

图6-49 使用最优策略的磁通与推力的解耦控制系统

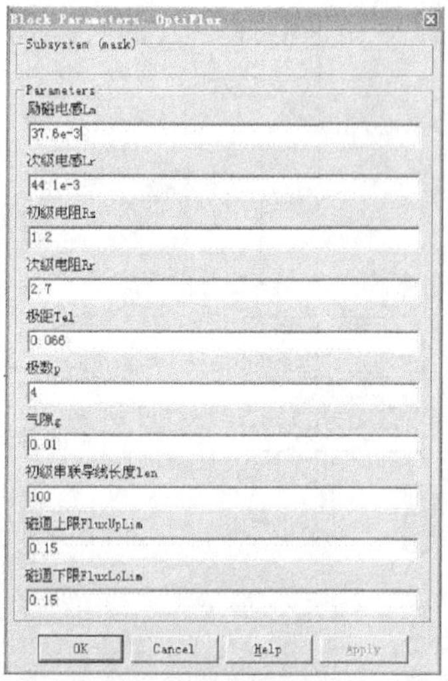

图6-50 最优策略磁通环节对话框

考虑到磁通水平要维持在一个范围之内，即 $\lambda_{min} < \lambda_{dr}^{e*} < \lambda_{max}$，所以在磁通输出部分加入限幅环节，具体数值在对话框中填写。

根据式（6-127）、式（6-130）和式（6-134）建立的最优磁通模块如图6-51所示，系数计算模块如图6-52所示。

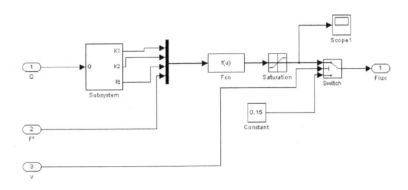

图 6-51 最优策略磁通环节搭建

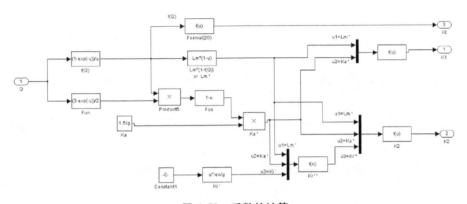

图 6-52 系数的计算

控制系统的参数以及各个 PI 控制器和 6.2 节一致。电机带载起动，负载力为 1200N，磁通设定为上限 0.15Wb、下限 0.01Wb。速度控制器为 PI = $(10s + 10)/s$、磁通控制器 (FluxController) 为 PI_1 = $(1800s + 180)/s$、推力控制器 (ForceController) 为 PI_2 = $(0.015s + 15)/s$、电流控制器 (CurrentController) 中的 2 个 PI 控制器设定为 PI_3 = $(25s + 80000)/s$。电机速度指令、最优磁通指令和推力指令如图 6-53 所示。d 轴电流、q 轴电流、速度、速度指令和法向合力如图 6-54 所示。

首先观察电机速度指令、恒定磁通指令和推力指令，如图 6-53 所示。最优磁通指令首先按照最大值起动，当电机进入稳定状态之后以低于恒定磁通值 0.135Wb 运行。

图 6-54 中 d 轴电流有一定的"凹"的现象，对应着法向力的合力较小。由于动态过程各个量的幅值较大，曲线不容易看出减小的量，又加上应该考虑的是功率损失，所以法向力引起的功率损耗、铜耗以及总损耗曲线如图 6-55 所示。对时间积分计算出各部分能量损失为

$$W_{F_{vt}} = \int_0^t \mu F_{vt} v \mathrm{d}t = 1.702 \times 10^5 \mathrm{J} = 170.2 \mathrm{kJ}$$

$$W_{\mathrm{Cu}} = \int_0^t \frac{3}{2} R_1 (i_{ds}^e)^2 + \frac{3}{2}\left(R_1 + \frac{L'_{m1}}{(L'_{m1} + L_r)^2} R_2\right)(i_{qs}^e)^2 \mathrm{d}t = 1.363 \times 10^6 \mathrm{J} = 1363 \mathrm{kJ}$$

$$W_{\mathrm{Total}} = \int_0^t \mu F_{vt} v \mathrm{d}t + W_{\mathrm{Cu}} + \int_0^t \frac{3}{2} R_1 (i_{ds}^e)^2 + \frac{3}{2}\left(R_1 + \frac{L'_{m1}}{(L'_{m1} + L_r)^2} R_2\right)(i_{qs}^e)^2 \mathrm{d}t$$

$$= 1.533 \times 10^6 \mathrm{J} = 1533 \mathrm{kJ}$$

(6-136)

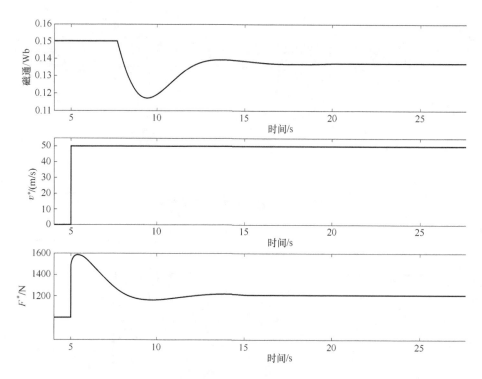

图 6-53 电机速度指令、最优磁通指令和推力指令

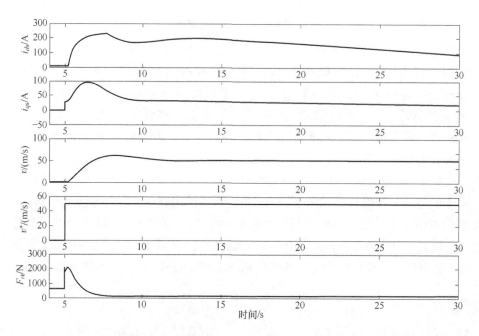

图 6-54 d、q 轴电流、速度、速度指令和法向合力

为了对比，控制回路的各个参数不变，但是使用恒磁通方式 0.15Wb 运行，电机速度指令、恒定磁通指令和推力指令，如图 6-56 所示。d 轴电流、q 轴电流、速度、速度指令和法向合力如图 6-57 所示。

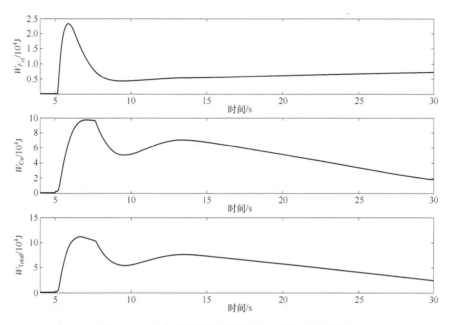

图 6-55　法向力引起的功率损耗、铜耗和总损耗

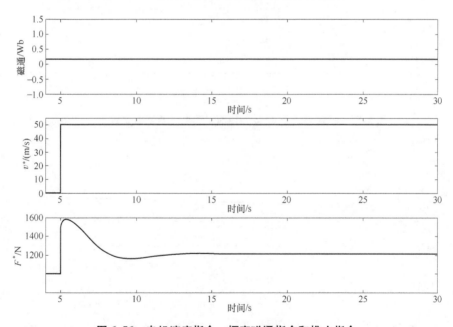

图 6-56　电机速度指令、恒定磁通指令和推力指令

观察电机速度指令、恒定磁通指令和推力指令，如图 6-56 所示。图 6-57 中 d 轴电流有一定的"凸"的现象，对应着法向力的合力较大。法向力引起的功率损耗、铜耗以及总损耗曲线如图 6-58 所示。对时间积分计算出各个功率损失为

$$W_{F_{vt}} = \int_0^t \mu F_{vt} v \mathrm{d}t = 1.773 \times 10^5 \mathrm{J} = 177.3 \mathrm{kJ}$$

$$W_{\mathrm{Cu}} = \int_0^t \frac{3}{2} R_1 (i_{ds}^e)^2 + \frac{3}{2}\left(R_1 + \frac{L_{m1}'}{(L_{m1}' + L_r')^2} R_2\right)(i_{qs}^e)^2 \mathrm{d}t = 1.744 \times 10^6 \mathrm{J} = 1744 \mathrm{kJ}$$

$$W_{\text{Total}} = \int_0^t \mu F_{vt} v \mathrm{d}t + W_{\text{Cu}} + \int_0^t \frac{3}{2} R_1 (i_{ds}^e)^2 + \frac{3}{2} \left(R_1 + \frac{L_{m1}'}{(L_{m1}' + L_r)^2} R_2 \right) (i_{qs}^e)^2 \mathrm{d}t$$

$$= 1.922 \times 10^6 \text{J} = 1922 \text{kJ} \tag{6-137}$$

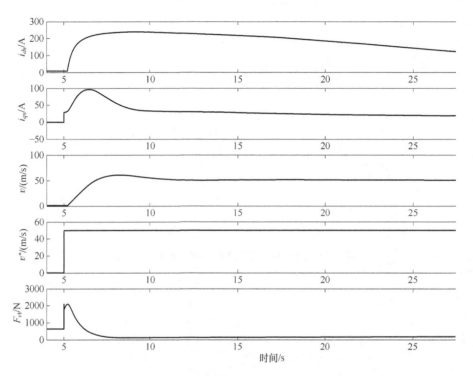

图 6-57　恒定磁通下 d、q 轴电流、速度、速度指令和法向合力

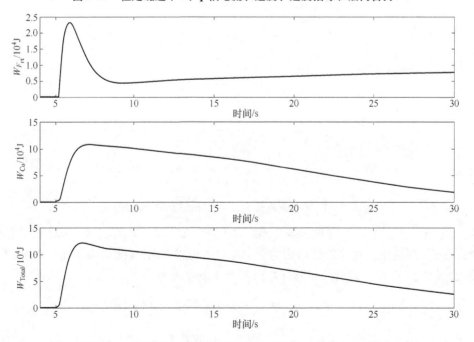

图 6-58　恒定磁通下法向力引起的功率损耗、铜耗和总损耗

对比图 6-58 与图 6-55 可见，使用恒磁通方式时功率损耗曲线为"凸"特性，所以损耗比最优磁通方式要大一些。计算总的损耗减少率为

$$(W_{\text{Total1}} - W_{\text{Total2}})/W_{\text{Total1}} = (1922 - 1533)/1922 = 20.24\% \tag{6-138}$$

即使用最优磁通控制方式可以使得损耗减少为原来损耗的 78.76%。

6.6 参考文献

[1] SUNG J H, NAM K. New approach to vector control for a linear induction motor considering end effects [C]. IEEE Thirty-Fourth IAS Annual Meeting on Industry Applications, 1999: 2284-2289.

[2] VAEZ-ZADEH S, SATVATI M R. Vector control of linear induction motors with end effect compensation [C]. Proceedings of the IEEE Eighth International Conference on Electrical Machines and Systems, 2005: 635-638.

[3] RATHORE A K, MAHENDRA S N. Simulation of secondary flux-oriented control of linear induction motor considering attraction force & transverse edge effect [C]. IEEE International Power Electronics Congress, 2004: 158-163.

[4] LEE J H, AHN S C, HYUN D S. Dynamic characteristic analysis of vector controlled LIM by finite element method and experiment [C]. IEEE IAS Annual Meeting, 1998: 799-806.

[5] ZHANG Z, EASTHAM T R. Peak thrust operation of linear induction machines from parameter identification [C]. IEEE 30th IAS Annual Meeting, 1995.

[6] GASTLI A. Improved field oriented control of an LIM having joints in its secondary conductors [J]. IEEE Transactions on Energy Conversion, 2002, 17 (3): 349-355.

[7] LIN F J, SHEN P H, HSU S P. Adaptive backstepping sliding mode control for linear induction motor drive [J]. IEE Proceedings on Electric Power Applications, 2002, 149 (3): 184-0.

[8] WAI R J, LIN F J. Adaptive recurrent-neural-network control for linear induction motor [J]. IEEE Transactions on Aerospace and Electronic Systems, 2001, 37 (4): 1176-1192.

[9] KANG G, NAM K. Field-oriented control scheme for linear induction motor with the end effect [J]. IEE Proceedings-Electric Power Applications, 2005, 152 (6): 1565-0.

[10] LIN F J, SHEN P H, HSU S P. Adaptive backstepping sliding mode control for linear induction motor drive [J]. IEE Proceedings on Electric Power Applications, 2002, 149 (3): 184-0.

[11] WAI R J, LIU W K. Nonlinear control for linear induction motor servo drive [J]. IEEE Transactions on Industrial Electronics, 2003, 50 (5): 920-935.

[12] DANNAN J H, DAY R N, KALMAN G P. A linear-induction-motor propulsion system for high-speed ground vehicles [J]. Proceedings of the IEEE, 2005, 61 (5): 621-630.

[13] DAVEY, K. Pulsed linear induction motors for maglev propulsion [J]. IEEE Transactions on Magnetics, 2000, 36 (5): 3791-3797.

[14] OOI B T, WHITE D C. Traction and normal forces in the linear induction motor [J]. IEEE Transactions on Power Apparatus and Systems, 1970, PAS-89 (4): 638-645.

[15] DANNAN J H, DAY R N, KALMAN G P. A linear-induction-motor propulsion system for high-speed ground vehicles [J]. Proceedings of the IEEE, 2005, 61 (5): 621-630.

[16] NASAR S A, DEL CID L. Propulsion and levitation forces in a single-sided linear induction motor for high-speed ground transportation [J]. Proceedings of the IEEE, 1973, 61 (5): 638-644.

Chapter 7
第 7 章 直线电机城市轨道交通系统

内容提要

本章主要讲述新型的直线电机城市轨道交通车辆。首先论述了直线感应牵引电机运载系统的优缺点,详细分析了该系统核心部件——直线感应牵引电机的原理、特点、结构、参数、冷却方式、感应板形式。其次,对直线电机车辆供电及牵引与制动、直线感应牵引电机控制方式和悬挂技术进行了论述,其中引用了国内外直线电机车辆的大量工程实际数据、图片和图纸。最后,以典型的加拿大 UTDC 轻轨车辆与日本福冈机场线车辆为例,介绍了这两个不同体系直线电机车辆的结构。

难点重点

1. 直线感应牵引电机运载系统的优缺点。
2. 直线感应牵引电机的原理、特点、结构、参数、冷却方式。
3. 直线电机车辆牵引与制动。

第7章 直线电机城市轨道交通系统

7.1 概况

近年来，随着各大中城市人口的增加，公共交通运输的压力不断增大，北京、上海、天津、深圳、广州等大城市不断加大城市轨道交通建设的投入力度。发展便捷快速的地铁或者轻轨已经成为解决城市交通的重要手段之一。

但是将传统的轨道交通技术应用于城市交通所凸显的问题越来越严重。一方面由于城市建设的飞速发展，新增地铁或轻轨的路线的选择越来越受制于城市的建筑布局，这就希望地铁或者轻轨本身所需的空间、转弯半径越小越好，爬坡能力越大越好。另一方面，随着人口密度的增大，站间距离不断地缩短，而出于效率的考虑又希望轨道交通的速度能够更快。直线电机驱动的轨道运载系统在这些方面都优于传统的牵引方式，而且除此之外还具有造价低、振动小、噪声低等特点，与传统轮轨系统相比有着突出的优点[1-4]。

直线电机运载系统所具有的一系列优点使得国外专家很早以前就投入对其研究，并且早在1985年就已投入了实际的运营，取得了很好的效果[5]。我国直线电机城轨系统的起步时间较晚，目前国内采用直线电机运载系统的有广州市轨道交通四和五号线、北京首都机场快轨线路。

直线感应牵引电机应用于铁路车辆牵引系统技术是早在20世纪70年代研制成功的，但直到20世纪80年代末才应用到城市轨道交通（地铁和轻轨）系统中。1985年加拿大首先在多伦多建成一条6.4km直线电机运载系统实验线，标志着直线电机运载系统进入到实际应用阶段。

1981年5月，加拿大温哥华开始建造Skytrain（空中客车）系统，一期工程21.4km的线路于1986年1月投入运营。目前运营的线路包括全长28.9km的EXPRO线和20.3km的新千年线，总长度达49.2km。Skytrain系统是目前世界上最长的一条无人驾驶的全自动化快速轨道交通系统，采用直线电机牵引系统技术。早期采用MKⅠ型车辆（见图7-1），1998年开始在扩建线路上采用MKⅡ型车辆。Skytrain系统以噪声低而闻名，应用噪声仪测试，车内噪声低于传统轮轨约5~10dB，线路外噪声比传统轮轨低约10dB。

图7-1 MKⅠ型无人驾驶直线电机快速轨道交通车辆

Skytrain采用直线电机系统，提高了列车在苛刻线路和恶劣气候条件下的可靠性；采用移动闭塞技术的列车运行与指挥自动化系统，行车间隔大大缩短，具有极高的正点率和可靠性；设置了乘客无障碍乘车设备、采用了一系列的乘客安全保障设施及先进管理手段，通过各项技术综合协调体现系统先进性，以其安全可靠、技术先进、管理成本低、自动化程度高等优点而获得很高的评价。温哥华 Skytrain 线作为目前最长的直线感应牵引电机传动城市轨道交通系统，至 2002 年已成功、可靠地运行了 10 亿 km。Skytrain 车辆如图 7-2 所示，图中为新旧两种车型。

图 7-2　Skytrain 车辆（左为新车型，右为旧车型）

1994 年 12 月，马来西亚吉隆坡开始建造 PUTRA 线，采用加拿大技术的直线电机系统，车辆为 MKⅡ 型车辆（见图 7-3）。1997 年建成通车，全长 29km，其中地下线 5km，高架线 22km，地面线 2km，两辆编组，最高运行速度 80km/h，平均速度 40km/h，全自动无人驾驶，轨道结构全采用了板式道床，大大减少了建设时间。

图 7-3　马来西亚吉隆坡的 PUTRA 线

日本大阪 7 号线（鹤见绿地线）是日本的第一条直线电机地铁。该线运营区间 5.2km（建设区间 5.6km），全线为地下线。共有 5 个车站，经过 3 年 7 个月的建设于 1990 年 3 月 20 日开通运营。该线每小时最大运输能力 3 万人次，最短运行间隔 3 分 30 秒。

另外，日本大江户线（也称为东京地铁 12 号线，见图 7-4），底特律的 DPM 线，美国纽约肯尼迪机场线等也采用了直线电机城市轨道交通系统。全世界已有超过 200km 的直线电机驱动地铁线路投入运营。

图 7-4　日本东京地铁 12 号线直线电机车辆

目前，成熟的地铁车辆直线感应牵引电机传动技术主要掌握在加拿大和日本的手中。国外建成的代表性直线电机轨道交通线见表 7-1。

表 7-1　国外代表性直线电机轨道交通线

线 路 名 称	开通年份	线路长度/km	车 站 数	车 辆 数	技 术 来 源
多伦多 ALRT 线	1985	6.4	6	28	加拿大
温哥华 ALRT 线	1986	51	31	210	加拿大
底特律 DPM 系统	1987	4.8	13	12	加拿大
大阪市营地铁 7 线	1990	15	17	100	日本
东京大江户线	1991	38.7	38	388	日本
吉隆坡 PUTRA 系统	1998	29.4	24	70	加拿大
横滨市营地铁 4 号线	2000	42	32		日本
神户市营地铁海岸线	2002	7.9	10	40	日本
纽约肯尼迪机场线	2002	13	10		加拿大

7.2　直线电机城市轨道交通系统的特点

7.2.1　直线感应牵引电机运载系统的优点

直线感应牵引电机牵引方式与传统的牵引方式相比，具有造价低、振动小、噪声低、爬坡能力强、线路曲线半径小、安全性能好等优点。总体性能与传统轮轨系统相比有明显优势，采用直线感应牵引电机牵引的轮轨系统优点如下[6]。

1. 地铁隧道横断面小

众所周知，对于如北京上海这样的大城市来说，由于城市建设的飞速发展，使得留给城市轨道交通路线设计选择的空间越来越小。

由于直线电机驱动方式不需要中间传动装置，因此可以采用小半径车轮；直线感应牵引电机的扁平结构及齿轮箱的省却，使得车辆地板面可降至距轨面700mm。综合各项小型化措施，该型地铁车辆的横断面面积大大减小，比传统地铁车辆减少约1/3以上（见图7-5），这样对地铁隧道横断面的选择极为有利。

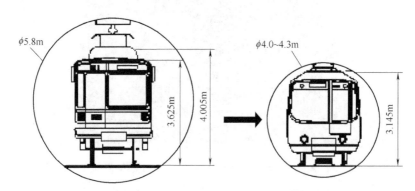

图7-5　传统地铁与应用直线感应运载系统地铁的横断面对比

2. 转弯半径小

直线电机驱动方式中，车轮不再传递牵引力和制动力，所以轴箱定位结构可以大大简化，容易实现较小的轴箱定位纵、横向刚度，达到柔性定位。再加上轴间无传动装置和电机安装，所以转向架的轴距可以做到1800mm左右（传统的地铁车辆为2100mm以上），这样就很容易实现结构简单的径向转向架，提高了车辆的曲线通过性能和运行平稳性。由于转向架具有径向功能且轴距较小，使地铁运营线路的最小曲线半径可低至50～80m（传统的地铁车辆要在200～250m，见图7-6）。横断面面积的减小和最小曲线半径的大大减小，使线路的选择更容易避开地下建筑物地基和高架地面建筑物。另外，也大大缩减了车辆段及综合维修基地的用地面积，降低了工程投资。

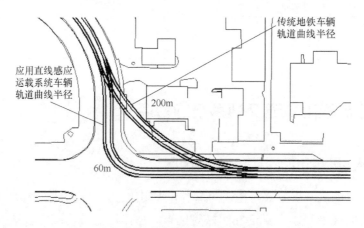

图7-6　两种驱动模式曲线半径通过能力比较

3. 爬坡能力强

再者，相对大的爬坡能力（线路最大坡度可以允许在80‰以上，传统的地铁车辆最大允许30‰），也使得线路易于规划（见图7-7）。

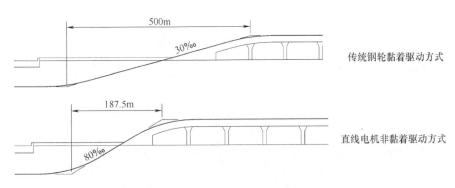

图 7-7 两种驱动模式爬坡能力比较

4. 工程造价低

在城市用轨道交通建设中，隧道、高架桥的建设成本占据了总成本相当大的比例。而减小隧道、高架桥截面，历来被认为是降低建设成本的有效途径。直线感应牵引电机运载系统由于自身结构的特点使得工程截面面积减少了约 1/3，使线路的选择更容易避开地下建筑物地基和高架地面建筑物，可减少线路占地和拆迁工作量，也可大大降低土建工程造价。最小曲线半径的减小使得线路的选择更容易避开地下建筑物地基和高架地面建筑物，缩短了不必要的线路长度，同样减少了线路占地和拆迁工作量，降低了土建工程造价。在高架区段，由于直线电机车辆尺寸小、重量轻，可使高架桥设计成轻型结构，降低工程造价。

5. 舒适性的提高

乘坐的舒适性主要体现在相对于传统的牵引系统降低了振动和噪声。由直线电机驱动的地铁车辆，没有齿轮传动机构的啮合振动和噪声；其次，车轮也不是驱动轮，没有动力轮对于钢轨蠕滑滚动产生的振动和噪声；再加上径向转向架良好的曲线通过性能，避免了过曲线时轮轨冲角带来的振动和噪声。所以该型地铁车辆具有振动小、噪声低的优点，有利于环境保护。美国近期的调查发现该国现在运行的地铁噪声最高达到了 160dB，有永久损坏乘客听力的危险，更加显示了直线电机驱动的优点。另外径向转向架的使用也提高了车辆的曲线通过性能和运行平稳性。

6. 优良的动力性能

由于直线电机驱动车辆的运动是依靠直线电机所产生的电磁力来推进，而车辆车轮仅起支撑承载作用，不传递前进的动力，实现了非接触式机械动力，不再受到轮轨黏着因素的制约（直线电机的安装见图 7-8）。因此，车辆可以获得很强的起动、加速和减速动力性能。

7. 良好的安全性和可靠性

直线感应牵引电机运载系统能在恶劣的环境和轨面条件下保持良好的性能。由于传统的旋转电机系统是利用轮轨黏着力前进和爬坡的，在雨雪天气下，轮轨黏着系数很低，极不安全，对轮轨系统的运营影响较大。因此，雨雪天较多、又采用高架线路的城市更适于直线感应牵引电机运载系统。再加上车身高度低，直线电机驱动的电磁力的法向力使轮轨间产生一定的附加压力，更有利于提高轮轨运动的稳定性，因此其安全性指标较高。再加上取消了旋转电机驱动所必需的滚动轴承、传动齿轮，大大提高了车辆运行的可靠性和可维护性，维修工作量较小，维护成本较低。

图 7-8　轮轨系统用直线感应牵引电机

7.2.2　直线感应牵引电机驱动的缺点

相对于直线感应牵引电机运载系统的优点而言，也存在着一些缺点，主要表现在以下方面。

1. 效率相对较低

对于轨道交通而言，由于工程技术和实际自然情况的制约，要做成像旋转感应电机那么小的气隙是不可能的，轨道交通用直线感应牵引电机气隙通常为 9~12mm。再加上电机有端部效应，因此漏磁通多，机电能量转换的效率低，较好情况下效率在 70% 左右。在相同的输出下，直线感应牵引电机要求的逆变器的容量比旋转电机的要大。

2. 车轮磨损相对较快

因为直线感应牵引电机是扁平的，车底板可以降低，这时轮径也要变小，小轮径的车轮磨耗自然快些。

虽然直线感应牵引电机运载系统的机电转换效率较低，但在总的在城市用轨道交通电力消耗中用于动力的只占到不足 1/2，而小车轮的问题也远远比用于传统电机驱动的传动系统所带来的保养和维护的问题小得多。

总之，直线电机城市轨道交通系统有①较低的建设成本和便于维护的性能；②列车能够安全、平稳地行驶大坡道和急弯线路，使线路规划具有极大的自由度和乘坐舒适性；③运行不受天气影响以及噪声较低等特点。故其综合效益上具有明显优势，是一种可选的交通系统。

7.3　直线感应牵引电机

7.3.1　直线感应牵引电机原理

直线感应牵引电机由旋转感应电机发展而来，可以视为一台旋转感应电机沿半径方向切开而展平的感应电机，同时延长转子（或定子）部分得到的。延长转子部分得到直线感应牵引电机的过程如图7-9所示[7]。

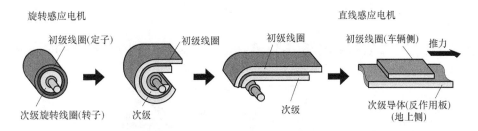

图7-9 旋转感应电机展开为直线（线性）感应牵引电机过程示意图

电机与旋转电机的定子侧对应的一侧称为初级，与转子侧对应的一侧称为次级。直线感应牵引电机驱动有两种方式：次级运动；固定次级，让初级运动。对于采用直线电机的轨道交通车辆来说，普遍采用的是短定子直线感应牵引电机，即把定子绕组安装在车辆底部，其结构示意图如图7-10所示。图7-11所示为MKⅠ型列车使用的直线感应牵引电机照片。

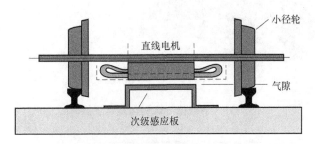

图7-10 轮轨系统用直线感应牵引电机

图7-11 直线感应牵引电机（MKⅠ）

7.3.2 直线感应牵引电机特点、结构与参数

直线感应牵引电机虽然与旋转感应电机工作原理相同，但因为其定转子结构的变化，与旋转感应电机有很多不同的地方。最主要的不同是：直线感应牵引电机的铁心在磁场移动的方向上是开断的，长度也是有限的，不像旋转电机那样有闭合的圆环状态。直线感应牵引电

机定转子结构的特殊性，导致其存在端部效应和边缘效应，这造成电机气隙中移动磁场的畸变，使得电机出力减小和损耗增加。定子铁心的纵向开断也使得直线感应牵引电机的各相绕组阻抗不对称。

直线感应牵引电机定子结构如图 7-12 所示。直线感应牵引电机产生推进力的原理和旋转感应电机产生转矩一样，如图 7-13 所示。

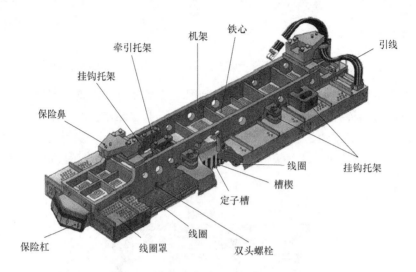

图 7-12　直线感应牵引电机定子结构图

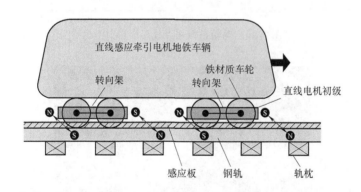

图 7-13　直线感应牵引电机轨道交通系统的非黏着驱动方式

安装在地铁车辆转向架上的直线感应牵引电机在前进方向产生移动的磁场，与该磁场相对的地面位置上放着相当于次级线圈的感应板，在其中产生次级电流（涡流），由该次级电流切割磁场而产生的力就是反作用力，它使转向架侧的直线电机获得推进力。

这种驱动方式的最大特点是驱动力不再受轮、轨黏着的限制，而取决于该定子、转子系统的电磁性能，因此是一种非黏着驱动方式。而传统的轮轨系统是由旋转电机产生旋转力矩，此旋转力矩通过齿轮箱传递给轮对，轮对旋转运动后，车轮与走行轨进行黏着，产生水平方向的牵引力，因此是非黏着驱动方式，牵引力的大小受到黏着系数的影响。

车辆上的直线感应牵引电机正视图如图 7-14 所示。

第 7 章 直线电机城市轨道交通系统

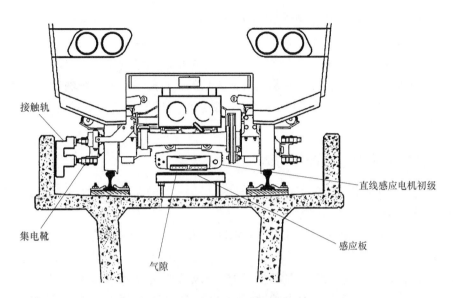

图 7-14 直线感应牵引电机安装正视图

选择直线感应牵引电机时，需要对其极数、电压、持续电流、峰值电流、最大推力、功率、吸引力、重量、长宽高、冷却方式、气隙等参数进行考察，现将 MKⅡ 型车辆、东京 12 号线、大阪 7 号线与福冈 3 号线的直线感应牵引电机参数总结于表 7-2 中。

表 7-2 典型直线感应牵引电机参数

技 术 参 数	MKⅡ 型车辆	东京 12 号线车辆	大阪 7 号线车辆	福冈 3 号线车辆
级数	6	8	8	
电压/V	570	1100	1100	1100
持续电流/A	400	170	151	
最大峰值电流/A	550			
最大推力/kN	18.6	13.2	13.2	
最大功率/kW	187	120	120	150
吸力/kN	25	26	23.5	
质量/kg	640	1400	1230	1350
长度/m	2.23			2.53
铁心长度/m	1.95	2.476	2.465	2.476
宽度/m	0.67			0.752
铁心宽度/m	0.366	0.3	0.27	0.3
悬挂方式	轴箱悬挂	构架悬挂	构架悬挂	构架悬挂
冷却方式	强迫风冷	自然冷却	自然冷却	自然冷却
气隙/mm	12	12	12	12

需要强调说明的是：工程上通常说的直线电机是指直线感应牵引电机的初级（定子）部分，而转子安装在走行轨中间的导轨上（常把长转子称为感应板或反作用板）。这种初级在车辆上、次级在地面上方案的优点是包括转子在内的轨道结构简单、造价低。另一种方案是长定子绕组安装在地面上，转子安装在车上，它的优点是不需要给车辆受流，适合高速运行，但包含定子的轨道结构较复杂，现多用于磁悬浮式的轨道交通系统，不适合应于中低速、低成本的城市轨道交通。

7.3.3 直线感应牵引电机冷却方式

日本的直线感应牵引电机采用自然冷却方式，加拿大的采用强迫风法，因此本节着重讲述加拿大Skytrain直线感应牵引电机的冷却方式。

加拿大Skytrain第一代直线电机车辆MKⅠ由2台直线电机驱动，每个转向架上安装一台直线感应牵引电机。MKⅠ直线感应牵引电机由2层叠片叠层组件和使用H级绝缘材料的三相绕组组成。在绕组上方安装了10个风机来冷却直线电机。被压入未经过滤的气流穿过绕组从直线感应牵引电机底部排出。直线感应牵引电机装有过热检测传感器。通过改变绝缘材料和制造工艺，早期出现在冻融循环中的绝缘问题得以解决。维护工作主要是清洗冷却风机的叶片，因此维护要求相当低。图7-15为MKⅠ直线感应电机结构图。

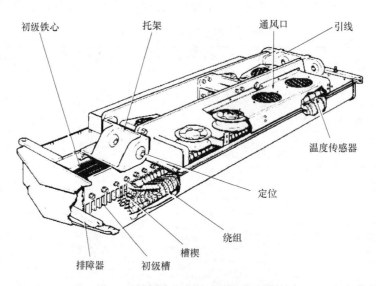

图7-15 MKⅠ直线感应电机结构图

第二代直线电机车辆MKⅡ车辆增大了载客量，要求推进系统能提供更大的推力，且有如下特点：磁路优化后性能更高而且更易于生产；直线感应牵引电机底部完全封闭以防止外部损伤；直线感应牵引电机的绝缘等级为H级；初级宽度增加，线圈的节距改变。

采用更合理的冷却气流通道以提高导热率。在空气室内有2台风机用来冷却直线感应牵引电机。框架侧面的开口允许气流从线圈上方吹过，废气从侧面排出，如图7-16所示。

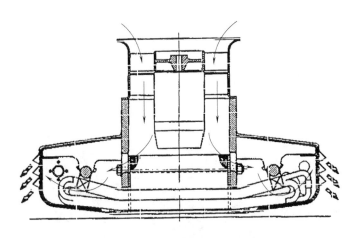

图 7-16　MKⅡ直线感应牵引电机通风冷却原理图

7.3.4　感应板

直线电机车辆中直线感应牵引电机的转子就是线路上的感应板（轨），在平直轨道上，感应板可以连续铺设，在道岔附近，感应板无法连续铺设[8]。

道岔处的感应板与感应板的铺设结构如图 7-17～图 7-19 所示。

图 7-17　道岔处的感应板

感应板的构造多样，几种形式如侧棒式、平板式和帽子式，分别如图 7-20～图 7-22 所示，图中单位均为 mm。

目前日本与加拿大感应板的最大区别有以下两点：

（1）日本在车站与部分陡坡地段采用了覆铜感应板，这种感应板可以提高最大推力。

（2）加拿大在新线路上采用了层压式感应板（见图 7-23），这种感应板主要可以降低铁损。

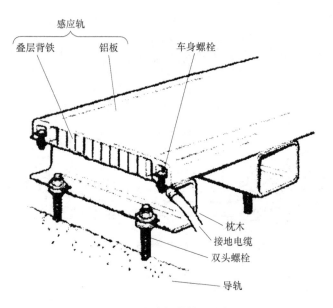

图 7-18 感应板的铺设结构

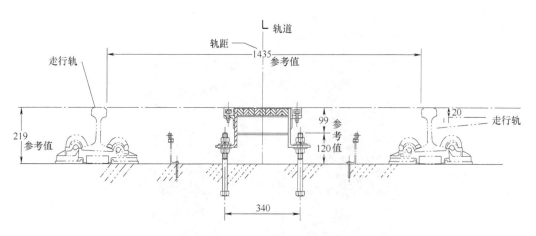

图 7-19 感应板的铺设（单位：mm）

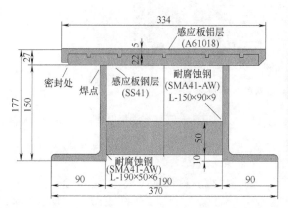
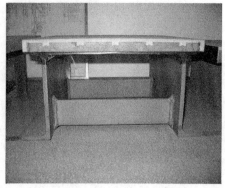

图 7-20 侧棒式感应板（轨）（单位：mm）

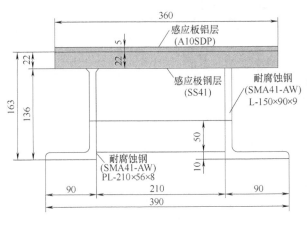

图7-21 平板式感应板（轨）（单位：mm）

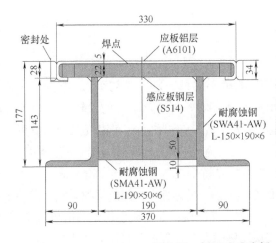

图7-22 帽子式感应板（轨）（单位：mm）

图7-23 加拿大金斯顿庞巴迪车辆厂2004年试验的层压式感应板

表7-3给出了部分投入运行的直线电机车辆感应板（轨）的技术参数。

表 7-3 直线电机感应板（轨）技术参数

参　　数	MKⅡ型车辆		东京 12 号线车辆	大阪 7 号线车辆	福冈 3 号线车辆
	加减速区、坡度区	惰行区	加减速区、坡度区	惰行区	
材质	铝和叠片铁磁材料	铝和铁磁材料	铜和铁磁材料	铝和铁磁材料	铜/铝和铁磁材料
材料厚度/mm	铝：叠片铁心：25		铜：5 铁：22	铝：5 铁：22	铜/铝：5 铁：25
长度/mm			直线段：5000 曲线段：2500 枕木间隙：625		
宽度/mm	265	265	360	360	360
距轨顶平面高度/mm	0	0	15	15	
安装精度/mm			±2	±2	

7.3.5 直线感应牵引电机驱动特点

1. 拓扑结构的影响

用于城市轨道交通轮轨系统的直线感应牵引电机一般是短定子（初级）、长转子（感应板）结构。初级（工程上称为直线感应牵引电机）安装在车辆上。无源的长转子（称为反应轨）安装在两条钢轨之间。由直线感应牵引电机原理可知，该电机由于可以视为旋转电机一系列拓扑变化而来，这一系列的拓扑变化导致了几个在研究与应用中所需要注意的特点[9-13]。

（1）气隙。气隙是影响直线感应牵引电机特性的最重要的因素。由于该电机初级（定子）与次级（转子或感应板）分离，分别位于运动的车辆和静止的地面上，因此气隙必然比定转子一体的旋转电机大许多。在工程中，必须正确选择反应轨安装误差和直线感应牵引电机调整误差，以保证在实际应用中是可行的。通过机械分析来决定气隙大小（其设置要保证即使在最恶劣负载情况下也不会发生机械接触）、直线感应牵引电机高度调整中的误差和车轮磨损。在正常负载和误差情况下，机械气隙为 8~12mm。经验表明，机械气隙可在建造中实现并可在运行中维持，车轮压型后，对直线感应牵引电机高度要进行调整。另外，在分析直线感应牵引电机性能时因为要把铝板厚度考虑进去，所以电磁气隙就要大一些，通常磁隙为 15.5~16.5mm。

（2）法向力。单边型直线感应牵引电机的拓扑结构在直线感应牵引电机和反应轨之间产生了较大的法向力，这是由吸引磁力和排斥电磁力所引起的。法向力的值大于推力，在发生故障和零转差情况下，法向力会更高。因此，电机的结构、转向架及反应轨至轨道的附加装置在设计时都要考虑该力。

（3）端部效应。短定子拓扑结构会产生端部效应。在加速时，端部效应会引起推力减小，也会导致直线感应牵引电机电流不对称，设计逆变器时都应予以考虑。

2. 直线感应牵引电机的运行

（1）推力。直线感应牵引电机以峰值推力工作产生所需力，但是电机互感的变化会引起峰值推力运行点很大的变化。互感的变化常与间隙变化有关，间隙变化是由于安装误差、负载变化、偏差及车轮磨损引起的。另外，反应轨温度随环境温度和反应轨损耗变化，造成电机参数变化，导致推力工作点漂移。

（2）控制器。控制器应该能跟踪不同运行状态下的峰值推力工作点，运行的推力包络线就是直线感应牵引电机的峰值推力。必须互相协调和优化恒流驱动、恒压驱动、恒流制动及恒压制动 4 个区域，以改善对其他区域可能产生的负面影响。

3. 直线电机车辆的能耗与运营成本

日本的试验结果表明，和既有地铁方式相比，直线电机气隙为 12mm 时的直线电机地铁车辆运行所需电能消耗要多 30% 左右。如果把车辆空调、车站设备（照明等）消耗的电能也计算在内，则直线电机地铁多消耗 15%~20% 的电能。按照日本定性的说法，直线电机地铁虽然运行电能消耗比既有地铁方式多，但直线电机地铁车辆无需齿轮传动装置，非黏着驱动的特点使得车轮和钢轨磨耗少、维修量小。所以，总体来看，直线电机的运营成本要比既有地铁方式低。

7.4　直线电机车辆供电

直线电机车辆供电方式主要分为两种：①第三轨供电（以温哥华 Skytrain 为代表）；②高架桥接触网供电（以日本东京 12 号线为代表）。日本投入运营的 4 条直线电机地铁线主要采用的是高架桥接触网供电方式，其中只有部分线路的部分区段采用的是第三轨供电。供电电压也主要分为两种：①直流 750V（主要应用于第三轨供电方式）；②直流 1500V（主要应用于高架桥接触网供电方式）。

迄今为止，世界上直线电机车辆轨道交通系统中采用第三轨供电方式的城市占 55%，采用高架桥接触网供电方式的城市占 45%，两种供电方式各有其优缺点，在技术上是同时并存的。在直线电机车辆轨道交通系统中究竟采用哪种牵引供电方式，应该综合考虑各相关方面的因素：速度的需求、既有线路的供电制式、客流量和车辆的编组、限界的要求、投资来源与国产化、供电可靠性、施工安装与运营维护、能量损耗、人身安全、杂散电流防护、对周围环境的电磁干扰、再生能量的利用、对城市景观的影响等。只有在综合考虑各个方面的因素后，才能确定一种比较合适的供电方式。

7.5　直线电机车辆牵引与制动

目前运营的直线电机车辆牵引控制装置所用逆变器主要是以两电平 VVVF 逆变器和三电平 VVVF 逆变器为主，逆变器采用的器件主要是以 IGBT 和 GTO 为主。比如日本福冈 3 号线的 VVVF 逆变器，逆变器装置由主回路、冷却单元和隔离控制装置等组成，集中在一个长约 3m，宽约 2m，高 500mm 的箱体里。列车采用 300 系动力分散型电动车组，4 辆编组运行，编组方式是 M1C-M1-M3-M3C。两台牵引控制装置分别安装在 M1 和 M3 车上，两台低压电源装置分别安装在 M1C 和 M3C 车上。每一台牵引控制装置包括两套两电平的 VVVF 逆变器和一套带再生制动的控制系统。每套 VVVF 逆变器主回路的三相输出连接两台 150kW 的直线感应牵引电机，这种逆变器主电路安装结构可以确保一套主回路出现故障时，另一套主电路能正常工作。这使得当有一套牵引逆变器出现故障时只损失 1/4 的牵引力。

此外，对于不同的直线电机车辆，其逆变器采用的冷却方式也是不同的：比如，Bombardier 公司生产的 MKⅡ型车辆，采用的是强迫风冷；而日本东京 12 号线及大阪 7 号线直线电机车辆采用的是热管冷却。究竟采取哪种冷却方式主要还是取决于逆变器装置的要求，因此要根据逆变器装置的具体要求才能选择合适的冷却方式[14]。

7.5.1 牵引传动系统

下面以广州地铁四号线车辆的牵引系统为例，介绍直线感应牵引电机传动的特点，注意区分与 6.2 节阐述的旋转电机传动系统的不同之处。

1. 牵引系统的构成

牵引系统的主电路如图 7-24 所示。每个 VVVF 逆变器驱动 2 个直线电机，两个 VVVF 逆变器都是装在 B 车上。当 VVVF 逆变器接收到牵引手柄给出的牵引指令后，CHB 闭合，滤波电容器 FC1/2 充电，当滤波电容的电压达到一定值时（FC1/2 的电压小于网压 80～100V），LB1/2 闭合，接着 CHB1/2 分离，逆变器的门极开始工作。如果 DCPT12/22（滤波电容电压传感器）检测到的电压高于 1980V，门极将停止工作，同时 LB1/2 分离，OVCRF1/2（过电压保护晶闸管）导通，对 OVCR FR1/2（过电压保护电阻）放电。电容 CE1/2 的作用是吸收电机地线的谐波。当需要对 VVVF 箱进行检修时，就需要将 MS 箱隔离开关打到接地位置，这时 DCHS1/2（放电开关）闭合，FC1/2（滤波电容器）和 FL1/2（滤波电抗器）等储能元件通过 DCHR1/2（放电电阻）放电，保护检修员工的作业安全。

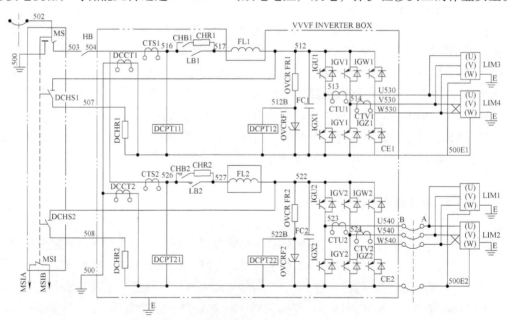

图 7-24 直线感应牵引电机牵引系统主电路图

MS—主隔离开关　DCHS1/2—放电开关　HB—高速断路器　CHB1/2—充电接触器　LB1/2—线路接触器
CHR1/2—充电电阻　DCHR1/2—放电电阻　OVCR FR1/2—过电压保护电阻　FL1/2—滤波电抗器
FC1/2—滤波电容器　OVCR F1/2—过电压保护晶闸管　DCCT1/2—差动电流传感器　CTS1/2—输入电流传感器
DCPT11/21—线电压传感器　DCPT12/22—滤波电容电压传感器　CE1/2—电容
CTU1/2、CTV1/2—逆变器输出电流传感器　LIM—直流电机

2. 牵引系统的控制

广州地铁四号线车辆的牵引系统正常情况下采用来自硬线的 PWM 牵引力指令，如果检测到硬线 PWM 信号超出正常的范围，VVVF 逆变器就会采用来自列车管理系统（Train Management System，TMS）总线的牵引力指令。如果在硬线 PWM 信号和 TMS 总线都失效的情况下，列车还有一条紧急的备用硬线，当该紧急备用硬线被激活后，列车以 20km/h 的目标值进行驾驶，如果这时列车速度超过 22km/h，VVVF 逆变器将停止输出。另外，考虑到列车损失 1/2 动力时，在车辆定员载荷状态下，可在 60‰ 的坡道上起动，并能使列车行驶到最近车站，列车还增加了高加速功能，当该功能被激活时，转矩的指令值就会变为计划值的 1.335 倍。上面这些功能可以尽量降低由于列车故障对运营的影响。

3. 牵引系统的矢量控制

广州地铁四号线车辆的直线电机采用矢量控制方式，其控制性能可与他励电机相媲美，实现快速控制转矩，能将负载的扰动对速度的影响降到最低，具体控制方法如图 7-25 所示。通过矢量控制可以实现正常情况下的列车牵引、感应板次级阻抗变化的补偿、感应板与直线电机之间气隙变化的补偿、感应板缺失时的防止直线电机过流、再生制动等功能。

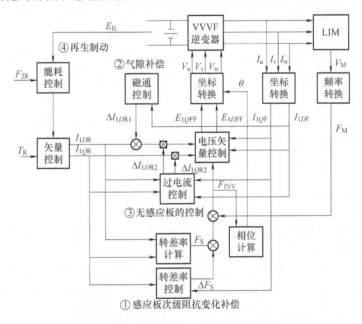

图 7-25 直线感应牵引电机矢量控制方法

E_{fc}—滤波电容器电压　E_{1DFF}—定子 d 轴的前馈电压　E_{1QFF}—定子 q 轴的前馈电压　I_{1DR}—定子电流的 d 轴分量指令　I_{1QR}—定子电流的 q 轴分量指令　I_{1DF}—定子电流的 d 轴分量　I_{1QF}—定子电流的 q 轴分量　F_{INV}—逆变器输出频率　F_S—转差率　F_M—电机频率　T_R—电机转矩指令　F_{2R}—转子磁链幅值

（1）感应板次级阻抗变化补偿。当感应板的电阻发生改变，转矩电流（I_{1QF}）发生变化，VVVF 逆变器的控制系统检测到这一变化后，会根据 I_{1QF} 和 I_{1QR} 的不同改正转差频率，使 q 轴电流恢复到原来的值，控制直线电机推力的波动。

（2）气隙变化控制。当直线电机与感应板之间的气隙变化时，直线电机的互感值发生变化，磁通电流（I_{1DF}）也发生变化。控制系统检测到这一变化后，将根据 I_{1DF} 和 I_{1DR} 的不同

改变 d 轴电流的指令值（I_{1DR}），使 d 轴电流恢复到原来的值，控制直线电机推力的波动。

（3）无感应板时的控制。当直线电机通过感应板不连贯时，互感值将减少，其电流大大增加，当该电流超过 VVVF 逆变器的设定值时，传动控制系统将降低 d 轴电流 I_{1DF} 和 q 轴电流 I_{1QF} 的指令值，防止逆变器和直线电机过流。

7.5.2 直线感应牵引电机控制策略

目前传统旋转感应电机的控制方式主要有标量控制、直接磁场定向控制、间接磁场定向控制和直接转矩控制。从原理上来看直线感应电机与传统旋转感应电机有着相通性，都是通过三相交流电产生的磁场与导体作用产生驱动力。因而，用于传统旋转感应电机的控制方法也同样适用于直线感应电机（需要强调的是由于直线感应电机有着自己的特点，比如边缘效应、电流不平衡等，往往需要根据这些特点对传统的控制方法进行改进，才能提高效率）。因此，直线感应电机的控制方法主要也是上述的四种方法。

对直线感应电机来说上述四种方法中，对于速度突变工况，直接磁场定向控制的响应最快且没有振荡；在低速范围的速度突变工况下，直接转矩控制和磁场定向控制都有着较快的响应，但是直接转矩控制存在一个稳态误差。对于加速度的大小来说，直接转矩控制和标量控制能获得较大的加速度，而磁场定向控制的初始加速度较小。

控制的复杂程度上，直接转矩控制方法实现起来最为简单，只需要知道初级阻抗的值就可以；标量控制方法需要知道等效电路的所有参数；而磁场定向控制实现起来较为复杂，需要知道大量的直线感应电机参数。

综合而言，磁场定向控制方法性能比较优异，特别是直接磁场定向控制在速度控制和位置控制上都有很高的精确度。直接转矩控制实现较为方便，而标量控制也是可行的，但在动态特性上，标量控制要比直接转矩控制和磁场定向控制要差。

7.5.3 直线电机车辆制动

加拿大 Skytrain 直线电机车辆的制动方式是以再生制动为主，辅以液压盘型制动，在紧急制动时还投入磁轨制动。

Skytrain 直线电机车辆正常运行的制动绝大部分由直线感应牵引电机的再生发电来实现。再生的电能量很大一部分回馈到供电轨，供其他 Skytrain 列车使用。在车辆接近停车低速时，直线感应牵引电机从供电轨获得电来提供一个反向推力从而进行最后阶段的电制动。最后阶段的制动力不足部分，由液压控制的盘型制动来补足，盘型制动用来提供最后低速阶段的刹车制动和停车后的安全制动，在停车后的安全制动中采用弹簧释放控制，而非液压控制。另外，有 4 个磁轨制动器分别安装在每个转向架外侧两车轮之间的轨道正上方，其与盘型制动联合，用于确保其他系统出故障时列车在高速情况下的紧急制动能力，也用于 Skytrain 一些安全制动系统激活时的制动。磁轨制动由车上蓄电池供电作为缓冲备份，以保证万一牵引供电失效后使用。紧急制动时，磁轨制动和弹簧控制的盘型制动联合使用。

日本神户海岸线直线电机车辆制动系统采用了电指令式直通电空制动装置，优先使用再生制动装置，当再生制动不足时，通过电气指令控制补充空气制动量。

再生制动和空气制动由各车配置的制动控制单元（Brake Control Unit，BCU）协调，以车为单位。若 BCU 发生故障，则向自主分散式列车综合系统（Autonomous Decentralized Train Integrated System，ATI）装置输出故障信号。而 ATI 装置向其他正常的 BCU 发送增加制动力信号，以补充故障方的制动力，确保编组的必要制动力，提高可靠性。

常用制动是由主控制器发出指令，或自动列车运行（Automatic Train Operation，ATO）装置发出指令，经 ATI 装置将指令传送给各车配置的 BCU，BCU 以车为单位，根据车辆的载荷，进行电空制动协调控制。

紧急制动附加了再生制动系统：一种是再生制动不起作用时，仅由空气制动来确保紧急制动；另一种是再生制动起作用时，空气制动力可适当减小。此外，紧急制动时的再生制动力是一定的（相当于空车减速度 1km/h/s），不执行常用制动那样的电空制动力计算。

日本大阪 7 号线，东京 12 号线以及福冈 3 号线的制动模式与之类似。表 7-4 列出了 MKⅡ 型车辆、东京 12 号线/大阪 7 号线车辆中所使用的制动方案比较。

表 7-4 各种车辆制动方案

制动方式	MKⅡ 型车辆			东京 12 号线车辆/大阪 7 号线车辆		
	停放制动	常用制动	紧急制动	停放制动	常用制动	紧急制动
盘型制动	√	√	√	√	√	√
再生制动		√			√	√
磁轨制动			√			

广州地铁四号线是我国首次采用直线电机驱动技术的线路，其车辆的制动方式如下。

1. 能量自消耗制动

能量自消耗制动是将电制动产生的能量在直线电机内部自行消耗，能量自消耗模式实际上就是高转差率制动。因为广州地铁四号线车辆的制动电阻是安装在地面上的，当地面的制动电阻有故障的时候，列车再生制动的能量就无法被制动电阻吸收，如果这时完全使用气制动补偿，对列车的制动盘和制动闸片的磨耗就比较多。基于上述考虑，当滤波电容电压高于 1950V、速度在 70~20km/h 时，牵引控制系统会转到能量自消耗模式。能量自消耗模式时在 AW0（地铁车辆空载）状态下无需补充空气制动即可达到 $1.0m/s^2$ 以上的减速度。不过由于逆变器的容量关系，能量自消耗模式的制动力最大约为 15kN，如果超过这个数值，其余的制动力则由气制动补偿。由于这种制动模式会使电机的温度升高，所以相应对直线电机的热保护也是必须考虑的。

2. 反相制动

由于直线电机的转差率比旋转电机要高，所以在制动的时候，当逆变器的频率已经降到 0Hz 时，电机的速度仍然比较高，这时的速度大约为 10km/h，如果完全由气制动补充，会造成列车的制动盘和制动闸片的磨耗比较快，为了满足速度 90~6km/h 时完全为电制动，广州地铁四号线车辆在车速低于 10km/h 时的电制动采用了反相制动。

7.6 直线感应牵引电机悬挂技术

至今为止，直线电机转向架的电机悬挂分为 4 种模式：第 1 种是悬挂在构架上，电机通过3根吊杆吊在构架的前横梁与后横梁上；第2种是悬挂在轴箱上，利用轴箱之间的附加梁作为电机悬挂的支撑梁；第3种是悬挂在车轴上，利用车轴作为电机悬挂的支撑梁；第4种是悬挂在副构架上，电机通过3根吊杆吊在前后副构架的前后梁上。每种电机悬挂方式各有优缺点，也决定了转向架的结构形式。

（1）构架悬挂式。由于直线电机悬挂在构架上，因此电机气隙受一系悬挂刚度的影响很大。为了保证电机效率，气隙要控制在12mm左右，必须要有足够大的一系垂向刚度。

（2）轴箱悬挂式。直线电机悬挂在轮对轴箱上，通过连接梁将左右轴箱连接起来，电机通过垂向吊杆吊在连接梁上。为了保持轴箱的平衡，每根轴的吊杆都是双侧的，电机承受来自路面的轨道垂向不平顺激励。但由于存在轴箱装置并将直线电机悬挂在轴箱上，因而增加了簧下质量。由于蛇行运动存在，电机受到轮对蛇行运动的激挠，容易引起吊杆在横断面内的偏摆，从而引起间隙变动和吊杆受力过大。

（3）轴悬式。电机安全鼻安装在旋转车轴之上，电机悬吊在前后车轴上。电机承受来自路面的轨道垂向不平顺激励。直线电机悬挂在车轴上，增加了簧下质量。由于轮对蛇行运动存在，电机受到轮对蛇行运动的激挠，容易引起吊杆在横断面内的偏摆，从而引起间隙变动和吊杆受力大。

（4）副构架悬挂式。副构架连接在左右轴箱之间，前后副构架连接在一起，电机吊挂在副构架上。转向架一般采用构架内置的形式。

7.6.1　MK系列转向架直线电机定子悬挂技术

MK系列转向架直线电机定子悬挂技术是加拿大Bombardier公司研制的直线电机转向架在三大件转向架的基础上改进的，并采用迫导向机构。具体结构形式为：转向架前后轮对通过两副构架连接起来，副构架呈V字形，一端与轮对固结，一端与另一副构架铰接，铰接点用垂向吊杆将两副构架的一端悬挂于摇枕上，铰接点两侧通过水平拉杆将副构架与摇枕相连，以传递纵向力。直线电机位于副构架之下，两端通过三点铰接机构悬挂在副构架上（见图7-26）。

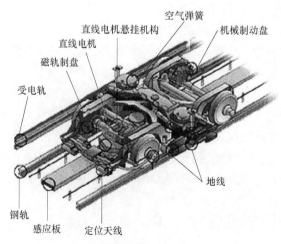

图7-26　MKⅡ的直线电机悬挂方式

三点铰接机构在垂向和纵向都对直线电机具有约束作用。一系悬挂采用刚度很大的橡胶弹簧环定位，二系悬挂则采用空气弹簧，这样在保证舒适性的同时，还可以在车内载荷变化时，控制地板高度不变。当车轮因磨损而镟轮时，采用在直线电机悬挂座处加调整垫的方式来调整电机的磁极间隙。直线电机的这种悬挂方式包含车轮 40mm 磨耗量的补偿装置用来调整其与感应板之间的间隙。调整方式为在支撑梁的底面和轴箱体的上表面加调整垫，精确调整间隙由支撑梁上的微动机构来实现。

　　这种直线电机悬挂方式的特点是，直线电机的重量和垂向电磁力直接通过轴箱和径向轴承由轮对承受，直线电机产生的纵向牵引力以及制动力则直接传递给副构架，再由副构架传递给摇枕，摇枕通过两侧的牵引杆又直接传递到车体，因此转向架构架既不承受产生于直线电机的垂向载荷，也不承受产生于直线电机的纵向载荷，因此可大幅降低转向架自重。同时，一系悬挂装置不承受额外的产生于电机的纵向载荷，可以尽量减小一系悬挂纵向刚度以改善稳定性和曲线通过的性能。事实上，由于转向架构架与一系轴箱之间不再传递牵引力，MKⅡ型转向架的两侧架（构架）通过橡胶弹性垫置于轴箱上，一侧铰接，另一侧可以在橡胶弹性垫上沿轴箱滑动，构成理想的几乎不受任何约束的水平转动机构，在通过曲线时，轮对可以沿径向自由移动，因此大大提高了曲线通过能力。

7.6.2　日本直线电机转向架定子悬挂技术

　　日本于 20 世纪 90 年代引进了加拿大的直线电机驱动轮轨交通系统技术，但是并没有完全照搬加拿大的模式，而是根据自身条件，开发了内置构架与外置构架两种直线电机径向转向架，并进行了广泛的试验，先后试验和使用了 5 种形式的转向架。日本早期研制一种电机直接悬挂于转向架的轮对上。在轮轴中部安装有抱轴轴承，电机定子通过橡胶轴衬支承在轴承上。从直线电机定子传来的垂向静态力和动态力直接通过轴箱轴承由轮对承受；纵向牵引力的传递与旋转电机转向架类似，即牵引力先通过轮对传递给轴箱，再由轴箱传递给构架。因此，这种直线电机转向架的技术风险仅集中在电机悬挂和轮轴设计上，可以在传统转向架的基础上，经过对轮对的改装设计并增加电机悬挂装置而实现。然而，试验结果表明，这种结构由于直线电机完全属于簧下重量，轮轨动作用力较大，而且牵引力通过轴箱传递，对轮对的径向摇头影响很大，因此日本后来放弃了这种结构。

　　日本目前大量采用的直线电机直接悬挂于转向架构架之上的自导向转向架，其结构示意图如图 7-27 所示，在 H 型构架的横梁上安装了特制的杠杆机构，从电机传来的垂向静态力和动态力通过构架和一系悬挂装置传递到轮对，因此改善了电机的振动环境，同时可以采用高刚度转向架构架以避免由于轨道扭曲导致的出轨风险。这种转向架的缺点是，转向架构架承受了额外的由直线电机带来的垂向载荷，同时一系悬挂的垂向刚度必须设计得很大，才能减缓因车内载荷的剧烈变化而引起的直线电机与感应板之间间隙的大幅改变，因此影响了车辆乘坐舒适度。另外，来自直线电机的振动无法与转向架和车体隔离，对转向架主要部件和车体的结构强度有一定的影响。

　　日本直线电机转向架磁极间隙的调整方式与 MK 系列转向架类似，也是在悬挂座处加调整垫，并且通过横梁上的微动机构进行微调。

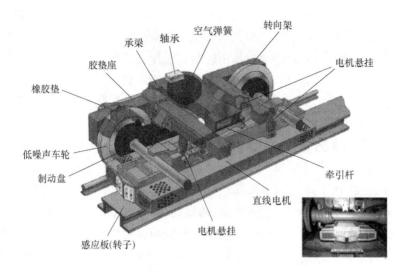

图7-27 直线电机的构架悬挂结构

7.7 直线电机车辆

7.7.1 车辆系统

直线电机城市轨道交通系统的整体构成如图7-28中所示,整个系统由车辆系统(包括:直线电机车辆、直线电机受电靴)、线路/轨道系统(包括:线路轨道、感应板、土建工程、道路作业、线路道岔、限界)、供电系统(包括:架空接触网、三轨接触轨)组成,还包含将来在线网基础上建设的运营自动化系统。

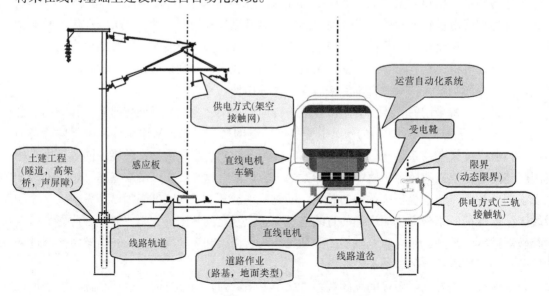

图7-28 直线电机城市轨道交通系统整体构成图

在直线电机轨道交通系统中，车辆系统处于核心位置，主要构成如图 7-29 所示。车辆系统研究的核心为直线电机车辆及其部件。主要研究对象是直线电机车辆与常规地铁车辆相区别的地方，如直线电机车辆集成、牵引、制动、车体强度、动力特性及直线电机、径向转向架等关键设备的研究。

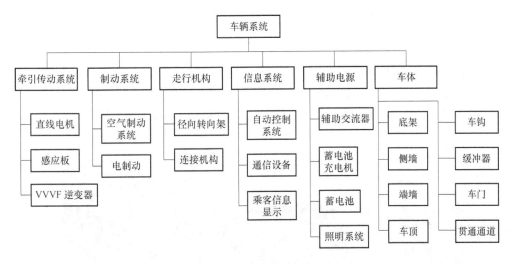

图 7-29 车辆系统构成框图

7.7.2 加拿大 UTDC 的轻轨车辆

直线电机城市轨道交通车辆结构基本与普通地铁类似，为加拿大 UTDC 公司研制的直线感应牵引电机驱动的轻轨车辆，该车辆参数见表 7-5。

表 7-5 UTDC 公司研制的直线感应牵引电机驱动轻轨车辆参数

参 数	数 值
轴数	4
总长/mm	12700
总宽/mm	2500
车顶至轨面高/mm	3130
地板至轨面高/mm	780
最小曲线半径/m	20
车轮直径/mm	460
轨距/mm	1435
车辆自重/t	14.4
载客量座位	40
站位（按 4 人/m）/个	40
最高速度/(km/h)	80.5
起动加速度/(m/s^2)	1.0
工作减速度/(m/s^2)	1.0

(续)

参　　数	数　　值
紧急减速度/(m/s^2)	1.28
内部噪声/dB	67
电动机台数	2
电动机功率/(kVA)	325

整车车辆结构如图 7-30 所示，车辆采用单端司机室。一般两节连挂，双侧开门，每侧两个双页门，门宽 1.22m、高 1.98m。车内座位的布置可较好地利用车内空间，在两门之间为纵向布置，在两端为横向布置。这种布置方式使进出车厢方便，并可减少停车时间。

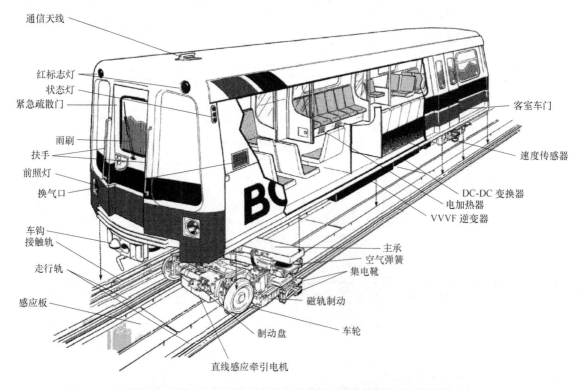

图 7-30　UTDC 公司的直线感应牵引电机驱动轻轨整车车辆结构

车体采用铝合金材料制造，底架、侧墙、顶板全为铝结构。大多采用铆接或螺钉连接，部分采用焊接，如顶板就是采用七块长 12m 的铝型材焊接而成。底架的两根边纵梁为铝质异形管状型材。纵梁与横梁的连接全为螺钉连接。在底架、侧墙、端墙、顶板等部件制造完成后，在装配线上进行总装：首先将侧墙、端墙安装在底架上，全部采用特制螺钉连接；然后装配顶板；与此同时，进行车内布线并安装电气设备。

由于采用直线电机驱动与小而轻的车辆，其转向架结构很简单。其构架用铝合金铸造，非常轻巧。转向架的两根侧梁与横梁不像通常的框架式结构，而是分别与动轴相连，两根横梁用铰接连在一起。这样，两根动轴就不会总处于平行位置。在通过曲线时，两根动轴会适应曲线而成一定角度，从而可大大减少车辆通过曲线时的噪声及轮缘与钢轨的磨损，这是一种很独特的结构。直线电机驱动使转向架省去了复杂的齿轮传动系统。一系减振采用橡胶弹簧，二系采用橡胶空气弹簧。在转向架构架内安装直线电机定子，在两侧梁下装有电磁轨制动器。在转向架两根轴上装有盘式制动器，作为车辆的工作制动。

车辆采用三轨供电，为此在转向架上装有受电器。车辆的电气系统采用变频调速。散热器为铝质，每相的管子、阻容保护等均安装在一个大散热器上，靠车速自然风冷，非常简单，且易于更换。车辆可以进行再生与电阻复合制动。直线电机主参数见表7-6。

表7-6 UTDC公司的直线电机主要参数

参　　数	数　　值
电压三相交流/V	240
电流/A	350
功率因数	0.65 ~ 0.68
频率/Hz	0 ~ 60
极数	6
绝缘等级	H
电机初级长/mm	1800
电机初级宽/mm	600
气隙/mm	(11 ±2)
电机次级宽/mm	300
电机次级/mm	铝板2.5，钢板25

7.7.3 日本福冈机场线车辆

1. 概况

日本福冈市地铁运行的机场线（3.1km）、箱崎线（4.7km），都与JR鹿儿岛正线、筑肥线、西铁天神大牟田线、新干线相衔接。2005年2月开通运行的七隈线（3号线，长12.7km），从桥本站到天神南站大约需要运行24min。

七隈线采用3000型车辆，如图7-31所示。该车辆为直线电机驱动方式，轮轨导向能够适应大坡度线路，同时由于控制了转向架高度，隧道断面面积与普通地铁相比可以减小50%，车辆的最大特征是适应无人驾驶、全自动运行，为中运量轨道交通系统。

列车的基本构成为4辆动车编组。4辆编组列车定员378人（头车89人、中间车100人）。为适应客流增长的需求，

图7-31 机场七隈线用车辆

结构上允许增加中间车数量，可达6辆编组，为M1c、M1、M2、M2c、M3、M3c。车辆参数见表7-7。

表7-7 日本福冈机场线车辆参数

项 目		内 容				备 注
编组形式		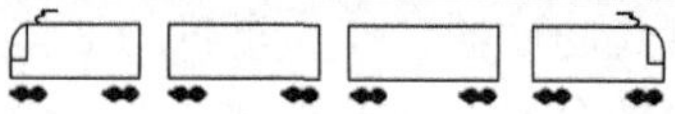 M1c	M1	M3	M3c	基础的4辆编组铝合金车体
质量/t		27	26	26	27	
最高运行速度/(km/h)		70				
车体尺寸/mm	车体长度	16000（车钩面距离：头车16750，中间车16500）				折叠受电弓站台高825mm
	车体宽度	2490				
	车顶高度	3145				
	地板面高度	830				
	客室高度	2090				
	车辆定距	11000				
转向架型式		车体直接空气弹簧转向架（叠层橡胶3点支承、自动控制径向）				构架安装直线电机
主要设备	受电弓	单臂式	—		单臂式	DC 1500V 架空线
	牵引电动机	车上定子单侧式直线电机（2台/辆）				1100V，相当于150kW
	主电路控制器	—	VVVF变频调压	VVVF变频调压	—	1S2P×2 单元
	辅助电源	静止逆变器	—		静止逆变器	200V×120kVA
	空调装置	超薄型集约分散式（2台/辆）				>12500kcal/h
	控制方式	VVVF变频调压（带再生制动）、IGBT元件电压型PWM方式				
	制动方式	电空并用、电气指令式电磁直通制动（带空重车调整）				
其他	侧门	一侧3门（带夹人探测功能）				有效宽1300mm
	无障碍设计	与站台高度差±5mm；与站台间隙50mm；视听觉向导装置				

2. 牵引电机

牵引电机为车上定子单侧式三相直线感应牵引电机，直线感应牵引电机容量较大，相当于小时制额定功率150kW。采用构架安装方式每个转向架安装1台电机。直线感应牵引电机的质量约1350kg，尺寸为2530mm×752mm，铁心长2476mm、高124mm、叠厚300mm、极间距280.8mm，冷却方式为自然冷却，绝缘等级为H级。感应板（RP）为铜包层和铝包层方式，宽360mm、厚30mm（铜、铝5mm，钢25mm）。铺设正线时，在牵引、再生区间铺设有利于功率因数、效率的铜感应板；惰行区间为了降低建设费用，铺设了铝感应板。正线感应板的铺设比例，铜感应板为70%、铝感应板为30%。

3. 主电路控制装置

控制装置为两电平VVVF变频调压控制方式，附带再生制动，每个编组安装2台。变频调压控制装置由三相电路、2个单元组成，每1个单元控制2台150kW的直线电机，每1台VVVF装置控制4台电机。主电路半导体元件采用IGBT，使用纯水冷却。为保证冗余性，2个单元的组成中1个单元的独立主电路发生故障时，切断该故障单元，仅靠1个正常的单元也能够运行。为了提高平稳性和停车准确性，变频调压控制方式采用能够高速应答、全电气制动的矢量控制。为了提高平稳性，缓和起动时的冲击，采用软起动控制。车下设备布置如图7-32和图7-33所示。

第7章 直线电机城市轨道交通系统

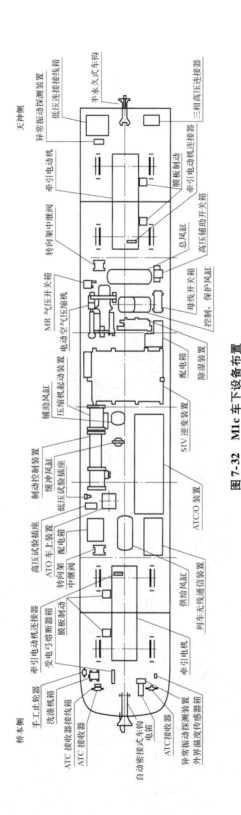

图 7-32 M1c 车下设备布置

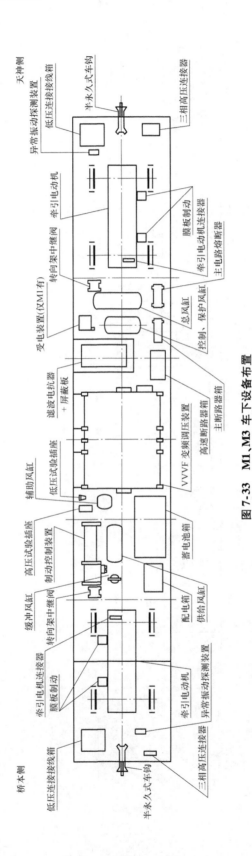

图 7-33 M1、M3 车下设备布置

4. 制动装置

制动控制装置采用带再生制动补充的电气指令式电磁直通制动。制动系统包括常用制动、紧急制动、备用制动3个系统，常用制动、紧急制动与再生制动并用。常用制动指令，手动运行时为级控制、ATO运行时为28级控制（传递控制指令）。必要的制动指令输入到各车的制动控制单元，以输入的指令和乘车率为基础、以每辆车为单位运算必需的制动力。制动指令传输发生故障时，替换7级控制指令，继续ATO运行。

7.8 参考文献

[1] 吕刚. 城市轨道交通车辆概论 [M]. 北京：北京交通大学出版社，2011.

[2] 郑沃奇. 广州地铁四号线直线电机车辆牵引系统 [J]. 电力机车与城轨车辆，2007，30（1）：62-65.

[3] NAKAMURA S. Development of high speed surface transport system (HSST) [J]. IEEE Transactions on Magnetics，1979，15（6）：1428-1433.

[4] SUZUKI S, KAWASHIMA M, HOSODA Y, et al. HSST-03 system [J]. IEEE Transactions on Magnetics，1984，20（5）：1675-1677.

[5] 范瑜，杨中平，等. 国外直线电机轮轨交通 [M]. 北京：中国科学技术出版社，2010.

[6] 龙遐令. 直线感应电动机的理论和电磁设计方法 [M]. 北京：科学出版社，2006：78-81.

[7] 上海工业大学，上海电机厂. 直线异步电动机 [M]. 北京：机械工业出版社，1979.

[8] LV G, YAN S, ZENG D, et al. An equivalent circuit of the single-sided linear induction motor considering the discontinuous secondary [J]. IET Electric Power Applications，2018，13（1）：31-7.

[9] LV G, ZHOU T, ZENG D. Influence of the ladder-slit secondary on reducing the edge effect and transverse forces in the linear induction motor [J]. IEEE Transactions on Industrial Electronics，2018，65（9）：7516-25.

[10] LV G, ZHOU T, ZENG D. Design of ladder-slit secondaries and performance improvement of linear induction motors for urban rail transit [J]. IEEE Transactions on Industrial Electronics，2018，65（2）：1187-95.

[11] LV G, ZHOU T, ZENG D, et al. Influence of secondary constructions on transverse forces of linear induction motors in curve rails for urban rail transit [J]. IEEE Transactions on Industrial Electronics，2018，66（6）：4231-9.

[12] LV G, ZHOU T, ZENG D, et al. Influence of parameters of cap-lamination secondaries on performances in single-sided linear induction motors [J]. IET Electric Power Applications，2017，11（3）：393-8.

[13] LV G, ZHOU T, ZENG D. Influence of the V-type secondary on the air-gap magnetic field and performance of the linear induction motor [J]. IET Electric Power Applications，2018，13（2）：229-34.

[14] 郑琼林，赵佳，樊嘉峰. 直线电机轮轨交通牵引传动系统 [M]. 北京：中国科学技术出版社，2010.

Chapter 8
第8章 轨道交通直线感应电机的特殊性

内容提要

本章从复杂路线条件对轨道交通直线感应电机运行的影响入手,着重分析了电机在初级横向偏移以及次级断续两种特殊工况下的特性。首先,讲述了由复杂路线引起的特殊运行状态对电机的影响。接着,通过3-D有限元建模分析,给出了初级横向偏移时气隙磁场和涡流的畸变情况、空间三维力的变化以及四象限运行时三维力特性及对行车的影响。最后,针对次级断续的特殊工况,得到了适用于次级断续工况的等效电路,并通过有限元计算分析了该工况下气隙磁场、涡流等暂态特性。

难点重点

1. 复杂线路对轨道交通直线电机的影响。
2. 初级横向偏移时磁场、涡流以及三维力的畸变。
3. 初级横向偏移在电机四象限运行时对电机特性和车辆稳定性的影响。
4. 次级断续时电机的分段表征,等效电路的参数变化。
5. 次级断续时电机电磁特性的变化。

8.1 复杂线路对直线感应电机的影响

由于城市轨道交通的线路规划大都在城市规划的后期进行，受地面建筑物布局和已有轨道线路有很大影响。直线电机车辆由于具有转弯半径小的优势，因此线路上的弯道和岔道较多。直线感应电机的初级横向偏移和次级断续情况是复杂线路对电机的两个重要影响，其中：①初级通过转向架与车体相连，当车辆通过小曲线时，会使其初级、次级之间发生横向偏移；②由于轨旁设备、道岔以及施工的影响，次级不可能连续铺设，经常出现断续状态。图 8-1a 为长沙磁悬浮快线出站时和广州地铁 6 号线行进过程中过弯道的情况。图 8-1b 为广州地铁 4 号线次级板缺失区域。

a) 弯道

b) 道岔口等次级缺失区域

图 8-1　城市轨道交通过弯道和次级缺失区域

图 8-2 为直线电机轨道交通实际运行路况和次级铺设情况。如图 8-2b、d 所示，当转向架上装有直线感应电机初级的列车通过感应板缺失区域时，尽管列车牵引系统可以通过过电流抑制控制以及过电流保护控制策略来保护牵引系统设备，但是直线感应电机作为一个大惯性环节具有比较大的惯性时间常数，会致使直线感应电机的电流响应速度具有一定的延迟性，列车牵引系统无法完全避免电机电流在无感应板区间的增大问题。从而导致直线感应电机过电流频繁导致牵引功率单元 IGBT 短路故障，对列车的运营服务质量造成了极大的影响[4]。此外，由轮轨支撑的列车通过次级感应板缺失区域时会产生电磁突变，直线感应电机的推力和法向力发生突变，车辆轮对受力不均从而导致列车轮对的不规则磨损[5]。

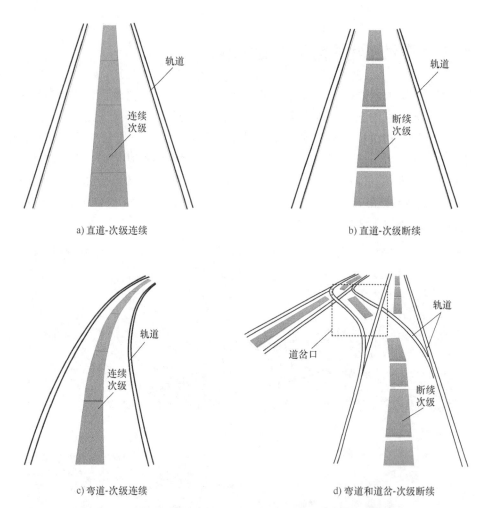

图 8-2　直线电机轨道交通实际运行路况和次级铺设情况

为了进一步说明直线电机随车体过弯道时初级、次级的位置变化，图 8-3 给出了初级发生横向偏移时的直线电机的受力情况。如图 8-3 所示，当初级、次级对中时次级伸出缘长度为 C_2，其可以有效减弱边缘效应。但当横向偏移量为 Δy 时，次级两侧宽度不再对称，伸出缘会变为 $C_2 - \Delta y$ 和 $C_2 + \Delta y$，分别称为伸出缘窄边和宽边。此时，由于伸出缘的宽度变化，气隙磁场和次级涡流将产生横向不对称，从而使得侧向力产生，牵引力和法向力也会发生变化，影响车辆运行的稳定性和轮对之间的不规则磨损[2,3]。

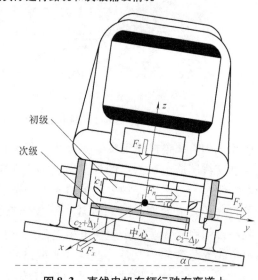

图 8-3　直线电机车辆行驶在弯道上

8.2 初级横向偏移时直线感应电机的特性

8.2.1 初级横向偏移的直线感应有限元模型

第 3 章和第 4 章已经用解析法详细讲述了初级横向偏移时电机的特性。在本节，主要使用有限元法进行分析，以获得更多的参量变化。针对初级横向偏移的直线感应电机建立三维有限元模型，进行三维瞬态场分析，如图 8-4 所示。电机的基本参数见表 8-1。切片 1#和 2#用于获取纵向气隙磁通密度和横向气隙磁通密度分布曲线。

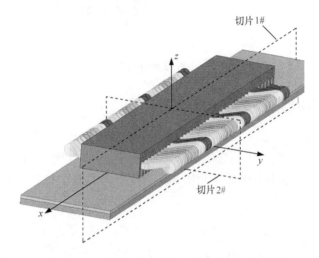

图 8-4 初级横向偏移时直线感应电机有限元模型

表 8-1 直线感应电机基本参数

参数	数值
相数 m	3
极对数 p_1	3
极距 τ/mm	70
初级铁心宽度 $2a$/mm	84
气隙长度 g/mm	2
次级铁板厚度 d_2/mm	15
次级铝板厚度 d/mm	4
次级宽度 $2c$/mm	128
初级长度 l/mm	486
额定电流 I_{1N}/A	6
额定频率 f_N/Hz	50

图 8-5 为单边直线感应电机自适应剖分结果。从图 8-5 中可以看出铝板表面耦合区内，自适应剖分的网格较密集，耦合区外部网格剖分较稀疏，这是因为耦合区内的磁场变化剧

烈。为了更好地刻画出这一剧烈程度，将耦合区内的网格剖分得较为密集。

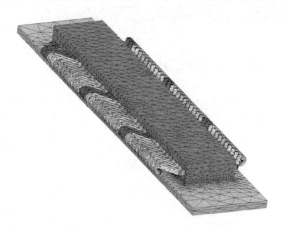

图 8-5　直线感应电机网格剖分

8.2.2　气隙磁场和次级涡流的畸变

直线感应电机在运行过程中，次级铝板表面将会感应出涡流，次级涡流的情况直接影响直线电机的推力变化。次级板上闭合的涡流可以分解为横向分量 J_y 和纵向分量 J_x，纵向电流 J_x 提前闭合导致直线电机边缘效应。图 8-6 为平板型直线电机在不同频率下涡流纵向分量 J_x 在切片 2#的分布。

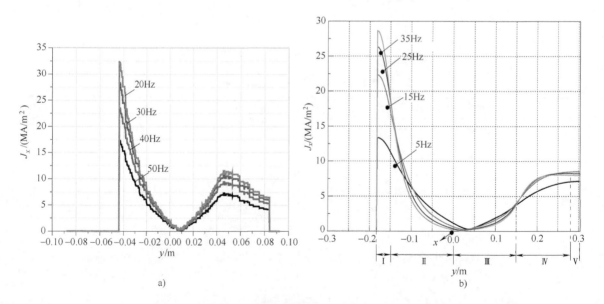

图 8-6　涡流密度纵向分量 J_x 分布

从图 8-6 可以看出，随着频率的增加，涡流密度的纵向分量畸变越严重。相较于宽边 $(C_2+\Delta y)$，窄边 $(C_2-\Delta y)$ 随频率的增加增长更为明显。即当车辆在高频率下运行时更易受到初级横向偏移的影响。同时，由于初级发生横向偏移，使得次级板涡流的纵向分量不再对称，且在偏移侧的值较大。主要体现在窄沿一侧的涡流密度明显大于宽边一侧。

图 8-7 给出了不同偏移量下 J_x 的 3D 云图。如图 8-7 所示，当 $\Delta y = 0$mm 时，表示初级、次级处于对中位置，没有发生相对偏移。此时，可以看出纵向电流密度的分布集中在次级板的伸出沿区域，次级板中部几乎没有纵向电流密度。这是因为次级板的伸出沿区域相当于笼型旋转电机中的端环，起到导通电流的作用，而初、次级的耦合区域内，行波磁场在次级铝板上感应出的电流密度主要是沿横向的。所以，次级板横向电流密度集中在中部，纵向电流密度集中在伸出沿区域，并且次级板两侧的纵向电流密度交替变化，大小相等、方向相反。

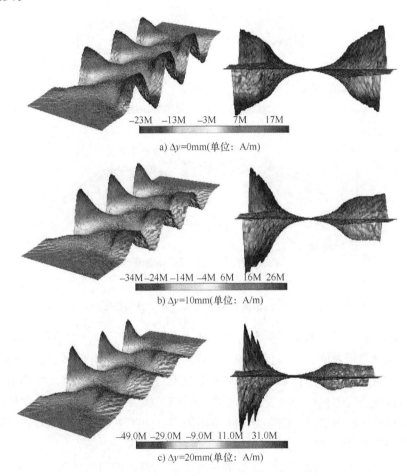

图 8-7 纵向电流密度在电机铝板上的分布对比

当 $\Delta y = 10$mm 时，电流密度的横向分布不对称，伸出沿窄处的电流密度增大，伸出沿宽处的电流密度较小。当 $\Delta y = 20$mm 时，电流密度纵向分量在铝板表面的分布呈现严重的不对称。

横向电流密度关系到直线感应电机推力的产生，所以对铝板上横向电流密度的研究很有必要。图 8-8 为某时刻次级铝板上横向电流密度沿次级表面的分布。

当 $\Delta y = 0$mm，即初级相对于次级没有发生相对横向偏移时，横向电流密度基本对称，且集中在耦合区内，在非耦合区内逐渐减小。这是因为行波磁场主要集中在耦合区，在次级板的耦合区内感应出横向电流密度。

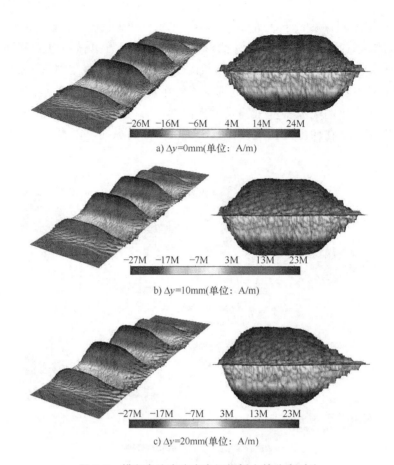

图 8-8 横向电流密度在电机铝板上的分布对比

当 $\Delta y = 10$mm 时,横向电流密度沿次级铝板表面的分布稍不对称。当 $\Delta y = 20$mm 时,横向电流密度沿次级铝板表面的分布有明显的不对称。通过对比 3 种偏移量,由横向电流密度的分布情况可以看出,随着偏移量增大,其波形越不对称,但其大小并无明显的变化。

由于影响直线感应电机推力的因素除了次级涡流的横向电流密度之外,次级铝板上磁通密度的法向分量也对电机推力、侧向力产生重要影响。图 8-9 给出了气隙磁通密度法向分量 B_z 在不同频率下切片 2#上的分布。

如图 8-9 所示,次级涡流密度的分布恰好相反,气隙磁通密度的法向分量 B_z 随着频率的增加幅值减小。造成这一结果的主要原因是气隙磁通密度主要由两部分叠加产生:①初级绕组产生的磁通;②次级板涡流产生的磁通。不同的是由于楞次定律,后者的行波磁场方向与前者相反。因此,随着频率的增加次级板涡流强度越大,从而对磁场的削弱作用加强,磁通密度减小。同时,气隙磁通密度的横向分布不再对称,窄边一侧的磁通密度强度明显大于宽边一侧。为了更形象地对该过程进行描述,图 8-10 给出了不同偏移量下 B_z 的变化规律。

由图 8-10 可知,当 $\Delta y = 0$mm 时,磁通密度分布波形完全对称;当 $\Delta y = 10$mm 时磁通密度分布的波形不对称;当 $\Delta y = 20$mm 时,波形不对称程度明显。磁通密度分布变化的原因是窄边一侧的纵向电流密度非常大,横向电流密度相对较小;而宽边一侧的横向电流密度相对较大。纵向电流密度在其正上方只产生磁通密度的横向分量,并没有法向分量,因此虽然偏

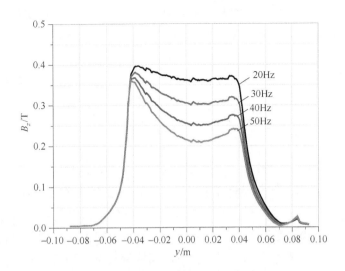

图 8-9 气隙磁通密度法向分量 B_z 的分布

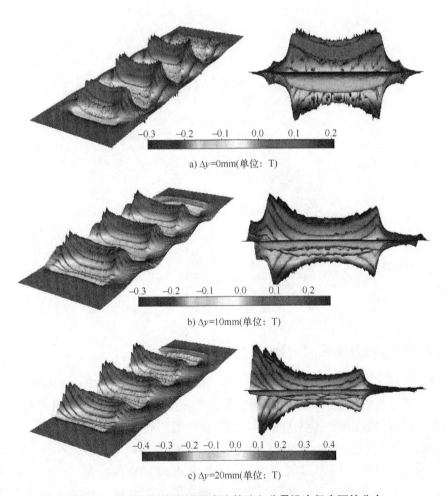

a) Δy=0mm(单位：T)

b) Δy=10mm(单位：T)

c) Δy=20mm(单位：T)

图 8-10 次级铝板表面磁通密度的法向分量沿次级表面的分布

移侧的纵向电流密度大,但影响的只是磁密度的横向分量,即对偏移侧的磁通密度横向分量起到削弱作用,但对法向分量并无影响,磁通密度的法向分量则主要受到横向电流密度的影响。

为了定量分析气隙磁通密度法向分量的畸变程度,定义气隙磁通密度法向分量畸变率为

$$d_{\mathrm{is}} = \frac{\left| \int_{\Delta y - h_2/2}^{\Delta y} B_{z,f,\Delta y} \mathrm{d}y - \int_{\Delta y}^{h_2/2 + \Delta y} B_{z,f,\Delta y} \mathrm{d}y \right|}{\int_{\Delta y - h_2/2}^{\Delta y} B_{z,f,\Delta y} \mathrm{d}y} \quad (8-1)$$

式中,h_2 为次级板宽度;B 的下标 z 为气隙磁通密度 z 轴分量;f 为频率;Δy 为横向偏移量。

不同频率下平板型直线电机气隙磁通密度法向分量畸变率 d_{is} 随偏移量偏移的变化曲线,如图 8-11 所示。由图 8-11 可见,在不同频率下,当初级、次级对中时畸变率为零,但随着偏移量的增大,d_{is} 均逐渐增大。即初级偏移量越大,气隙磁通密度法向分量畸变越严重。

同时,在初级、次级不对中的前提下,取相同的偏移量,畸变率随着频率的增长逐渐增大。与 $f=5\mathrm{Hz}$ 相比较,$10\mathrm{Hz}$、$15\mathrm{Hz}$ 和 $25\mathrm{Hz}$ 的 d_{is} 分别增长 105%、139% 和 159%。

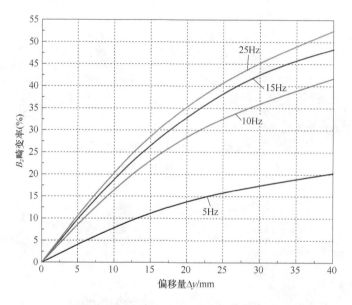

图 8-11 磁通密度的法向分量畸变率

8.2.3 推力、法向力和侧向力密度分布

在正常运行情况下,电机初级、次级对中,次级铝板左右受力平衡,侧向力基本为零,但在初级、次级发生横向偏移时,次级铝板表面左右受力平衡被打破,侧向力对外表现出来。铝板所受推力密度和侧向力密度铝板表面的分布云图如图 8-12 所示。

在 $\Delta y = 0\mathrm{mm}$ 时,可以看出侧向力密度在电机两侧大小相等、方向相反,从而侧向力表现为零,其中,力密度的锯齿状分布是由于齿槽效应造成的。在 $\Delta y = 20\mathrm{mm}$ 时,侧向力密度波形,偏移侧的侧向力密度幅值高于非偏移侧,这就造成初级上整体所受的侧向力不为零。

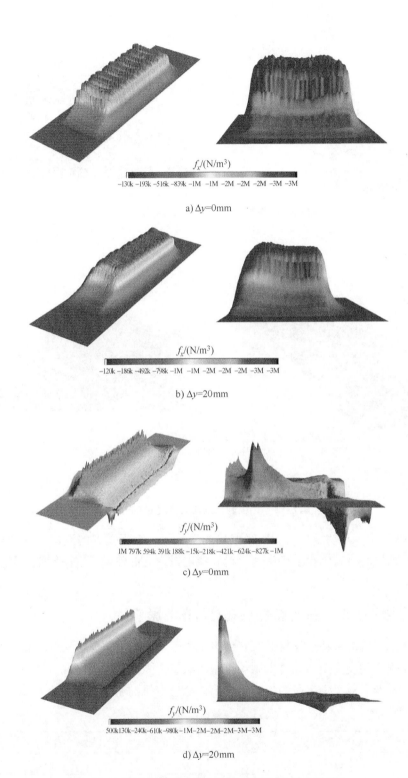

图 8-12 铝板表面推力密度 f_x 和侧向力密度 f_y 的分布

图 8-13 为次级铝板所受法向力密度在铝板表面的分布云图。

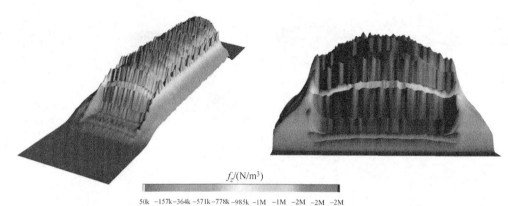

a) $\Delta y=0$mm

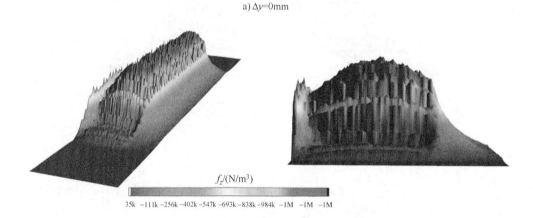

b) $\Delta y=20$mm

图 8-13 铝板表面法向力密度 f_z 的分布

从图 8-13 看出，在初级相对于次级偏移的情况下，铝板受到的法向力在铝板两侧的分布并不相同，所以将会在铝板上产生一个沿直线电机横向的转矩，这一转矩会随着偏移量的变化而变化。

8.2.4 四象限运行时三维力特性及其对行车的影响

前面描述的直线电机特性仅仅针对直线电机处于电动工况，但在实际运行时，电机还可能处在其他工况，如反接制动和再生制动等制动状态。因此，本节研究直线电机四象限运行时的三维力特性及其对车辆运行的影响[6]。直线感应电机的基本参数见表 8-2。

表 8-2 直线感应电机基本参数

参　　数	数　值
相数 m	3
极对数 p_1	3
极距 τ/mm	330
气隙长度 g/mm	10

(续)

参　数	数　值
次级铁板厚度 d_2/mm	20
次级铝板厚度 d_1/mm	5
次级宽度 $2c$/mm	283.4
初级长度 l/mm	2190
额定电流 I_{1N}/A	190
额定频率 f_N/Hz	40

图 8-14 给出了直线电机四象限运行时牵引力的特性曲线。推力随着侧向位移的增大而减小。转差率 $s=0$ 时,直线感应电动机的推力与旋转电机不同,并不为零。且随着偏移量的增大,直线电机初级所受的牵引力逐渐减小。这主要是由于直线电机初级、次级之间的耦合区域变化引起的,但是,在同一频率下,峰值拐点处的转差率不随偏移量的变化而变化。同时,随着频率的逐渐增大,拐点处的转差率越接近于零。不同频率下的拐点处的峰值不随频率变化。

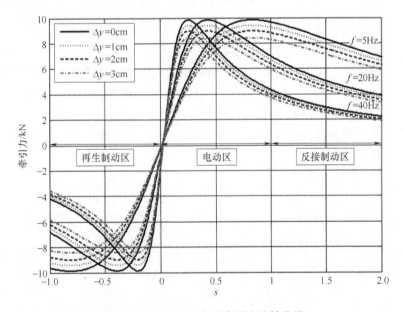

图 8-14　四象限运行时牵引力特性曲线

图 8-15 为法向力在不同工况下随偏移量的特性曲线。法向力取值为正,表现为吸引;取值为负时,为排斥力。在再生制动区域(s 取 $-1 \sim 0$),法向力随转差率的增大而增大。

在再生制动区域内,可以看出在频率取 5Hz 和 20Hz 时,法向力全部表现为吸引力。即法向力会增加行驶阻力,有助于减速和实施制动。

在电动区域内,随着频率的增加,法向力为吸引力的区域逐渐减小。比如,频率取 5Hz 和 20Hz 时,电动工况下法向力全部表现为吸引力。增加了运行阻力和轨道压力,产生额外的能量消耗。同时在法向力为零前,随着偏移量的增加,法向吸引力逐渐减小。

在反接制动区域内,当频率为 5Hz 时,法向力为吸引力。但频率为 20Hz 时,$s>1.5$,其

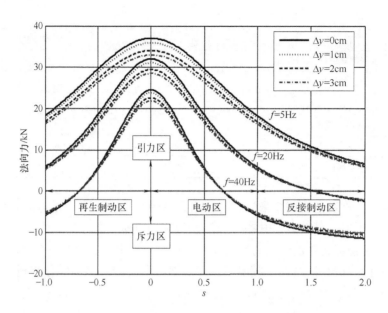

图 8-15 四象限运行时法向力特性曲线

为排斥力。排斥力会起到减小轮轨之间压力的作用，不利于车辆实施空气制动。随着频率的进一步增大，当 $f=40\mathrm{Hz}$ 时，整个反接制动过程中，法向力均表现为不利于制动的排斥力。

因此，当车辆低速采用反接制动时，如果辅以空气制动，要考虑法向力的影响。而当车辆处在电动工况时，可以在合理范围内，尽量选取较大的转差频率，从而减小法向吸引力，从而降低轮对间的不规则磨损及能耗。

侧向力在整个转差范围内的变化曲线如图 8-16 所示。当侧向力取值为正，表现为吸引力；取值为负，表现为排斥力。

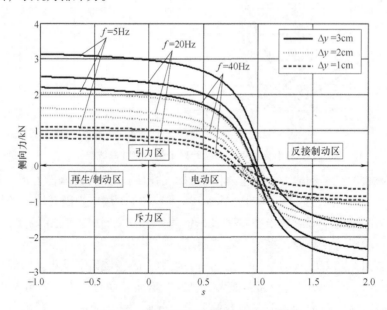

图 8-16 四象限运行时侧向力特性曲线

在相同的偏移量下,频率越大侧向力越小。直线电机次级侧向力,主要由两部分组成:第一部分是直线电机初级绕组通电后与次级铁板之间的吸引力;另一部分是行波磁场与次级涡流之间的排斥力。前者不会随供电频率变化,而后者会随着转差频率的增加使得次级涡流增加,进而排斥力增大。

同时,由于吸引力和排斥力分量的变化,侧向力的过零点随着侧向位移的减小向左移动。如果引力分量占比较大,则总侧向力表现为回复力,反之表现为排斥力。因此,在同一频率下,侧向力随偏移量的增大而增大。

当侧向位移为3mm,转差率 s 取值为 $-1\sim0.82$ 时,包括再生制动和大部分电动区域,侧向力表现为正向的吸引力,即回复力。此时,侧向力有助于减小初级的偏移程度,增加车辆的稳定性。

当侧向位移分别为2mm和1mm时,其回复区域为 $s\in[-1\ 0.77]$ 和 $[-1\ 0.68]$。因此,在再生制动区域,侧向力总是一种回复力。相反,侧向力在整个反接制动区域表现为排斥力,使车辆侧向稳定性减弱。

8.3 次级断续时直线感应电机的特性

8.3.1 次级断续时电机的分段式等效电路

考虑次级断续的单边直线感应电机物理模型如图 8-17 所示。坐标系固定于静止次级的表面,初级水平移动。当直线感应电机通过次级缺失区域的过程中,初级由次级1逐渐运动至次级2。图 8-17 中,l_1 表示综合考虑半填充槽以及端部效应影响的初级等效长度,l_s 表示次级断续区域的长度。根据 l_1 与 l_s 的大小关系,可以分为两类范畴($l_1>l_s$ 和 $l_1\leqslant l_s$)。由于 $l_1>l_s$ 考虑的工况在实际应用中更为常见且更为复杂,为此,本文是在 $l_1>l_s$ 的假设下展开研究的。

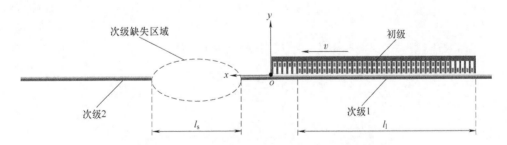

图 8-17 考虑次级断续的单边直线感应电机物理模型

此外,为了简化考虑次级断续的等效电路参数的求解,做出如下假设:

(1) 非耦合区域的漏磁通密度主要通过修正初级漏感来考虑,并且非耦合区域对耦合区域气隙磁通密度的分布没有影响。

(2) 考虑轨道交通车辆为大惯性负载,则直线感应电机初级在通过次级感应板缺失区域时速度恒定。

(3) 忽略直线感应电机铁磁材料的饱和。
(4) 假设电机极数设计已经满足忽略三相绕组不对称的条件。

直线感应电机初级通过次级断续区域的过程可以分为三类缺失工况[8]：

(1) 缺失工况Ⅰ：初级仅仅与次级1耦合。
(2) 缺失工况Ⅱ：初级同时与次级1以及次级2耦合。
(3) 缺失工况Ⅲ：初级仅仅与次级2耦合。

根据以上三种特殊工况下的气隙磁通密度以及次级磁动势在初级下方的分布，分别推导出励磁支路上励磁电感以及表征端部效应涡流损耗的等效电阻修正系数，经过整理可最终得到考虑电机正常运行以及次级感应板断续的通用等效电路。

8.3.2 等效电路参数在次级断续时的不同变化

当直线电机的初级运行至次级缺失区域时，直线感应电机等效电路不再适用。主要原因为如下：

(1) 初级通过次级缺失区域的过程中，初级漏感 L_1、次级等效电阻 R_{21}、次级漏感 L_{21}、励磁电感 L_m 是变化量。

(2) 初级与次级非耦合区域在初级下方位置的变化也导致端部效应修正系数 $f(Q)$ 必须做出相应的修正。

首先，对初级通过次级缺失区域过程中与电机运行速度无关的等效电路参数（L_1、R_{21}、L_{21}、L_m）进行修正。其中，由于初级绕组一直保持通电状态，且初级通过断续区域的过程对初级绕组电阻的计算公式没有任何影响，故 R_1 在初级通过次级缺失区域的过程中保持不变。相关电路参数（L_1、R_{21}、L_{21}、L_m）的此类修正仅仅与初级与次级耦合区域的长度有关。为简化起见，对初级经过次级缺失区域过程中电路参数的变化作近似线性化处理，即认为可以根据初级与次级完全耦合以及次级完全缺失下的等效电路参数值来确定初级与次级部分耦合状态下的等效电路参数值，相关表达式如式 (8-2)~式 (8-5) 所示。

$$L_1^{ns} = L_1^o - \frac{\Delta_s}{l_1}(L_1^o - L_1^f) \tag{8-2}$$

$$L_m^{ns} = L_m^o - \frac{\Delta_s}{l_1}(L_m^o - L_m^f) \tag{8-3}$$

$$L_{21}^{ns} = L_{21}^o - \frac{\Delta_s}{l_1}(L_{21}^o - L_{21}^f) \tag{8-4}$$

$$R_{21}^{ns} = R_{21}^o - \frac{\Delta_s}{l_1}(R_{21}^o - R_{21}^f) \tag{8-5}$$

式中，带有上标"ns"的表示初级通过次级缺失区域过程中各个等效电路参数；带有上标"o"的表示直线电机正常运行状态下的等效电路参数值；带有上标"f"的表示次级完全缺失状态下的等效电路参数值。

其次，根据以上修正电路参数确定的次级时间常数 T_2，用来修正初级通过次级缺失区域过程中端部效应的影响为

$$T_2 = \frac{L_m^{ns} + L_{21}^{ns}}{R_{21}^{ns}} \tag{8-6}$$

最终得到考虑次级缺失的直线感应电机通用等效电路如图 8-18 所示。

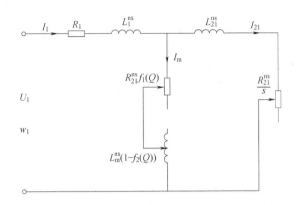

图 8-18　考虑次级缺失的直线感应电机通用等效电路

分别讨论不同次级缺失程度时，励磁支路的修正，具体如下：

1. 次级缺失工况 I 时励磁支路的修正

缺失工况 I 时直线感应电机的运行如图 8-19 所示。其中，初始位置指的是等效初级的入口端（即忽略入口端的半填充槽）正对次级感应板缺失区域的入口端。终止位置指的是等效初级的入口端正对次级 2 的端部。初级运行过程中，等效初级的入口端与次级 1 的距离用 l_{1t} 表示。初级通过次级缺失工况 I 所需的时间为 l_s/v。

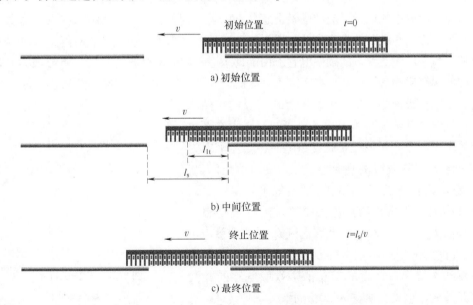

图 8-19　缺失工况 I 下直线感应电机的运行范围

当初级正常运行时，由于端部效应的影响，气隙磁通密度在初级入口端至初级出口端逐渐由零上升。然而，当直线电机运行于缺失工况 I 时，初级与次级感应板的非耦合区使得次级磁动势以及气隙磁通密度沿着初级长度的分布曲线见表 8-3，其中 $x_{T_2} = t/T_2$。此外，将初级与次级的非耦合区域气隙磁通密度看作零是合理的。因为非耦合区域的气隙磁通密度主要通过初级漏感来修正，并且非耦合区的气隙磁通密度几乎影响不到励磁支路和次级支路的构建。D_{t1} 主要用来表示初级与次级1之间的非耦合区域的长度，表达式见式（8-6）。

表 8-3　缺失工况 I 次级磁动势和气隙磁通密度的分布

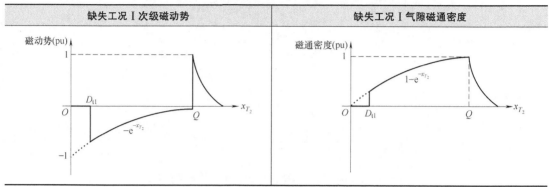

$$D_{t1} = \frac{l_{1t}/v}{T_2} = \frac{R_{21}^{ns} t}{L_m^{ns} + L_{21}^{ns}} \tag{8-7}$$

由于气隙磁场主要包括正常行波、入口端部效应波以及出口端部效应波三部分。因此，将入口端部效应波以及出口端部效应波的影响考虑到励磁支路后，可以使得考虑感应板缺失的直线感应电机等效电路在结构上与普通旋转感应电机保持一致。

首先，需要根据端部效应对励磁电感进行修正。假设直线感应电机的初级相对于次级处于静止状态时，励磁电流以及对应的励磁电感分别由 I_m 和 L_m 表示。当初级与次级以速度 v 发生相对运动时，由动态端部效应产生的次级涡流 i_{2e} 会削弱初级和次级处于相对静止状态时建立的磁场，从而减小励磁支路上的励磁电感。由端部效应引起的次级涡流 i_{2e} 的分布与表 1 中缺失工况 1 对应的次级磁动势类似。i_{2e} 在次级入口端值最大，之后在初级内部逐渐指数衰减。在初级出口端，由于初级铁心开断，次级板上的 i_{2e} 反向突然增大以弥补气隙磁动势的减小，并迅速衰减。当由端部效应引起的次级涡流 i_{2e} 反映到励磁支路上时，i_{2e} 会呈现为一个与未考虑端部效应的励磁电流反向的平均值 I_{2ea}。I_{2ea} 指的是 i_{2e} 沿初级长度方向分布的空间平均值，表达式见式（8-8）。考虑次级涡流去磁效应的有效励磁电流的平均值 I_{mea} 见式（8-9）。次级涡流 I_{2ea} 的去磁效应可以用一个和励磁电感并联的电感 L_e 表示，见式（8-10）。励磁电感和次级涡流产生的带有消磁效应电感的并联支路以及等效串联支路如图 8-20 所示，其中 $f_2(Q)$ 见式（8-11）。

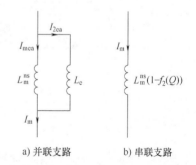

a) 并联支路　　b) 串联支路

图 8-20　缺失工况 I 下的等效励磁电感

$$I_{ea} = \frac{I_m}{Q} \int_{D_{t1}}^{Q} e^{-x} dx = \frac{I_m}{Q}(e^{-D_{t1}} - e^{-Q}) \tag{8-8}$$

$$I_{mea} = I_m - I_{2ea} = I_m \left(1 - \frac{e^{-D_{t1}} - e^{-Q}}{Q}\right) \tag{8-9}$$

$$L_e = \frac{L_m^{ns} I_{mea}}{I_{2ea}} = L_m^{ns} \left(\frac{Q}{e^{-D_{t1}} - e^{-Q}} - 1 \right) \tag{8-10}$$

$$f_2(Q) = \frac{e^{-D_{t1}} - e^{-Q}}{Q} \tag{8-11}$$

此外，励磁支路须添加一个由端部效应引发的次级涡流损耗的等效电阻 R_e。端部效应引发的涡流损耗 P_e 主要包括两部分：入口端端部效应引发的涡流损耗 $P_{e\text{-entrance}}$ 以及出口端端部效应引发的涡流损耗 $P_{e\text{-exit}}$。端部效应引发的涡流损耗表达式见式 (8-12)~式 (8-14)。励磁支路中次级电阻的修正系数 $f_1(Q)$ 见式 (8-15)。

$$P_{e\text{-entrance}} = \left(\sqrt{\frac{1}{Q} \int_{D_{t1}}^{Q} (I_m e^{-x})^2 dx} \right)^2 R_{21}^{ns} = I_m^2 R_{21}^{ns} \frac{e^{-2D_{t1}} - e^{-2Q}}{2Q} \tag{8-12}$$

$$P_{e\text{-exit}} = \frac{(L_m^{ns} + L_{21}^{ns})[I_m(1-e^{-Q})]^2 v}{2D} = I_m^2 R_{21}^{ns} \frac{(1-e^{-Q})^2}{2Q} \tag{8-13}$$

$$P_e = P_{e\text{-entrance}} + P_{e\text{-exit}} = I_m^2 R_{21}^{ns} f_1(Q) \tag{8-14}$$

$$f_1(Q) = \frac{1 + e^{-2D_{t1}} - 2e^{-Q}}{2Q} \tag{8-15}$$

2. 次级缺失工况 II 时励磁支路的修正

缺失工况 II 时直线感应电机的运行如图 8-21 所示。其中，初始位置指的是等效初级的入口端（即忽略入口端的半填充槽）正对次级感应板缺失区域的出口端。终止位置指的是等效初级的出口端正对次级感应板缺失区域的入口端。初级运行过程中，等效初级的入口端与次级感应板缺失区域出口端的距离用 l_{2t} 表示。初级通过次级缺失工况 II 所需的时间为 $(l_1 - l_s)/v$。

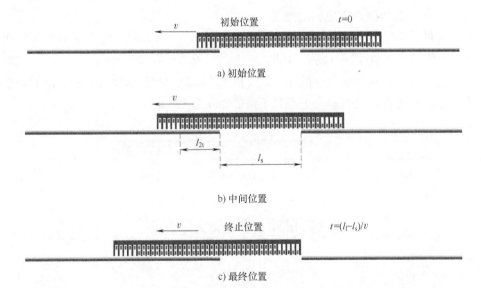

图 8-21 缺失工况 II 下直线感应电机的运行范围

当直线电机运行于缺失工况 II 时，次级磁动势以及气隙磁通密度沿着初级长度的分布曲线见表 8-4。其中，D_{t2} [见式 (8-16)] 用来表示初级与次级 2 之间耦合区域的等效长度，K_{t2} [见式 (8-17)] 主要用来简化公式的表述。

表 8-4 缺失工况 Ⅱ 次级磁动势和气隙磁通密度的分布

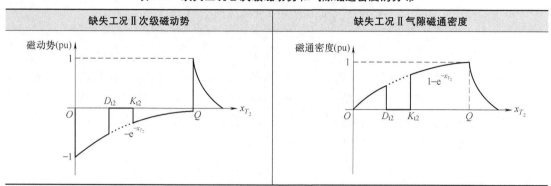

$$D_{t2} = \frac{l_{2t}/v}{T_2^{ns}} = \frac{R_{21}^{ns} t}{L_m^{ns} + L_{21}^{ns}} \tag{8-16}$$

$$K_{t2} = D_{t2} + \frac{l_s/v}{T_2^{ns}} = \frac{R_{21}^{ns}(l_s + l_{2t})}{(L_m^{ns} + L_{21}^{ns})v} \tag{8-17}$$

采用求解次级缺失工况Ⅰ中求解励磁支路参数的方法,可以求得次级缺失工况Ⅱ下的励磁电感 L_m^{ns} 和表示动态端部效应涡流损耗的次级电阻 R_{21}^{ns} 的修正系数 $f_1(Q)$ 和 $f_2(Q)$,它们分别为

$$f_1(Q) = \frac{2 - e^{-2D_{t2}} + e^{-2K_{t2}} - 2e^{-Q}}{2Q} \tag{8-18}$$

$$f_2(Q) = \frac{1 - e^{-D_{t2}} + e^{-K_{t2}} - e^{-Q}}{Q} \tag{8-19}$$

3. 次级缺失工况Ⅲ时励磁支路的修正

缺失工况Ⅲ时直线感应电机的运行如图 8-22 所示。其中,初始位置指的是等效初级的出口端正对次级感应板缺失区域的入口端。终止位置指的是等效初级的出口端正对次级感应板缺失区域的出口端。初级运行过程中,等效初级的出口端与次级感应板缺失区域入口端的距离用 l_{3t} 表示。初级通过次级缺失工况Ⅲ所需的时间为 l_s/v。

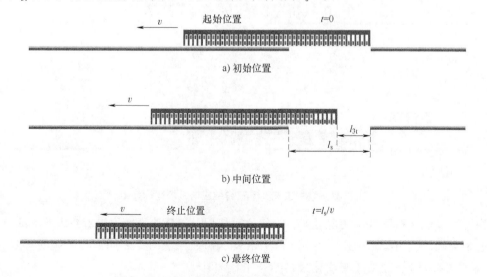

图 8-22 缺失工况Ⅲ下直线感应电机的运行范围

当直线电机运行于缺失工况Ⅲ时，次级磁动势以及气隙磁通密度沿着初级长度的分布曲线见表 8-5。其中，M_3（见式（8-20））指的是初始位置时等效初级入口端与次级感应板缺失区域出口端之间的等效距离。D_{t3}（见式（8-21））用来表示等效初级出口端与次级感应板缺失区域入口端之间的等效距离。K_{t3}（见式（8-22））主要用来简化公式表示的复杂程度。

表 8-5 缺失工况Ⅲ次级磁动势和气隙磁通密度的分布

缺失工况Ⅲ次级磁动势	缺失工况Ⅲ气隙磁通密度
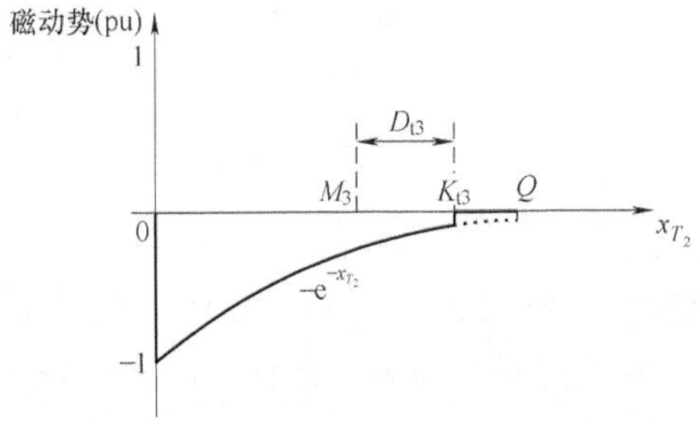	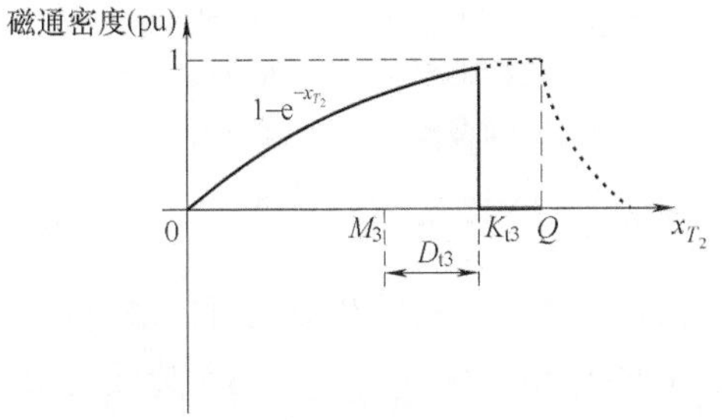

$$M_3 = \frac{(l_1 - l_s)/v}{T_2^{ns}} = \frac{R_{21}^{ns}(l_1 - l_s)}{(L_m^{ns} + L_{21}^{ns})v} \tag{8-20}$$

$$D_{t3} = \frac{l_{3t}/v}{T_2^{ns}} = \frac{R_{21}^{ns} t}{L_m^{ns} + L_{21}^{ns}} \tag{8-21}$$

$$K_{t3} = D_{t3} + M_3 = \frac{R_{21}^{ns}(l_1 - l_s + l_{3t})}{(L_m^{ns} + L_{21}^{ns})v} \tag{8-22}$$

采用求解次级缺失工况Ⅰ中求解励磁支路参数的方法，可以求得次级缺失工况Ⅲ下的励磁电路的参数。值得注意的是，出口端端部效应在缺失工况Ⅲ下不需要考虑。励磁电感 L_m^{ns} 和表示动态端部效应涡流损耗的次级电阻 R_{21}^{ns} 的修正系数 $f_1(Q)$ 和 $f_2(Q)$ 分别为

$$f_1(Q) = \frac{1 - e^{-2K_{t3}}}{2Q} \tag{8-23}$$

$$f_2(Q) = \frac{1 - e^{-K_{t3}}}{Q} \tag{8-24}$$

8.3.3 次级断续时直线感应电机的特性分析

至此，得到了针对直线感应电机过次级板缺失区域的等效电路及参数（见表 8-6）。为了验证所构建的考虑次级感应板缺失的等效电路的正确性，由 Matlab 2018®㊀编写直线感应电机特性分析程序与有限元仿真结果进行了对比。

㊀ 上标®表示注册商标。

表8-6 直线感应电机等效电路以及次级缺失区域的参数

参　　数	数　　值
初级有效长度 l_1/mm	2279.5
次级感应板缺失区域的长度 l_s/mm	1800
初级等效电阻 R_1/Ω	0.09
初级漏感 $(\Delta_s=0) L_1^o$/mH	4.34
初级漏感 $(\Delta_s=l_1) L_1^f$/mH	5.5
励磁电感 $(\Delta_s=0) L_m^o$/mH	30.7
励磁电感 $(\Delta_s=l_1) L_m^f$/mH	0
次级电阻 $(\Delta_s=0) R_{21}^o/\Omega$	0.302
次级电阻 $(\Delta_s=l_1) R_{21}^f/\Omega$	0
次级漏感 $(\Delta_s=0) L_{21}^o$/mH	0.22
次级漏感 $(\Delta_s=l_1) L_{21}^f$/mH	0

当直线感应电机的初级通过次级感应板缺失区域时,励磁电感 L_m 以及次级电阻 R_{21} 的暂态变化曲线如图8-23所示,图中以Ⅰ、Ⅱ、Ⅲ命名的虚线框分别表示缺失工况Ⅰ、缺失工况Ⅱ以及缺失工况Ⅲ。

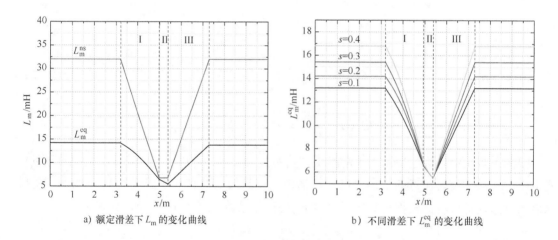

a) 额定滑差下 L_m 的变化曲线　　　　　b) 不同滑差下 L_m^{eq} 的变化曲线

图8-23 励磁电感变化曲线

当直线电机的初级以额定转差率 $s=0.2$ 运行时,励磁电感 L_m 的暂态变化曲线如图8-23a所示。其中, L_m^{eq} 表示综合考虑端部效应以及次级感应板缺失的励磁电感 $L_m^{ns}(1-f_2(Q))$,而 L_m^{ns} 表示仅仅考虑次级感应板缺失的励磁电感。当直线感应电机正常运行时, $L_m^{eq} \ll L_m^{ns}$,这主要是由于端部效应引起的。当初级逐渐进入次级感应板缺失区域时,初级与次级感应板的耦合区域减小使得端部效应对励磁电感的影响减小,并缩减了 L_m^{eq} 与 L_m^{ns} 的差距。

在缺失工况Ⅰ下, L_m^{eq} 逐步减小,这是由于端部效应和耦合逐步减少共同造成的。此外,当直线电机工作在缺失工况Ⅱ时, L_m^{eq} 依旧保持递减的趋势。因为随着初级的移动,次级感应板缺失区域逐渐由初级的入口端移动至初级的出口端,而正常运行时初级下方的气隙磁通密度是从入口端至初级内侧递增的。因此,尽管在缺失工况Ⅱ下次级感应板缺失区域的长度保持不变，但初级和次级非耦合区域的去磁效应仍在增加。图 8-23b 中，由于端部效应的影响，L_m^eq 随着转差率的减小而减小。此外，随着初级和次级感应板之间非耦合区域长度的增加，不同转差率下 L_m^eq 的差异越来越小。这是由于及端部效应影响减弱造成的。

当直线电机的初级以额定转差率 $s = 0.2$ 运行时，次级电阻 R_{21} 的变化曲线如图 8-24a 所示。其中，R_{21}^eq 表示由端部效应在断续的次级上产生涡流损耗的等效电阻 $R_{21}^\mathrm{ns}f_1(Q)$，而 R_{21}^ns 表示不考虑端部效应时次级感应板缺失的次级电阻，直线一般情况下有，$R_{21}^\mathrm{eq} \leqslant R_{21}^\mathrm{ns}$。当电机运行于缺失工况 II 时，由端部效应导致次级涡流的逐步增加，使得 R_{21}^eq 的值随着初级位移值的增大而略有增大。R_{21}^eq 随不同转差率 s 的变化曲线如图 8-24b 所示。随着初级与次级感应板非耦合区域的增加，端部效应的影响减弱，致使不同转差率下 R_{21}^eq 的差异值减小。此外，R_{21}^eq 随着转差率的减小而逐渐增大。因为初级相对次级的运动速度增加时，由端部效应导致的次级涡流损耗逐步增大。

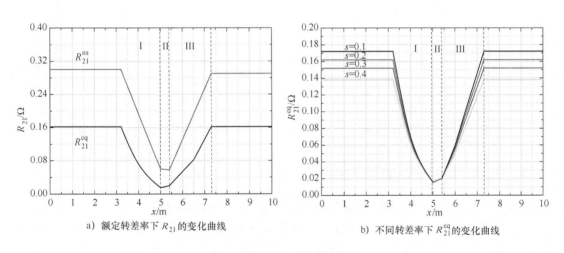

a) 额定转差率下 R_{21} 的变化曲线   b) 不同转差率下 R_{21}^eq 的变化曲线

图 8-24 次级电阻的变化曲线

接着，直线感应电机初级受到的推力 F_x 以及效率 η 表达式见式 (8-25)、式 (8-26)。在推力 F_x 的表达式中，第一部分表示的是次级支路上产生机械功率所对应的牵引力，第二部分表示励磁支路上由端部效应产生损耗而引入的制动力。

$$F_x = \frac{3I_{21}^2 \dfrac{1-s}{s} R_{21}^\mathrm{ns}}{v} - \frac{3I_\mathrm{m}^2 R_{21}^\mathrm{ns} f_1(Q)}{v} \tag{8-25}$$

$$\eta = \frac{F_x v}{3\left(I_1^2 R_1 + I_\mathrm{m}^2 R_{21}^\mathrm{ns} f_1(Q) + I_{21}^2 \dfrac{R_{21}^\mathrm{ns}}{s}\right)} \tag{8-26}$$

在直线感应电机的初级通过次级感应板区域的过程中，推力 F_x 以及效率 η 的解析结果以及有限元仿真结果的对比如图 8-25 和图 8-26 所示，由图中可以得出，随着初级与次级非耦合区域的增大，次级板感应出的涡流覆盖面积减小，无功功率增加、推力 F_x 以及效率 η 减小。

此外，推力 F_x 和效率 η 的解析与有限元仿真结果整体上是一致的，且误差主要表现在以下三个方面：

（1）采用等效长度构建考虑感应板缺失的等效电路未充分考虑边缘效应。

（2）不考虑端部效应时等效电路的参数值与初/次级之间非耦合区域长度的近似线性化处理。

（3）考虑感应板缺失的等效电路为稳态方法。

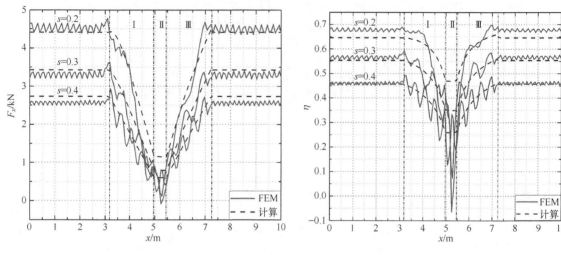

图 8-25　推力的暂态变化曲线　　　　　　图 8-26　效率的暂态变化曲线

8.3.4　次级断续时电机的有限元模型

在利用 ANSYS 软件®进行三维瞬态场有限元仿真，具体参数见表 8-1。

直线感应电机通过次级感应板缺失区域的有限元仿真模型如图 8-27 所示。其中，初级以速度 v 从次级板 1 运动到次级板 2，坐标系固定于次级板指定位置。根据直线电机初级与次级缺失区域长度大小的关系主要可以分为两类情况，本文有限元仿真主要研究初级长度大于次级感应板缺失区域，故取次级感应板缺失区域长度为 1.8m。

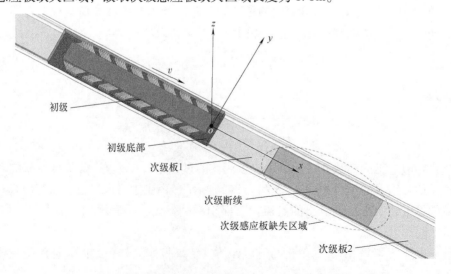

图 8-27　直线感应电机通过次级断续缺失区域的有限元仿真模型

需要着重强调的是，直线感应电机通过次级断续区域的三维瞬态场有限元模型除了需要进行常规的设置以及添加 Band 域和 Region 域之外，还需要额外设置两个空气包（初级底部域以及次级断续区域）。初级底部域以及次级断续区域分别用来精细剖分初级铁心正下方气隙以及次级断续区域气隙的网格剖分，从而确保求解断续区域的各个物理量的精确度。直线感应电机通过次级断续区域的网格剖分（示意图见图 8-28），整个模型网格剖分共计 118 万。

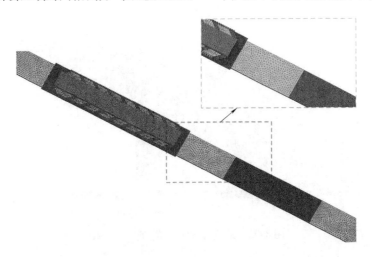

图 8-28　直线感应电机通过次级断续区域网格剖分示意图

8.3.5　次级断续时电机的气隙磁场和涡流分布

1. 次级缺失工况 I

直线感应电机仅仅与次级板 1 部分耦合时，次级涡流与气隙磁通密度的纵向分布曲线如图 8-29 所示。

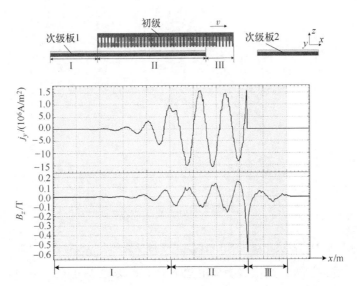

图 8-29　缺失工况 I 下次级涡流与气隙磁通密度的纵向分布曲线

由楞次定律可得，初级经过次级板 1 边界处时该边界处的 j_y 分量增大阻碍 B_z 减小的趋势，从而使得此处的气隙磁通密度中的 B_z 分量突然增加。此外，Ⅰ区中的次级电流在出口端呈衰减趋势，同时，B_z 仅由次级电流产生Ⅲ区中的 B_z 仅由初级产生气隙磁通密度法向分量 B_z 的 3D 云图如图 8-30 所示。

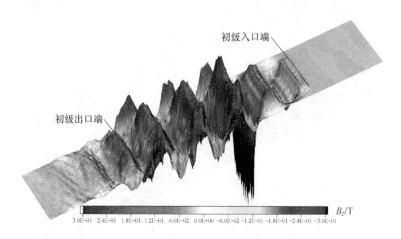

图 8-30　缺失工况Ⅰ下 B_z 的 3D 云图

2. 次级缺失工况Ⅱ

直线感应电机同时与次级板 1 以及次级板 2 部分耦合时，次级涡流与气隙磁通密度的纵向分布曲线如图 8-31 所示。

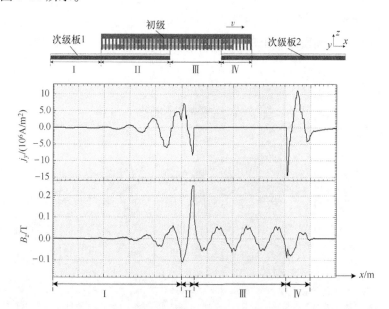

图 8-31　缺失工况Ⅱ下次级涡流与气隙磁通密度的纵向分布曲线

由楞次定律可得，初级经过次级板 2 的边界处时，该边界处的 j_y 分量增大，阻碍 B_z 增大的趋势，从而使得此处的 B_z 突然减小。Ⅰ区和Ⅱ区内的 B_z 和 j_y 与缺失工况Ⅰ类似。缺失工况Ⅱ下气隙磁通密度法向分量 B_z 的 3D 云图如图 8-32 所示。

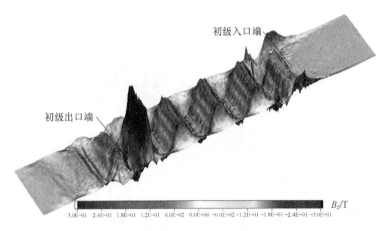

图 8-32 缺失工况 Ⅱ 下 B_z 的 3D 云图

3. 次级缺失工况 Ⅲ

直线感应电机仅与次级板 2 部分耦合时，次级涡流与气隙磁通密度的纵向分布曲线如图 8-33 所示。该工况下的 B_z 和 j_y 的分析与缺失工况 Ⅱ 的 Ⅳ 区类似。

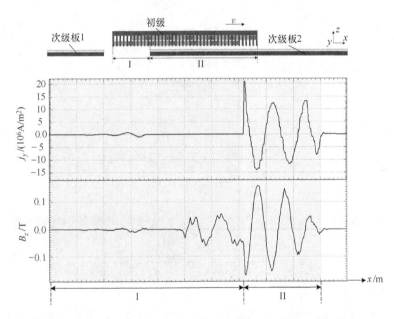

图 8-33 缺失工况 Ⅲ 下次级涡流与气隙磁通密度的纵向分布曲线

初级仅与次级板 2 部分耦合时，气隙磁通密度法向分量 B_z 的 3D 云图如图 8-34 所示。

8.3.6 次级断续时直线感应电机的暂态特性分析

当电机在额定电流源驱动且供电频率为 35Hz 的情况下，电机的推力以及效率随初级移动距离的变化曲线如图 8-35 和图 8-36 所示。在有限元仿真中，电机效率的计算公式见式 (8-27)。其中，CoreLoss 表示铁心损耗，SolidLoss 表示大块固体的涡流损耗，StrandedLoss 表示绕组的绞线损耗。此外，图中用阴影区域表示的 Ⅰ、Ⅱ、Ⅲ 分别表示初级仅仅与次级 1 部分耦合、初级同时与次级 1 和次级 2 耦合、初级仅与次级 2 部分耦合。

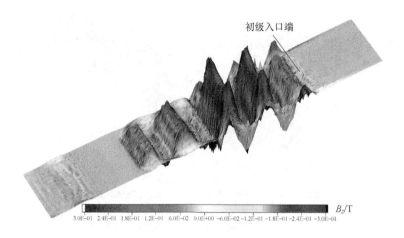

图 8-34 缺失工况Ⅲ下 B_z 的 3D 云图

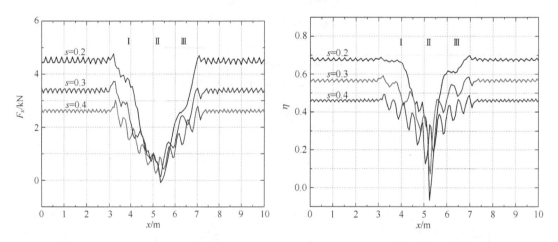

图 8-35 推力随初级移动距离的变化曲线　　图 8-36 效率随初级移动距离的变化曲线

$$\eta = \frac{F_x v}{F_x v + \text{CoreLoss} + \text{SolidLoss} + \text{StrandedLoss}} \tag{8-27}$$

从图 8-35 中可以看出：

在运行区间Ⅰ时，随着初级与次级板 1 缺失距离的增加，初级受到的推力逐渐减小。

推力的最小值出现在运行区域Ⅱ。这是由于运行区间Ⅱ中初级与次级的非耦合区域的长度是最大的。

在运行区间Ⅲ，初级所受到的推力随着初级的移动而逐步增加。因为在运行区间Ⅲ，随着初级的移动，初级与次级的耦合区域逐渐增加。

从图 8-36 中可以看出：效率随初级移动距离的变化趋势与推力的变化趋势十分相近。因为区域Ⅰ内电机产生的无功功率随着初级的移动而增加，导致电机的效率下降。区域Ⅲ的分析反之。在区域Ⅱ电机的效率出现最小值。

电感随初级移动距离的变化曲线如图 8-37 所示，从图中可以得出：

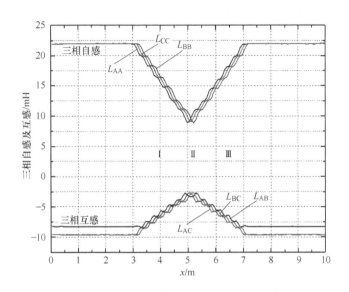

图 8-37 电感随初级移动距离的变化曲线

（1）三相自感 L_{AA}、L_{BB}、L_{CC} 在正常运行时的值相等。当初级通过次级感应板断续区间时，由于初级各相绕组在空间排列位置的不同（见图 8-38），致使三相自感在空间相位上表现为 L_{AA} 超前 L_{CC} 超前 L_{BB}。

（2）三相互感在正常运行时 L_{AC} 和 L_{BC} 的绝对值相等且大于 L_{AB}，此由于初级铁心开断导致。

（3）初级通过次级缺失区域的过程中，三相自感和互感均会发生一定程度的波动。三相自感每一次波动对应的拐点的位置均发生在该相绕组正对次级板端部的时刻。

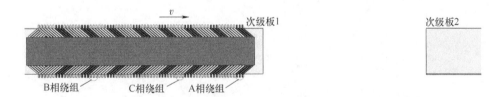

图 8-38 直线感应电机初级绕组相序分布示意图

8.4 参考文献

[1] 聂华波，许天会. 新城区轨道交通线路规划关键问题研究 [J]. 都市快轨交通，2018，31（6）：91-96.

[2] 吕刚，曾迪晖，周桐，等. 初级横向偏移时直线感应电机磁场与推力的有限元分析 [J]. 电机与控制学报，2016，20（4）：64-68.

[3] LV G, ZHOU T, ZENG D, et al. Influence of secondary constructions on transverse force of linear induction motors in curve rails for urban rail transit [J]. IEEE Transactions on Industrial Electronics, 2018, 66 (6): 4231-4239.

[4] SUZUKI S, KAWASHIMA M, HOSODA Y, et al. HSST-03 system [J]. IEEE Transactions on Magnetics, 1984, 20 (5): 1675-1677.

[5] 闫少强. 感应板缺失时城轨交通直线感应电机特性的解析计算与分析 [D]. 北京: 北京交通大学, 2019.

[6] LV G, LIU Z, SUN S. Analysis of torques in single-side linear induction motor with transverse asymmetry for linear metro [J]. IEEE Transactions on Energy Conversion, 2016, 31 (1): 165-173.

[7] DUNCAN J. Linear induction motor-equivalent-circuit model [J]. IEE Proceedings B-Electric Power Applications, 1983, 130 (1): 51-57.

[8] LV G, YAN S, ZENG D, et al. An equivalent circuit of the single-sided linear induction motor considering the discontinuous secondary [J]. IET Electric Power Applications, 2019, 13 (1): 31-37.